U0822000

创新创业教育译丛

杨晓慧 王占仁 主编

创新与创业教育

基于新加坡教育实验的分析

〔英〕查尔斯·汉普登-特纳 著

武晓哲 吴 瑕 译

王占仁 汪 溢 校

商务印书馆
创于1897 The Commercial Press

2017年·北京

Teaching Innovation and Entrepreneurship:

Building on the Singapore Experiment

© Charles Hampden-Turner 2009

Published by Cambridge University Press, New York, 2009.

All rights reserved.

中译丛书序言

高校深入开展创新创业教育对于提高高等教育质量、促进学生全面发展、推动毕业生就业创业、服务创新型国家建设发挥了重要作用。高校创新创业教育的基本定位是培养创新创业型人才，造就“大众创业、万众创新”的生力军。为了切实提高创新创业型人才培养质量，就要把创新创业教育真正融入高校人才培养全过程，以培养创新创业型人才为核心目标，以把握创新创业型人才成长规律为基本依据，以创新创业型人才培养质量为主要评价标准，在创新创业型人才培养视域下规划和推进高校创新创业教育。

培养创新创业型人才是国家实施创新驱动发展战略、促进经济提质增效升级的迫切需要。在创新型国家建设的新形势下，国家对创新创业教育有了新的期待，希望创新创业教育能够培养冲击传统经济结构、带动经济结构调整的人才，这样的人才就是大批的创新创业型人才，以此来支撑从“人力资源大国”到“人力资源强国”的跨越。

培养创新创业型人才是世界高等教育发展的必然趋势。创新驱动的实质是人才驱动，国家需要的创新创业型人才主要依靠高等教育来培养。但现有的高等教育体制机制还不足以满足创新型人才培养的需要，必须要进行深入改革。这种改革不是局部调整，而是系统革新。这恰好需要高校创新创业教育先行先试，发挥示范引领作用，以带动高等教育的整体转型。

培养创新创业型人才是高校创新创业教育当前所处历史方位的必然要求。我们要清醒地认识到高校创新创业教育当前所处的发展阶段，以及将来能够发挥什么作用。当前，高校创新创业教育已经在大胆尝试和创新中完成了从无到有的初级目标，关于未来发展就是要看它能为对它有所期待、有所需要的国家、社会、高等教育和广大学生创造何种新价值。国内外创业教育的实践都充分表明，高校创业教育的核心价值是提升人们的创新意识、创业精神和创业能力，即培养创新创业型人才。这是高校创新创业教育能够有所作为并且必须有所作为的关键之处。

在我国深化高等学校创新创业教育改革的同时，世界范围内的很多国家也在大力发展创新创业教育。其中，在有些创新创业教育起步较早的国家或地区已经形成了"早发内生型"的创新创业教育模式，如美国的创新创业教育。在起步较晚的国家和地区形成的"后发外生型"的创新创业教育模式也值得学习和借鉴，如欧盟的创新创业教育。因此，我们需要从中国创新创业教育的发展逻辑和迫切需要出发，进行国际比较研究。创新创业教育的国际比较面临着夯实理论基础、创新研究范式、整合研究力量等艰巨任务，其中一个非常重要的前提性、基础性的工作就是加强学术资源开发，特别是要拥有世界上创新创业教育相关理论和实践的第一手资料，这就需要开展深入细致的文献翻译工作。目前围绕国外创新创业教育理论及实践，学界虽不乏翻译力作，但成规模、成系统的译丛还不多见，难以满足创新创业教育的长远发展需要。

正是从创新创业教育的时代背景和学科立场出发，我们精选国外创新创业教育相关领域具有权威性、代表性、前沿性的力作，推出了具有很高研究价值与应用价值的系列翻译作品——《创新创业教育译丛》（以下简称"译丛"）。译丛主要面向创新创业教育领域的研究者，帮助其开阔研究视野，了解全世界创新创业教育的发展现状；面向教育主管部门的决策者、中小学及高校从事创新创业教育的工作者，帮助其丰富教育方法，实现理论认知水平与教育水平的双重提升；面向创新创业教育专业及其他专业的本科生与研究生，在学习内容和学习方法上为其提供导向性支持，使之具备更为广阔的专业视角和更为完善的知识结构，从而为自我创业打下坚实的基础并能应对不断出现的种种挑战。

基于以上考虑，译丛的定位是体现权威性、代表性和前沿性。权威性体现在译丛选取与我国创新创业教育相关性大、国际学术界反响好的学术著作进行译介。既有国外相关领域知名专家学者的扛鼎力作，也有创业经历丰富、观点新颖的学术新秀的代表性著作。代表性体现在译丛选取了在全球创新创业教育领域位居前列的美国、芬兰、英国、澳大利亚和新加坡等国家，着重介绍了创新创业教育在各国的教学理念、教育模式、发展现状，有力展现了创新创业教育理论研究与实践探索的最新现实状况及前沿发展趋势。前沿性体现在译丛主体选取了自2000年以来的研究专著，确保入选书目是国外最新的研究力作。在研究主题上，入选书目聚焦了近年来学界集中关注的热点难点问题，紧扣我国创新创业教育发展的重大问题，把握国外创新创业教育理论与实践的最新动态，为深化创新创业教育改革提供前沿性理论支撑和实践引导。

译丛精选了十二本专著，计划分批翻译出版，将陆续与广大读者见面。它们分别是《本科生创业教育》《研究生创业教育》《创业教育与培训》《创业教育：美国、英国和芬兰的论争》《创新与创业教育》《创业教育评价》《国际创业教育》《广谱式创业生态系统发展》《广谱式创业教育》《创业教育研究（卷一）》《创业教育研究（卷二）》和《创业教育研究（卷三）》。

译丛坚持“以我为主、学习借鉴、交流对话”的基本原则，旨在丰富我国创新创业教育在国外译著、理论研究与实践探索等方面的学术资源，实现译著系列在学科定位、理论旨趣以及国别覆盖上的多重创新，为推动学术交流和深度对话提供有力支撑。

杨晓慧

2015年12月25日

名家推荐

经济增长是当今世界人们关心的首要问题。我们需要更多富有创新精神的企业家带领我们实现这个梦想。然而如何培养具有创新意识的企业家仍然是个极具争议性的问题。创新是教出来的吗？企业家是培训出来的吗？在本书中，查尔斯·汉普登-特纳不仅解答了这些问题，还提出了富有深度和广度的见解。本书是 21 世纪经济增长的指南。

——卡尔·施拉姆

尤因·M. 考夫曼基金会

如果说创新和创业对全球商业前景越来越起到决定性作用，那么查尔斯·汉普登-特纳教授已经站在了世界商业思维的最前沿，向人们展示了如何教授创新与创业。新加坡实验突破了传统课堂的束缚，向我们展示了教师如何在国际环境下给来自不同国度的学生授课。此外，作者以其令人钦佩的智慧和跨越多领域的广博学识向从事商科教学的教育者阐明，教师“不应在有限的空间里寻求发展，而要寻求一种普遍的具有连通性的模式”。只有这样，他们才能创造出具有个性化、创新性并且行之有效的教学方法。本书既具严谨的学术性，又不失实用性，它的出版对商业教育领域的教师和学者来说，非常难得也非常及时。

——Wei Wang

2W 中国投资顾问有限责任公司常务董事

The China Executive(2006)作者

既然众多评论家都以创新与创业能力作为预测未来企业领导人成功的标准，认为这是成功者必须具备的素质和特征，那么对学者、决策者以及商界人士来说，他们亟须回答诸如“创新或创业能力能够培养吗”、“如果可以，应该如何培养创新或创业能力”等问题。查尔斯·汉普登-特纳试图在本书中给出这些问题的答案。严谨的调查研究在他笔下变得妙趣横生，因而本书着实能够激发读者的兴趣。

特纳先生坚信，“创业与创新一定是可以传授的”！因此他尝试以缜密的学术方式证明这一论断，并为读者展现了一个美妙的研究过程。诚然，研究过程中会不断有新问题出现，而这些问题会引导我们去做更进一步的研究——事实上，开创性工作的进程大多如此。

——艾伦·巴雷尔

剑桥大学嘉治商学院创业学习中心教授及入驻企业家

汉普登-特纳是创新教育的倡导者。幸运的是，特纳先生注意到了科技创业与创新课程（TIP），而该课程也拥有了这样一位优秀的教育者。

——张顺才

新加坡南洋理工大学理事会秘书长

这部书本身就具有创新性，读来令人感到振奋！书中回顾了创新教育领域的重要突破。

——宋熊熊教授

美国密苏里—堪萨斯城大学亨利·W.布劳克管理学院，

Charles N. Kimball MRI/密苏里州捐赠教席，技术与创新管理

教授

目　录

网格列表

两难困境列表

致　谢

在此我首先要感谢陈丁琦教授和南洋理工大学科技创业中心。科技创业中心开设的科技创业与创新课程是本书的主要内容之一。我有幸能够参加由陈教授主导创建并担任主任的科技创业中心所设立的部分课题，亲眼见证了陈教授为推广科技创业理念所做的贡献。当然，再优秀的教师有时也会受到地域限制。而我真心希望能尽自己的绵薄之力，让更多人了解陈教授和他的理念，而这也是他应得的赞誉。同时，我也要感谢科技创业中心的现任主任雷·艾伯林(Ray Abelin)博士。他以本课程为主题拍摄了两部纪录片，我们一起探讨了许多相关问题。在科技创业中心中给予我极大帮助的众多同人中，我要感谢维萨·康格斯拉第(Vesa Kangaslahti)教授。他主要教授本科生科技创业课程，取得了很大成功。我还要感谢 Ang Seng Yi 先生。没有他的辛苦付出，我的研究工作也很难坚持下来。最早启迪我去思考这门课程之于学生的意义的是丹尼丝·庄(Denise Chng)女士，没有她我可能根本不会进行这项研究。

在这里我得到了南洋理工大学的大力支持，特别是校长徐冠林和学校理事会秘书长张顺才先生的鼎力协助。我也得到了新加坡政府部门，特别是财政部常任秘书张铭坚先生的帮助。“科技创业”一词最早正是由张先生提出的，他还为此设立了专门的经费项目。

在拍摄关于创新的纪录片的过程中，我跟哈佛商学院的几位教授：克莱顿·克里斯琴森(Clayton Christiansen)、霍华德·史蒂文森(Howard Stevenson)和特蕾莎·阿玛比尔(Theresa Amabile)学到了很多知识，他们给我提出了很多中肯的建议。在剑桥大学进行拍摄期间，我们与剑桥大学皇后学院院长伊特维尔爵士(Lord Eatwell)、嘉治商学院创业教育教授赛伦德拉·维亚卡纳姆(Shailendra Vyakarnam)以及另两位著名企业家赫尔曼·豪瑟(Hermann Hauser)和戈登·埃奇(Gordon Edge)进行了讨论。与他们的交谈使我获益匪浅。剑桥大学嘉治商学院入驻企业家艾伦·巴雷尔(Alan Barrell)教授给予我的帮助和建议弥足珍贵,同样让我难忘的还有保罗·嘉治(Paul Judge)爵士的真挚友情。在此,我要感谢剑桥大学工程学院制造研究院院长迈克·格雷戈里(Mike Gregory)教授为我提供了研究室,那里的学术氛围十分浓厚。我还要感谢 *The China Executive* 一书的作者、2W 中国投资咨询有限责任公司常务董事 Wei Wang 先生给予我的指导。

我在韩国成均馆大学暑期学校授课时曾经运用了本书中论述的方法。在此我要向学校副校长金峻永先生给予我们的盛情款待和他所做的翻译工作表示诚挚谢意。同时我也要感谢在暑期课程期间为组织来自 35 个国家的学生而辛苦工作的特里·亨德森(Terry Henderson)先生。

我在阿姆斯特丹的特朗皮纳斯—汉普登-特纳公司的商业合作伙伴、弗恩斯·特朗皮纳斯教授一直以来给予了我极大的精神支持,并且为我提供了研究经费。同样给予我大力支持的还有彼得·伍尔莱姆斯(Peter Woolliams)教授。芭芭拉·布洛克普尔(Barbara Bloekpol)和特蕾莎·霍利玛(Theresa Hollema)也一直支持着我。我还必须感谢弗莱堡科技大学(Freiberg Technical University)的马丁·吉洛(Martin Gillo)教授,感谢他给予我的不尽的友谊。我还要感谢在关键时刻始终信任我的塞勒姆·萨蒙德(Salem Samhoud)先生。最后,我要感谢剑桥大学出版社的工作人员,特别是本书的编辑葆拉·帕里什(Paula Parish)女士。她接受了这项困难的工作且致力于此从未动摇。另外我要感谢克莱尔·米勒(Clare Miller)帮我做文字录入的工作,否则时至今日我可能还在用两根手指敲打键盘,而且书稿中还会出现很多拼写错误。还有戴维·王(David Wong)经常帮我处理电脑问题。没有他的帮助,这台电脑可能早就被扔出窗外了。我还要感谢我的学生们,倘若没有他们,我可能很难找到自己的研究方向。

引言：传授语言难以充分表达的知识是否是一种轻率的尝试？

一位导师曾经告诫我说，“轻率地尝试研究难以用语言表达的事物很难成功”。我们的确很难给创新与创业下一个准确的定义。我们无法从“限定范围”的角度去定义它们，因为它们在不断地冲破“界限”。我们把创新比作一种语言，因为它与语言有着相同的特性，能够不断地创造新组合。在本书中，我将向读者展示创新是如何发生的。

有很多声音质疑将创新搬上讲堂的可行性。如果这类课程本身真的具有“创造性”，那么学习这门课程的学生就是在依葫芦画瓢，也就是说他们的学习不具备独创性。难道那些具备创新精神的学生不会因此而抱怨甚至反对这样的课堂吗？为什么那些有创新能力的教师不利用自己的学识去创业、追求财富和名誉，反而在这里劳心费力地指导别人？如果我们从这样一个角度给创新定义，认为创新是对已知知识的重新组合，那么大学的职责岂不就是传播业已存在的知识了吗？还有，到底应该如何进行创新性重组呢？教授创新不能简单地堆砌事实，教师可能要引导学生找到一条更便捷的路。

另外，在给学生的创新活动打分和评估方面我们可能也会遇到一些问题。如果学生的创新行为让你感到吃惊甚至困惑，你会怎样给他评分？当“价值”的定义随着创新者的贡献发生改变时，你又该如何衡量创新者的价值？那些试图“不走寻常路”的学生可能无法得到认可，因为很少有老师会允许自己的权威受到威胁。

有数据表明，90%的商业创新会以失败告终。如果老师支持学生创新，那么他们承受严重商业损失的风险会非常高。如果老师劝阻过某位同学，而这名学生最终却创业成功，那么这位教师甚至这所学校都会背负阻碍学生取得辉煌成绩的罪名。显然创新教育是一门费力不讨好的课程！教育者得到的可能不是财富和声誉，反而是各方的指责。

当然还有一些严肃的问题，例如创新是否是适合学者进行研究和论证的一种理性形式。创新性发现可以用理性的方法进行验证，哲学家亚伯拉罕·卡普兰称之为重建的逻辑。[1]但是实际的发现是理性的吗？实际的发现充满着意外和偶然性，挤奶工不会得天花是因为牛痘使他们具有了免疫力；阿基米德为测算王冠的体积[2]而烦恼不已时洗了个澡，而从浴缸里溢出的水引出了一个类比：他的身体就像是那顶王冠。而困扰阿基米德的难题也迎刃而解了。两个本来毫不相关的事物忽然变得有联系了。

当然，我们知道这理由并不充分。正如《提喻法》[3]一书的作者、哈佛大学（Harvard University）的威廉·J. J. 戈登（William J. J. Gordon）教授所说的，创新是一种非理性的过程，譬如在浴缸里洗澡却省却了数学计算，以及诸如此类的种种貌似不协调的联想。我们不禁要问，哪一所学校会尝试设立一门非理性的学科，或是希望某个学科里包含这样的非理性？

顶尖学府的领导者似乎不会愿意读这类书。当年，詹姆斯·杜威·沃森把《双螺旋》（*The Double Helix*）[4]的书稿送到哈佛大学出版社时，当时的校长内森·马什·普西（Nathan Marsh Pusey）并不同意出版这本书，因为书中描述的是人们发现 DNA 分子时剑桥大学（Cambridge University）里出现的各种争辩。这本书在当时看来有些大不敬的意味，正如内森·普西所说，这本书是“有争议”的。真正的创新似乎总会冒犯到人们，哪怕它是十多年前发生在另一片大陆上的。创新过于“棘手”，充满了原始情感。

因为创新就是前所未有且独特的，会让人们感到出乎意料。所以我们也开始思考是否其中也有值得推广并传承下去的东西。诚然，每个个例都自成一格。然而万事不都是先有发现，之后才拥有其合法性的吗？

如果创新者的任务就是对已有结构提出质疑并进行重建,那么我们又怎么可能在教学中把创新演绎成可识别的结构呢?

说得委婉一点,企业家是一个好奇心比较重的群体。纵观历史,他们曾被划分到社会的边缘,成为只是被社会勉强接受的少数群体。在阿什顿(Ashton)的《工业革命史》(*History of the Industrial Revolution*)[5]一书中曾有这样的记载,英国50%的企业家源自只占国家人口7%的新教徒。英国贵格会教徒对工业的贡献达到了其人口总数的40倍:巴克利银行、劳埃德银行,吉百利、芳润、能得利糖果公司都是由贵格会信徒创办的。[6]2000年的一份调查显示,硅谷三分之一的财富(约为580亿美元),都是由20世纪70年代后的印度和中国移民创造的。[7]很多移民是他们本国国民中的精英。美国的欧洲移民和移民到海外的犹太人、中国人或印度人都可以证明这一点。在法国,人们公认胡格诺派教徒非常善于经商,以至于他们曾经一度被禁止离开法国。最优秀的学者、贵族的后代、时尚人士或是顶尖大学的学子中,成为企业家的人并不多。很大一部分企业家来自新移民。新移民通常指初到某地的外来者,他们很聪明,取得的成就不仅令人感到吃惊,甚至连他们自己都没有预料到。这些人似乎有一种能够发现"奇珍异宝"的特殊本领。

所有这些似乎都说明,在课堂上传授创新与创业知识的做法未必可行。虽然很多移民、非专业人士或者少数派人士成为了企业家,但我们还要注意到,这些人群在犯罪或城市贫民区人口中所占的比例也相对较高。我们能够保证只打造企业家而杜绝其他可能吗?也许一些企业家在通往成功的道路上取得的成功,恰恰就会导致另一部分人遭遇贫穷和失望。

有种说法很有说服力。如果创新可以传授,那么是不是所有的国家、所有的文化都会这样做?生产制造创新型产品是最亟待解决的问题。标准产品一旦问世,会很快吸引中国、印度或者其他国家的低成本产品生产商争相效仿。只有不断地创新才能使高薪资、富裕的经济体享受新产品带来的短时垄断。如果人们只期待创新却不寻求教育方面的突破,就不能算真正地实现创新，或者说取得的创新成果无法得到理性的验证。验证就是本书的主要内容。

反对创新教育的理由形式比较相近：

(1) 如果教师是创新型的，他的学生会不会只是一味顺从？

(2) 如果教师自己可以创新或者创业，为何还要指导别人？

(3) 如果创新是严谨型学科的重新组合，那么学校为何不能只教授后者？

(4) 如果创新者重新定义了价值，那么我们应该如何对其评估？

(5) 如果大多数商业性创新会失败，而且实情也的确如此，那么校方还会鼓励学生尝试创新吗？

(6) 如果验证的逻辑与发现的逻辑不同，学校是否应该教授后者？

(7) 如果创造不是一种理性过程，那么学校是否应该尝试开设非理性课程？

(8) 如果创新具有争议性，那么向学生传授无争议的知识不是更好吗？

(9) 如果企业家中有很多人是移民、少数派人士或者非专业人士，那么高校培育精英人士的使命是否会改变？

(10) 如果创业的特征是无序和破坏，那它对于社会秩序和良性管理有何好处呢？

(11) 最后，如果人们有了创新意识，是否都会急于进行创新活动？创新该从何开始呢？

以上反对意见的共同之处是，它们同时呈现出表面相反、对比明显甚至相互冲突的两个价值观。简言之，这些就是两难问题。我们将由此入手给创新与创业找到合适的定义。

创新就是要解决人们目前遇到的两难问题；而创业则是把解决问题的办法转化为商品销售出去。把不同的价值观组合到一起，要比任它们各行其道更有意义。

让我们逐一思考该如何回应上述反对意见(或者我们不妨称之为两难问题)吧:

(1) 创新并非来自于教师或者学生单方的努力,而是在双方互动过程中激发彼此的潜力并由双方共同实现的。

(2) 创新教育本身就是一个新课题、一个“创业”活动。教育者正在进行创新尝试。

(3) 创新如此令人激动,不允许学生尝试创新活动就是阻碍他们发挥自己才能的做法。

(4) 不允许学生自己设定目标,或者教师不能按照学生自主选择的标准对其进行评估,都是毫无道理的。

(5) 学生不必为模拟的“失败”付出过多代价,也不会受到真正的伤害。创新教育允许学生多尝试,允许学生犯错误,直到他们找到正确的答案。

(6) 验证的逻辑是用来检查发现的逻辑的。两者必须彼此协作。

(7) 从线性或者技术性角度来看,创新是非理性的;创新的论证应该具有涵盖性或循环性。我将在本书中论证这一观点。

(8) 创新充满争议,但新的学科也恰恰由此产生。争议短暂却令人激动。

(9) 高校的部分职责就是汲取移民和少数派人士所拥有的不同的能力。

(10) 创业所引发的无序和破坏带来的是新的、更开明的秩序。显然,与当前联系较为松散的人改变事物的可能性更大。

(11) 人们逐渐有了创新教育的理想。如果我们能够把这个理想变成现实,一定会有许多未来的受益者热切地参与其中。

然而早先的创新并不成功。纵观历史,“先进”的教育并未使人受到鼓舞。关于传统型教学和进步型教学之间的争论已然持续了一个多世纪,争论双方却依然相互对立,争论还没有结果。[8]只要争论双方都以否定对方的方式来定义自己，就不会有新的结果。结束这种意识形态上的冲突、揭露它的愚蠢以及最终找到创新之路是我们工作的重中之重。我们要把发现与验证、无序与新秩序相结合，把理想转化为现实，从而完成新旧结合，走出一条真正的创新之路。本书要详细讲述的就是解决两难问题的过程。

第一章　新加坡面临的挑战

我们将不再只做跨国企业的生产加工场。我们有能力创造新知识、创造出自己的东西并且将它们投入市场。

《赋权予科技创业者》，张铭坚[1]

新加坡是最早接受这个挑战的国家，这并非偶然。新加坡虽然具备世界一流实力，但也有一个很大的弱点，我先来解释这个问题。新加坡虽然曾经是英国的殖民地，但幸运的是，它曾经有一位优秀的统治者——斯坦福——莱佛士爵士(Sir Stamford Raffles)。斯坦福·莱佛士爵士是一位谦谦学者，博学多才。他既精通语言学，也通晓植物学。莱佛士爵士的形象在新加坡的街头、广场、码头、行车道、各种俱乐部、活动中心以及艺术中心几乎随处可见。他把新加坡雕琢成了一个飞地型城市，建立了自由贸易市场。莱佛士爵士真正地理解多元文化。他无视英国外交部的命令，未得到上级允许就宣布自己代表王权兼并新加坡。

新加坡航空公司的商务舱就被称为莱佛士舱。品上一杯莱佛士酒店长廊酒吧的司令鸡尾酒也是许多游客的心之所向。我曾经拜访过新加坡的常务次官，也去过总理办公室，他们的办公地点都在莱佛士大厦里。很少有哪个人的名字会被如此频繁地使用。新加坡人喜欢服从权威。但是回顾历史，新加坡也的确受益于当局良好的判断力。

马来亚联邦于 1957 年脱离英政府独立，而新加坡于 1965 年被逐出马来西亚联邦政府。当时人们认为，无论是从政治角度还是从经济角度来说，新加坡都很难生存下去。新加坡的时任领导人李光耀是一位知名律师，头顶剑桥大学双重第一荣誉学位的光环，他对新加坡的国情感到忧心忡忡。这样一个人口拥挤、物质资源匮乏，甚至连用水都成问题的城市该怎样支撑下去呢？1942年，日本侵略军在48小时之内攻陷了新加坡，占其人口大多数的华人被怀疑有同情共产主义的倾向。整个国家的前景黯然一片。

然而，新加坡终于还是繁荣起来了。新加坡的人均收入由1965年的600美元增加到了2007年的35,650美元。这个数字要比2007年中国人均收入高出10倍。同时，新加坡的人均购买力(43,430美元)比英国(38,340美元)[2]高出了5000美元。新加坡已经比它的前殖民主还要富裕了。事实上，新加坡取得的成就远不止于此。多年来，在《经济学人》杂志发布的能够保持经济可持续性发展的国家排名中，新加坡一直名列前茅。如果说高速发展的经济能够与其所处环境保持良好的生态平衡，那么美丽整洁的新加坡一定是最有说服力的证据。

新加坡有许多竞争优势，其中最为突出的是拥有世界最大的船舶运输港口和畅通的物流条件。此外，相对于其他几种通用语言，英语能够成为新加坡的工作语言是它的另一大优势。语言便利吸引了众多跨国公司在新加坡设立亚洲总部。世界主要的贸易航道都要经过新加坡港。这里的港口设施能够保证超高效的物流运输能力，运转周期之短令其竞争对手望洋兴叹。

越来越多的跨国公司想在新加坡落户，这远远超过了新加坡的承受能力。因此，政府可以选择接受能够给国家带来最大利益的公司。新加坡人的理念是，知识是创造财富的源头。企业想要在这个寸土寸金的国度里拥有自己的生产空间和生产设备，就应该从事"高端"的知识密集型工作，提高劳动力技能，聘用研发型员工，等等。只有这样才能提高新加坡经济的"人均附加值"。加入某个"集群"对公司来说大有好处。"集群"就是指同类企业或其上下游产业链(购买或供应方)集结成关系紧密的集合体。现在，新加坡已经拥有金融业集群、生物医药业集群(新加坡生物科技园)、水资源产业集群、数码媒体产业集群(启汇园)、能源产业集群及其他几个产业集群。[3]有些工作技术含量较低，比如为可口可乐公司或者百事公司生产饮料。工人们只需向外方提供的配方糖浆里加水就可以了。这样的工作往往会被转包到印度尼西亚、越南或者马来西亚的一些工厂。新加坡会向生产技术含量和薪金水平低的公司征收发展税。新加坡对世界秩序是这样理解的：每个国家在知识阶梯上都有自己的位置，每个国家都会向处于较低位置的国家购买生产技术含量较低的产品，同时向其他国家出售自己生产的、技术含量较高的产品。

新加坡财政部常任秘书、国家研究委员会主席张铭坚是知识密集型产业政策的制定者之一。[4]他最早提出了“科技创业”(technopreneurship)一词，旨在将创业精神与高科技或知识密集型创新相融合。也正是在新加坡经济发展局任职时，张铭坚发起并资助了南洋理工大学的科技创业与创新课程(Technopreneurship and Innovation Programme，下文简称TIP课程)。这门课程也是本书要讨论的主题之一。

新加坡政府的作用不仅是支持国家经济发展。新加坡的公务员选拔制度与精英教育体制紧密结合。政府会聘请一些顶级学者在公共服务部门任职，这使得政府拥有许多具备相当思辨能力、头脑敏锐的精英人士。新加坡政府强调创新并不是因为国内的企业在这方面做得优秀，而恰恰是因为企业创新力不足。《全球创业观察》(GEM)对全球创业活动进行的调查结果显示，新加坡创业活动的世界排名仅为第19位，落后于其他的海外中国社区，这显然存在问题。科技创业计划作为一种补救办法，得到了政府的重视。张铭坚认为：

> 从某种角度来说，我们可能是本国经济发展的受害者。新加坡多年来处于一种充分就业状态，人民工作有保障，生活相对安逸。给予创业的奖励与创业所要承担的风险似乎毫不相称，而整个环境对于创业意识的支持也不够。[5]

在TIP课程正式开始之前，课程创始人兼设计师陈丁琦教授曾与笔者合作，在《南洋商业评论》(*Nanyang Business Review*)上发表了一篇文章。文章提出了摆在新加坡面前的六个“创业两难问题”，不仅阐释了TIP课程的基本原理，也为本书提供了思考的主线。[6]

我们认为，新加坡以前采用的是一种“追赶型经济”，现在也仍然如此，即向欧美发达国家学习并且模仿它们的做法。向市场提供先进经济已经创造出来的产品这种经济形式成本较低。这种经济模式在新加坡追赶竞争对手时是可行的。但当新加坡想要“超越”英美国家的经济发展水平时，单纯追随英美国家是不够的，它需要的是创新和开拓市场。新加坡的确已经做到了这一点，科技创业或者高科技创新的时代已经来临了。

1. 首次尝试就取得成功 vs. 出现错误并改正

我们认为，新加坡教育非常看重对西方技术的应用，追求“首次尝试就要取得成功”。但这会导致其忽视检错与纠正的重要性。事实上，恰恰就是这种反复尝试才会激发创造思维，引导人们逐步实现创新。在新加坡，许多工作都依赖技术引入。因此，流程工程师远远多于研究型工程师，实施型人才多于创造型人才，而这并不利于培养创业意识。

简言之，在网格 1-1 中，新加坡位于左上角处。新加坡重视规范化知识的应用，却忽视了通过反复试验生成新知识的过程。整个高校系统倾向于满足那些在新加坡设立企业的世界一流公司的直接需求，而这些跨国公司却剥夺了许多当地企业的生存权利。创新型中小企业在新加坡并不多见。我们曾请教过几位专家学者，他们认为新加坡在网格中的位置应该在字母 X 处或者在字母 X 上方的区域。

一个国家不能无限期地依靠舶来的创新。如果产品缺乏创新性，其寿命也会大大缩短。现在，中国也采用了新加坡的追赶型经济策略。但是中国的国内市场潜力巨大，这个条件新加坡无法具备。因此，科技创新的任务迫在眉睫，新加坡必须改变自己的经济策略。

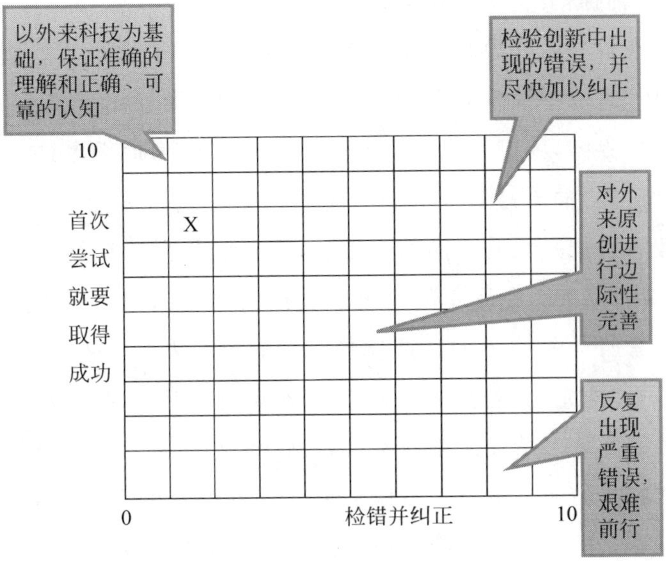

网格 1-1　首次尝试就取得成功 vs. 发现错误并改正

2. 抽象思维 vs. 具体操作

我们还发现了另一种偏见，即一味追求抽象思维而低估具体行为的价值。这种偏见有其深层次的根源。几个世纪以来，中国人敬仰学者和脑力劳动者。中国的科举考试是世界上最早的考试制度。统治阶级通过科举考试选拔出能够担当国家重任的贤能之人，而参加科举考试的人须得悉心研读古文典籍。人们曾一度蓄留指甲以表明自己无须做体力劳动。

掌握抽象概念确实可以节省很多时间。比如，历经了几个世纪的研究最终可以归结为一个等式或者公式。如果没有这些抽象概念，知识很难代代相传。然而，企业家的成功与失败都要看具体实例。对新产品而言，如果不能在短时间内取得一定效应、达到预期效果，它就是失败的。思考与实践缺一不可，我们只能在有形的产品或服务中寻求成功。与其说人们出售的是知识，不如更具体一点说，人们出售的是嵌入有形物质中的知识。人们需要实实在在的满足感。

那些在抽象阶梯顶端工作或生活的人会惧怕失去自己的地位。因为常人很难理解那些抽象概念，所以他们有种高高在上的感觉。可是，一旦回到现实世界中，他们的职业就会受到威胁。因为他们也许不得不面对这样一种可能：抽象的脑力思考没有现实意义，与现实无关。

创业者要把真正的产品投入真正的市场，然后等待结果。在这个过程中，创业者需要保持谦卑的态度。他们所承受的压力要比擅长抽象思维的思考者所承受的更大。这就像一位符号分析师放弃自己稳定的工作，转做一种他完全不熟悉、一切凭运气而且最后可能会失败的工作一样。这也就是许多精英人士并不具备创业素质的原因之一。创业者不在乎拿自己的身份或者地位去冒险。有些中断学业的人更具创业精神，譬如从哈佛退学的比尔·盖茨和患有诵读困难症的理查德·布兰森。

拥有对抽象事物的掌控力，可能会比一个人的身份和地位更重要。大人物讲话具有概括性，小人物讲话往往东一耙子，西一扫帚，只追逐细枝末节，毫无重点可言。网格 1-2 展示的就是这样一组相对的价值观。

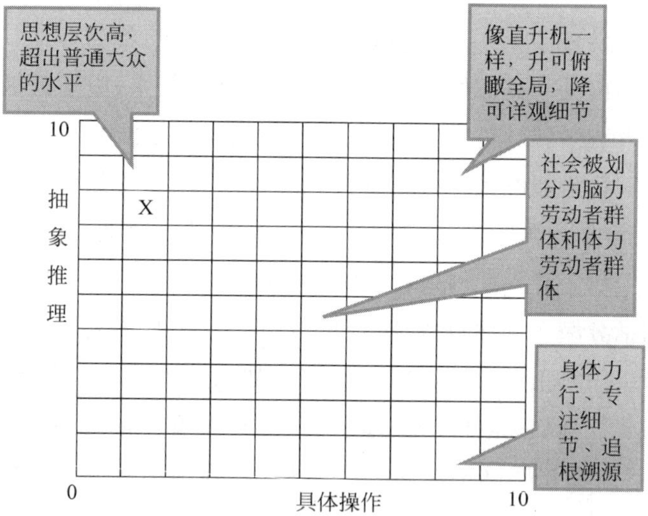

网格 1-2　抽象思维 vs. 具体操作

事实是，一个产品只有在细节上达到预期效果才算是合格的产品。创业者需要具备“直升机能力”（Helicopter Capacity），既能注意细节，也能掌握全局。没有掌握全局的能力，你就无法制定真正远大的目标和计划；不注意细节，再宏伟的蓝图也难以实现。除非有人心甘情愿地“弄脏双手”，在车库或者工作室里通宵达旦地忙碌，否则他们的雄心壮志很难实现。乔赛亚·韦奇伍德（Josiah Wedgwood）、戴维·帕卡德（David Packard）还有史蒂夫·乔布斯（Steve Jobs）的成功都是最好的证明。

3. 预定义的优秀 vs. 重新定义的优秀

很多国家都认为新加坡的精英教育是最公正的教育制度，经常用它做参照，在商科教育方面尤为如此。精英教育制度不分肤色、种族、阶级和特权而统一设立高标准，达到标准的人会受到奖励。它尽可能地保证将偏见降到最低，创造并评估公平的竞争环境。人类的各种能力并不均衡，擅长做一种工作的人未必也擅长做另一种工作。精英教育对学生的每一项成绩都给予详尽反馈，从而激发学生的最大潜能。

然而，这个景象虽然炫目但也有瑕疵。究竟应该由谁来定义优秀呢？年轻人是否应该一门心思地追求前辈或权威者认为有价值的目标？想要改变而改变又从哪里开始呢？创业与创新教育的功能之一就是重新为“优秀”下定义。“优秀”应该由创新者自己来定义并实现。维护现有标准的人很难看到创新产品内在的优秀特质，产品必须投入市场才能展现出它的品质。

这也是创业者或者创新者中鲜有高层人士的另一个原因。高层人士的价值观相对保守，而这种守旧的价值观却因其主导者的领导地位更容易实现。这些人完成了既定目标，已经成为各自领域的权威人士。从现实角度讲，学术成就与事业成功是一种自我应验预言。如果你在幼儿园时期表现优秀，父母和老师会对你抱有较高的评价和期待。他们的期望也会为你日后的发展增添信心和动力——当然，如果有意外事件发生，也可能会导致你在快速前进时遭遇险境。事实上，那些注定要成为社会精英的人不会盲目修正自己的前进方向。因为哪怕是走错一小步，人们对他们的期待值都会大打折扣。

如果你已经接受了现有的社会经济分配体制，那么想要对其重新定义并不是明智之举。如果现行标准已使你尽得优势，那你有什么理由要改变它呢？创业与创新教育向我们提出了新问题，但我们无法从课本上找到这些问题或者答案。大自然只会向提出新问题的人揭开自己神秘的面纱。在新加坡的书店里随意看一下，你会发现很多测试智商的书。书中的测试题采用纯粹的美式标准，但新加坡人似乎对其给予高度的认可并且全盘接受。新加坡人必须达到美国人制定的标准，如果能超越当然更好。而真正的创新者会问，"我该如何证明一个还从没有人尝试过的事物呢？"与其去参加别人举办的比赛，攀爬别人架起的阶梯，为何不创造一个属于自己的竞技场呢？你可以自己定义游戏规则。在硅谷，相比做体力劳动，印度人和中国人从事领导层工作的可能性更大。自己定义游戏规则是解放创业与创新精神最快的途径。[7]网格 1-3 将对此做以说明。

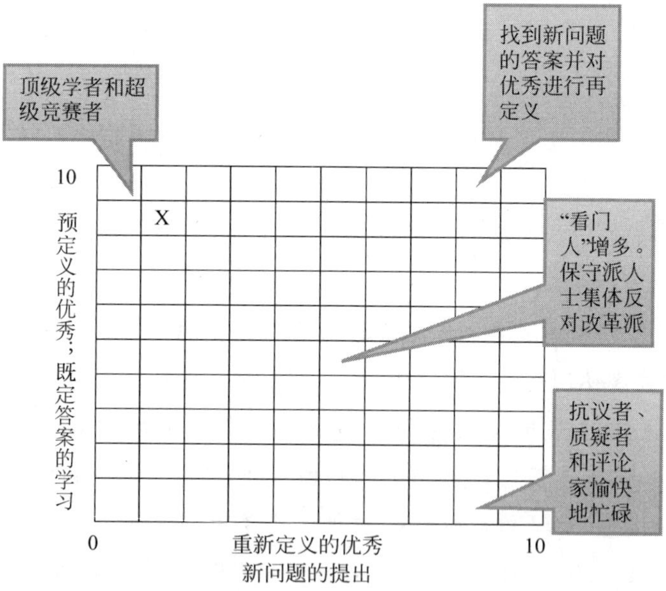

网格 1-3　预定义的优秀 vs. 重新定义的优秀

值得注意的是，这些问题还只是研究的开始。你要避免走极端，既不能只做一个“无所不知”的顶级学者或者超级竞赛者，也不能只做一个完全否定现实价值的时尚评论家。只有当你为新问题找到正确、有意义的答案时，真正的科技创新才会实现。这种情况会出现在网格的右上角处。

4. 自然科学 vs. 软技能

在许多国家的中国移民信守自然科学和严格的纪律。因为有人对少数者持有偏见，而最有力的反击就是选择学习那些有标准答案、老师也没有权利随意降低学生分数的科目。学习自然科学的学生纪律性更强，更愿意接受权威。20 世纪 60 年代和 70 年代初期发生在美国、英国、法国、德国和其他国家的学生运动中，参与者大多为人文科学和社会科学学科的学生，而商学、工程学和自然科学学科的学生则明显较少。70 年代初，在不断的干扰和一片争议声中，新加坡南洋大学与南洋理工学院合并，开始致力于培养工程师。这在当时可能是效仿了美国麻省理工学院的办学模式。合并后的南洋理工学院于 1991 年更名为南洋理工大学，而当时并没有设立艺术和社会科学学院。在过去的三年中(编注：2005—2008 年)，艺术、设计与传媒学院的学位课程已相继设立。

虽然创业很大程度上依赖于自然科学的发展，但是否能够激发创业者创业愿望、调动创业者积极性、说服投资者以及了解客户则取决于个人或者社会判断力这样的软技能。这些能力与人文科学有关。绝大部分新加坡男性学生会选择工程学、工商以及自然科学专业，新加坡本土文化艺术却被忽视了。新加坡也不太确定自己的文化地位，或者即使知道也难以将其准确表达出来。

文化的饥馑来自于新加坡对中国的一种矛盾情绪。如果新加坡的华人强调自己的中华文化根源，那么他们对西方统治规则的忠诚就会减弱。大部分新加坡的精英文化已经失去了其母语的表述。在这样的真空“土壤”里，中华文化很难生长。如果创业者是富有想象力的现实主义者，那么他们的梦想是什么呢？在网格 1-4 中，新加坡又一次出现在了左上角的位置。这说明新加坡教育追求自然科学的准确性，并且试图避开混乱、变化的环境所带来的不确定性。想要让创新意识生根发芽就要注重培养软能力、强调艺术想象力，要激发创新者的热情并鼓励那些眼光独特、能够发现常人注意不到的愿景的人。

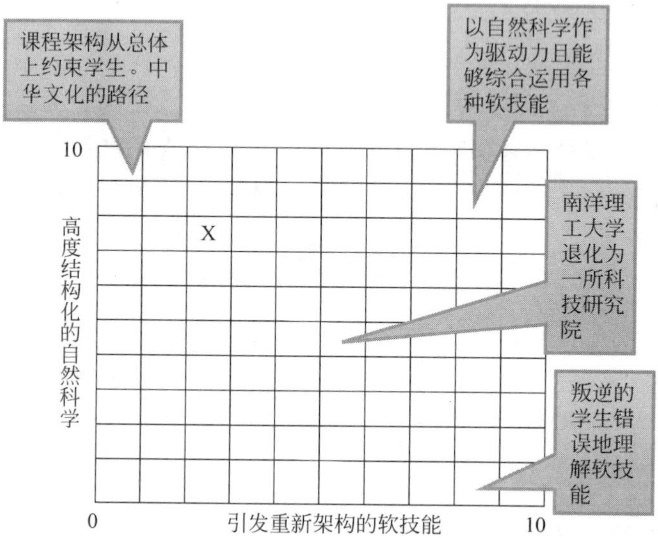

网格 1-4　自然科学 vs. 软技能

5. 先期发展者 vs. 后期发展者

并非所有的成功人士都是在先期阶段取得成就的。心理学家对先期发展者与后期发展者进行了比较。[8]典型的先期发展者来自背景良好、成员关系融洽的家庭。他们往往天资聪颖，即使自己尚未理解奋斗的目的，但父母对其潜移默化的影响也会使他们努力学习。学生取得好成绩会让他们的父母、老师甚至教育当局都感到高兴。在新加坡，先期发展者在校学习期间就知道自己应当接受学校教育，他们对施教者也有较强的依赖。他们如果在大学期间学习成绩优异，可能会获得总统奖学金或者武装部队海外奖学金(Presidential or Armed Services scholars)。按照培养计划,这些学生在国外大学进修后会回到新加坡,在政府部门供职数年。

这种计划可能会为国家培养出优秀的公务员,但它是否能激发创新与创业行为就另当别论了。大多数创新者属于后期发展者。他们在校期间学习成绩不差,但也算不上优等生。“后期发展”并不是说他们的能力发展过“迟”,而只是人们需要更多的时间去发现他们的能力。起初,这些学生并不十分在意自己所学的知识。比起教学大纲的规定,他们更关注自己感兴趣的东西。因此,他们的学习成绩并不太突出。他们不愿意取悦老师,却更乐于带给老师“惊喜”。一旦进入大学学习,他们会对学科的边缘领域更感兴趣。譬如,他们不会单纯地把所学专业当成终生事业,而更愿意进入与自己专业知识相关的商界。他们还对学科交叉领域感兴趣,因为这种交叉会带来新的、跨领域的突破。这些学生需要完成两个甚至更多学科的学习,才能找到新的结合点,这也是他们成为后期发展者的原因之一。他们不像自己的专家同学们那样走上笔直的阳关大道,而要独辟蹊径。

这些人必然更为独立,他们做事的目的不是取悦权威者,而是要为自己探索、开拓边缘地带。为此,他们甚至会把对立的学科结合到一起。当然,他们的做法常常不被看好。他们想要得到他人的认可需要较长的时间。这也从另一个角度说明,后期发展者对他人的依赖程度较低,他们把目光放得更远并且更具有冒险精神。

新加坡这种培养己用人才的做法可能会影响创新意识的培养。我们来设想一下,有一位颇具创新能力的新加坡学生考入了美国麻省理工学院,并在大四的时候和同学们一起尝试创业。但随后,他却不得不放弃这个可能带给他名誉和财富的机会,回到新加坡工作。因为政府资助他出国深造的条件之一就是,在他学习期满后要回国工作。等到他的政府聘期结束时,当年同窗所创立的企业或已成功或已失败,而他与这些都擦肩而过,已然被落在后面了。当年张铭坚先生提出通过研发新产品的方式回报自己所受的教育时,被人认为是“想入非非”。[9]网格 1-5 展示了这种困境。

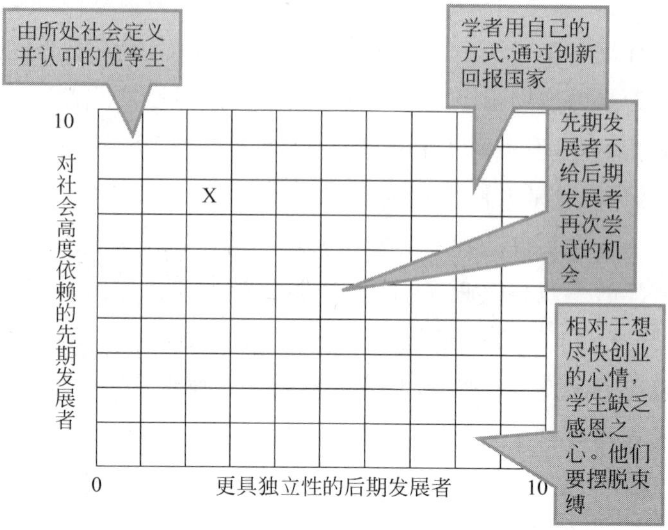

网格 1-5 先期发展者 vs. 后期发展者

新加坡又一次处于网格左上角的位置。新加坡的优秀学者过于顺从安排，不敢越雷池一步。但处于表格右下角的是缺乏感恩之心或只重视自我而漠视个人义务的人。理想的位置应该是网格的右上角处，即允许学者用自己的方式、通过创新来回报国家。

以上是我们要推行科技创业项目的原因。我们要调整新加坡文化，使新加坡在五个网格中所处的横向位置更加理想，在占主导地位的价值观和被忽视的价值观之间建立起新的综合体。

6. 陈丁琦教授尝试寻找一种平衡状态

陈丁琦教授和他的同事开始尝试补救这种失衡状态。在很大程度上，陈教授本人就为这种偏颇注入了一些平衡力。陈丁琦教授是出生在马来西亚的华人，他和他的夫人是南洋理工大学的校友。陈教授非常支持这所华人移民创办的学校。他招收中国学生、开设以中文授课的科技创业与创新课程的做法亦非偶然。陈教授认为，中国在奥运会上取得了傲人成绩之后，“中国时代”已经来临，是时候让新加坡人了解真实的世界了。陈丁琦出身教育世家，他的叔祖父是厦门大学的创始人。陈教授在华裔馆完成了自己的学业。华裔馆地处校园中心位置，近年来南洋理工大学对其进行了修缮，希望莘莘学子在此学习时能够心存感激，能够意识到自己应该将未来所创造的财富回馈给教育事业。我们必须让这种"理念"代代相传，让每一代人都能享受良好的教育。中国文化的两块奠基石就是家庭和教育。

陈丁琦教授在从事教育事业之前是一位成功的公司主管兼企业家，曾经向中国售出两个始创公司。他曾供职于尚彬(Sunbeam)公司和伊莱克斯(Electrolux)公司，负责新品上市工作，之后远赴美国西北大学凯洛格商学院(Kellogg at Northwestern)进修，并获得了工商管理硕士学位。陈丁琦教授应当属于前文中描述的"后期发展者"。他在先期积累了大量具体的工作经验，直到在剑桥大学攻读博士学位时才开始进行抽象的理论研究。

陈教授的经历翻转了常见的"自上而下"的发展模式。他选择先实践，从中获得大量经验，然后再对整个过程进行反思。他属于唐纳德·舍恩(Donald Schön)在《反思型执业者》(*The Reflective Practitioner*)[10]一书中描述的类型，即在大量实践活动中理解并发掘这些活动的最大潜力。前面五种困境是笔者和陈教授共同提出来的。陈教授的观点非常有说服力，他坚持自己的教学理念，认为创新虽然有失败的可能，但也有许多预防失败的办法。

陈教授会针对一些学生学过的、有用的抽象概念进行强化训练。他会更多地强调，要想使创新活动具有可行性和实效性，实际操作和积累具体经验是必不可少的。为此，他呼吁那些想要做实事、希望改变现状的人尽快行动起来。他曾经对学生讲，人生应该有梦想，也需要有梦想。为自己重新定义优秀的标准也是如此。只有目标明确且了解自己实力的人才能最终实现其人生理想。

陈丁琦教授非常敬佩 TIP 课程学员在自然科学方面展现的卓越才能。同时他也强调拥有团队精神、社交能力、开朗外向的性格以及幽默感的重要性。因为这些软技能对于重建具有创新性、有吸引力的企业是必不可少的。后期发展者是他的主要研究对象。这些人并没有按部就班地取得成绩，他们更愿意寻求新鲜事物。他们改变自己的思维方式，尝试做不同的工作，他们能够感受自己的转变，愿意进行新的尝试，并会隐隐有些不满足感。陈教授的工作就是给这一类人提供更多机会，帮助他们获得真正的成功。

现在我们尝试用网格来解释“科技创业”概念以及以这个理念为中心的 TIP 课程。“科技创业”融合了两个基础概念，一是密集型高科技知识，二是创业与创新意识。我们把这两个概念分别设置为网格的纵坐标和横坐标（见网格 1-6）。

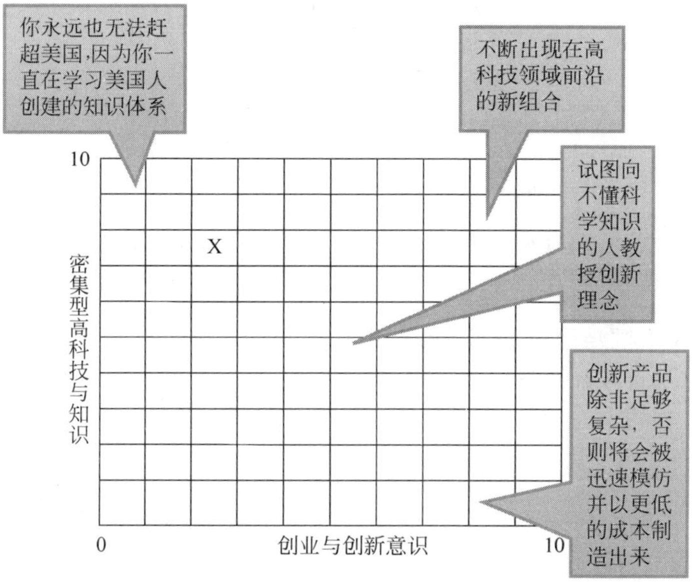

网格 1-6　高科技与创新的融合

如果新加坡眼睁睁地看着别的国家生成密集型新知识并且满足于尾随其后，它就很难在知识密度竞赛中获胜。谁创造在先，谁才能赢得比赛。这就是新加坡目前仍位于网格左上角处的原因。但是复杂性不足的创新（位于网格右下角处）也难以成功。同样，你也无法对科学知识匮乏的人(处于网格中间区域)进行创新教育。想要成功推行科技创业,就必须学会重组高科技前沿领域出现的新成果。这就是陈丁琦教授和他的支持者张铭坚先生所肩负的使命,也是笔者追求的理想目标。

第二章　创业生态系统：一门与众不同的课程

教授 TIP 课程不能闭门造车。当然，理论指导是必要的，在教室里授课也很方便。但教师应该至少分出一半的时间进行科技创业与其他领域之间的跨学科研究。远距离联想测验[1]是一项著名的创造力心理测试。参加测试者必须选择两个原本并无关联的概念、价值或资源，然后找到它们之间的结合点。换言之，你需要将原本并无关联性，或者前人没有发现其关联性的现象联系到一起，创造出新事物。

如果创新源自多样性资源的组合，学生必须先学会寻求多样性资源。游览千山万水固然是一种经历，但了解所到之处的文化、政治制度、生活方式以及价值观更有意义。然而，一味地“肯定”多样性也不对。我们将借助方框 2-1 对此加以展示和阐述。多样性本身没有确切的定义。我们需要知道的是，相对于任何一种价值，都会有另一种隐含的、与之相对的价值存在，二者既可能相互结合，也可能相互排斥。

生态系统极富多样性。譬如，珊瑚礁为上千种热带鱼、海洋植物和甲壳类水生动物提供了栖息地，这些海洋生物和珊瑚虫一起生活在蔚蓝色的大海中。迷人的色彩激发了生物求偶的本能，这种美能够促使生态系统自我维系，一切浑然天成。我们这门课程的目标就是建立这样一个具有多样性的生态系统，创造更多机会让创意在此发生碰撞，从而激发新事物的产生。在丰富多彩的环境中，创意是无限的。

在本章中我将讨论一些对比鲜明的特性。我们无法将所有特性一一列举出来，因为一种对比会引发出更多对比。从本质上讲，对比本身就是将相距甚远的观点联系到一起，这很重要。我们可以讨论过去与未来、思想与激情,或者游戏性与严肃性,等等。我们能找到许多这样的对比概念,而成功的关键却在于如何在企业的创新模式中将这些对立的元素整合起来。创业者有别于常人之处就在于,他们能够发现不同的事物特性并对其进行重新组合。在英美等发达国家文化背景下产生的生态系统与东亚地区所采用的"追赶型经济"模式之间存在着重大差异,TIP 课程的学员能够同时接触到这两种模式。在本章结尾部分,我将总结创新生态系统的特征。

方框 2-1 多样性一定是"好事"吗?

这个问题本身问得不够恰当。因为多样性本身并不是某种确切的事物。与所有价值观一样,多样性对人脑中的心理连续体产生的影响不尽相同。在与别人讨论价值观时,我们总会猜测对方的心理。多样性、勇气、忠诚这些词,表面上看似乎语义明确,但事实并非如此。人类经历过很多历史灾难,譬如大屠杀、种族清洗、美国黑人被处以私行、种族暴乱,以及在科索沃、卢旺达、格鲁吉亚和苏丹等地发生的迫害少数民族的事件等,其中都隐含着多样性问题。如果没有发现这些事件中隐藏的特殊的多样性问题,则我们很难去评价多样性的道德价值。多样性对文明发展大有裨益,而排斥多样性对文明来说不啻于一种毁灭性的打击。除非有一天我们能够真正了解多样性和包容性,否则我们就无法对道德做出有意义、有价值的评价。

总的来说,这个规则适用于评判各种价值观。如果忠诚是一种价值观,那么忠诚的人就应该敢于提出异议。不仅如此,出于忠诚而提出的异议往往更有价值。你能提出反对意见,恰恰就是出于你对国家和领袖的忠诚,你真心希望他们仔细考虑之前所做的决定。当丘吉尔表示绝不向希特勒让步时,他对国家是忠诚的;当苏格拉底对迫害他的人提出异议时,他对雅典王是忠诚的。民主制度建立之初需要不同的声音。如果有士兵提出,他想离开战场,回家过平静宁和的生活,其实也不失为一种勇气。同样,谨慎也是一种美德。它能帮

> 你做好充足准备、保存实力，让你在危急之际展现出非凡的勇气。一味强调忠诚而排除异己，是为愚忠；只想标新立异而舍弃忠诚，是为颠覆；有勇无谋是为鲁莽，谨慎过度是为怯懦。

TIP课程教学不同于传统的教学形式。新加坡外展训练中心要对课程学员进行三至四天的拓展训练。这种训练类似于突击队员接受的军事训练。学员们风餐露宿，亲手建造船只、搭建住所，以小组为单位完成各项挑战任务，共同承担风险、应对危机。此项训练就是为了培养精英学员们的团队精神。大约有一半的TIP后续课程都会以团队形式进行。正如陈丁琦教授所说的，“衡量一个团队的整体能力，要看团队中能力最弱的成员水平”。如果这名队员不能扮演好自己的角色，可能会把整个团队引入危机。

较之其他课程，TIP课程更强调团队意识。团队成员要同心协力，心往一处想，劲儿往一处使。每个人不仅要对自己负责，还要对整个团队负责。如果有一个人跌倒，整个团队都会受影响。大家共同面对一系列不可预见的挑战，而且必须要找出对策。这与企业精神别无二致。

TIP课程现在已经走进了南洋理工大学，但尚未进入本科课堂。接下来我们要去坐落于校园中心位置的华裔馆，然后再去参观学校的奠基纪念馆。我们的“旅行”从这里开始最合适不过了。当年的移民企业家创办了南洋理工大学，TIP课程的学员们今天才能有幸在这里学习。历史会引领着这些社会精英走向未来。陈六使先生为南洋理工大学建校做出了许多贡献，建校的土地就是陈先生捐赠的。因为新加坡国立大学脱胎于老牌殖民医学院，所以南洋理工大学是第一所真正的华人大学。也有人认为它并不算“真正意义上的华人学府”，但这种说法也许有失公平。

参观华裔馆并不是一种象征性活动。陈教授始终认为，学员们应该在典礼或仪式中感受意义之所在。学校的创始人对于任何一位创业者来说都能起到激励作用。“他们白手起家，最后拥有了百万资产”，他这样说道。除了对失败的恐惧，创业者的紧张与不安还来自于成功自身的无限可能。那些本就一无所有的人可以放手一搏,反而可能获得了不起的成就。

陈教授还指出,有些人即使成功了,也有可能会散尽百万家财重回起点。为什么会这样呢?一个人离开这个世界时其实什么也带不走。因此,人们一边努力创造财富,一边却又要把所拥有的东西给予他人。一切取之于社会的东西要回归于社会并且代代相传。当 TIP 课程学员参观华裔馆时,会看到身旁陈列的铭记着先人功绩的纪念物。它们诉说着那些人怎样从可怜的难民成为了受人尊敬的慈善家。学员们此行的目的就是重温历史,在先人们留下的传奇故事里汲取为未来而奋斗的精神力量。

只有此时学生们可以进入南洋理工大学的科技创业中心,进入中心办公区、教室以及专为工作团队成员准备的小组讨论室。事实上,用“讨论室”(break-out room)一词描述这个学习过程很贴切。讨论室的墙上贴满了各种告示:有的是宣传老学员推出的产品的广告,有的是关于新项目的启动介绍,还有许多来自各方的、对于本课程给予认可和表扬的信函。大家都认为这门课程将会与众不同。

学员们从接触这门课的第一天开始就要被编入小组。他们在完成不同的实践活动时,需要加入不同的活动小组,这使得他们有机会与其他班级同学共事。但此时此刻,每个小组都是独立的“企业”。并且,在为期 16 周的课程培训期间,各小组都将会模拟真实的企业实践。学员们要果断地做出决定,还要面对可能产生的结果。他们会比较自己的目标和市场的需求,如果结果还可以,他们也会感受到成功的喜悦。这样的经历会让他们感受到同呼吸共命运的意义,因为每个人都可能是主角,都可能改变集体的命运。他们也了解到,并不存在绝对正确的商业策略。学员们每周都要进行模拟商业活动,他们的知识和经验都来自于商业环境的反馈。

我还要谈谈关于刺激、模仿和模拟的问题。密苏里大学的宋熊熊(Michael Song)教授设计了一种模拟游戏。该游戏的仿真程度与计算机模拟的程度相当。游戏设定了一种混乱的环境,但混乱之中隐含秩序;同时游戏中还为参与者设置了种种挑战,需要参与者找到答案。这种模拟游戏对于创新、学习甚至是文明程度都起到了重要作用，我们称其为“严肃的游戏”。我在后面的章节中会介绍如何测定参与者的能力。

毋庸置疑，科技创业是一个严肃的话题，你可能为此失去你所拥有的一切。不仅如此，在亚洲文化背景下，人们遇到困难时往往会向亲戚朋友借钱。但是，这也可能会把亲人朋友的家底也“借”光。对一个企业家来说，还有比这更窘迫的境地吗？重点是你要有一种游戏的心态，并且清楚游戏和严肃性之间的关系。

游戏很重要，因为在游戏中你可以发现并解决问题。在游戏或者模拟过程中犯错不会造成太大损失，反而会让你学到许多东西。动物王国就是如此，想想那些狮子、老虎的幼崽，还有水獭、海豚、小狗、小猫和小猴子。这些动物的生存能力和技能几乎都是从小时候的相互追逐、嬉戏中学会的：它们玩闹着互相追赶、攻击或者打斗时，会用嘴唇包住牙齿，把爪尖缩回去，这样就不会伤及伙伴们。当这些动物开始咆哮、露出尖牙时，你就知道它们要动真格的了，它们会用做游戏时学来的方式攻击你。[2]

舞台剧也是文明的标志。人们不必亲身经历苦痛，也不必真正面对死亡，更不必亲身经历那种面对父亲被人谋杀还要痛苦自问“是生存还是毁灭”的挣扎。人们可以假装失败或者想象失败，然后慢慢体会个中滋味。简言之，想象失败可以帮助我们免受现实中失败带来的打击。我们从演练中吸取足够的经验，就不会再犯同样的错误。[3]

在长期不断的反复实践中剥离出事物的独特性是创新的重要特征。托马斯·爱迪生认为自己并没有失败，他说自己只是找到了三千种让灯泡不亮的办法。[4]戴森吸尘器的工程师们制作了两千多个模型和原型机才得到了发明者的认可。因此，创新者不仅要找到研制新产品的灵感，同时还要为实现自己的理想付出辛勤的汗水。令人感到“震撼”的创新往往源自令人“厌倦”的重复。教授科技创业课程必须两者兼顾。

而这并非易事。当各个团队准备登台“演出”展示自我时，新加坡团队显得有些犹豫不决。因为新加坡人从小接受的教育是要谦虚谨慎、少出风头、尊重权威。爱炫耀的习惯是要不得的，爱空想也是不可取的。只有少说多做，才能实现承诺。且不论这些教诲明智与否，它们对创新都会产生不利的影响。

然而，来自中国大陆的团队情况要好一些。短暂的迟疑过后，同学们开始穿上花哨的服饰，以短剧和讽刺诗的形式进行展示。也许每个人的内心深处都希望自己能够引起别人关注，只是很少有展示的机会。一旦这种意识被唤醒，力量是不容小觑的。性格内向的人想出的好点子往往需要性格外向的人做推广宣传，这很重要。如果企业家自己能够身兼二职，情况就好多了。在有人肯为你投资之前，不管内心有多少疑虑，你在公众面前做产品宣传时一定要表现得信心十足。进行戏剧表演是获取自信的重要手段。

当然，这种娱乐性的角色扮演是在为现实生活做彩排，你要随时准备好应付现实问题。你早晚要进入市场，那么现在就应该从错误中汲取经验并且改正错误。这就像一个人如果先学会了自嘲，以后也许就会少流些眼泪。在宽容的好友面前失败总比日后败在无情的陌生人手里好。

从现实意义上讲，创新是一个不断提升的过程。这期间你身边会聚集越来越多的盟友，他们中间既有共同承担风险的员工、投资者、信贷员，也有客户和合资伙伴。由于要传递的信息是陌生的，良好的沟通能力则显得尤为重要。正如威廉·J. J. 戈登所说的，我们“要让熟悉的东西变得陌生，让陌生的东西变得熟悉”。[5]我们想要创新就应该积极促成这些转变。

关于 TIP 课程，有一点非常值得一提。学员们并不是简单地把这门课程看作一个创业项目，而是把它看作他们自己的创业项目。学员们相信，如果他们为之努力，就一定会成功；他们不是实验对象，而是实验者。在前言部分我们曾经提出一个问题：为什么教授创新课程的教育者自己不去实践？但事实上，教授这门课程本身就是一种挑战，因为教师要保证教学与实践相结合，要将学习与成功联系在一起。

这大大地调动了学生的积极性。他们邀请自己相熟的人做讲座，主动报名面试下一届新学员，在迎新活动中踊跃发言，撰写课堂讨论用的案例，他们甚至还给总统和新闻媒体写信。有一个团队在模拟经营游戏中取得了近年来的最好成绩，于是团队成员们决定向宋熊熊教授提出申请，在东南亚地区开展这个项目。该项目目前已经在建设中。

整个团队同舟共济进行团队建设，共同面对挑战。因此，TIP课程并没有其他课堂中那种紧张激烈的氛围，大家在一起组成了一个其乐融融的大家庭。就像曾经一起浴血沙场的老兵之间那种无法逾越的战友情一样，TIP课程的学员之间也建立起了亲密的纽带。如果学生的学习目的只是在教科书中寻求答案，或者只是要得到老师的赞赏，那么他们就会竭尽全力地压倒对手以争夺稀缺资源。因为不可能所有人都是最优秀的，所以谁的答案越接近老师的标准，谁的分数就越高。如果老师不理解或者不认可你的答案，你的分数就会降低。

但是在TIP课程中，只要学生肯动脑思考，正确答案就绝并不是唯一的。比如，假设学生甲尝试引用热感应装置检测人体内的恶性肿瘤，而学生乙希望通过互联网为手工艺者和收藏家建立联系，那么他们之间并不存在竞争关系，两个人都可能获得成功。他们在各自的领域获得辉煌的成绩，而且这并不会掩盖他人的成果。因此，这种家庭式氛围既能营造竞争意识，也洋溢着对同学获得成功的真心祝愿。如果大家能够做到这一点，我们对这门课程的信心就更足了。

当然，竞争一定存在。可能有人比你做得更好，比你更擅长鼓舞团队士气，或者可以设计出更好的商业计划、筹集到更多的资金，但至少你可以试着模仿并努力赶超他们。而另一方面，目标的多样性也造就了团结的班集体。每个人都可以成为自己选择的领域中最优秀的那个人。陈丁琦教授经常会大声问："我们是谁？"同学们则会异口同声地回答："我们是一家人。"而且，事实上他们真的就像一家人。

曾经同甘共苦的人会彼此惺惺相惜。丹尼丝·庄的亲身经历证明了这一点：

在学习TIP课程期间，我的母亲过世了。之前，全班同学都知道我为母亲的病情担忧。但当不幸真的发生时，我选择悄悄离开，没有告诉任何人,因为我不想把自己的痛苦加到别人身上。班里只有一两个人知道我的住址。我家的确有点远,而且我们中大部分人都很忙,还要应付紧张的团队工作,所以我独自一人回家参加母亲的葬礼。我坐在教堂前排的椅子上,听到身后人们入座的声音,但并没有回头看。当会众起立时,我转过身,发现后排竟然有三分之一的人都是我的同学。他们赶了这么远的路来参加我母亲的葬礼,我大为吃惊,更是深受感动。我们真的是一家人。我和大部分同学至今还保持着联系。[6]

TIP 课程组的老师和徐冠林(Guaning Su)校长都收到过学员们写来的信件。我们在方框 2-2 中列举了一部分学员来信。

方框 2-2 学生对于科技创业教育课程的褒奖

我的激情完全被陈教授和他关于实现梦想的训词点燃了。我从没退缩。作为 TIP 课程的学员,我们很骄傲。

Frederick Wong

Moo Woo 设计有限公司

完成 TIP 课程学习之后的两年里,我一直在实现创业梦想的路上前行。我们无论做什么都要发掘出自己最优秀的那一面。

Saw Lin Kiat 博士

健康生活(Healthlife)投资有限公司

我感觉自己在过去的四个月里学到了大学三年都没有学到的东西,同时也成长了许多。TIP 课程使我变得更强大,不断地发掘并突破自己的极限。它不仅是一门课程……我们在一起更像一个大家庭。

Poh Keng Pei 女士

Allglass Services 公司市场营销及人力资源部主任

TIP 课程帮我开拓思路，让我放飞自己的梦想。我从没想到自己的收获会如此之大。这份自信会帮我度过最困难的时期。

Chew Jianying 女士

新加坡大东方(Great Eastern)控股集团经理

我意识到，只有一个好创意对创业来说是远远不够的。TIP 课程磨练了我的意志，让我学会注意细节。我们必须学会坚持，不随波逐流，那才是真正的企业家精神。

Javiny Lim Yiing Wei 女士

新加坡 SM Motors 公司

我读本科的那几年时间里信息很封闭。TIP 课程教会我们把信息联系起来。这个过程令人兴奋。同时这门课程还让我结识了许多富有激情的朋友。我们像斗士一样，会失败，但决不放弃。这是我见过的最优秀的课程。

Ong Ai Ghee 女士

新加坡胜科(Sembcorp)集团物流公司

重要人物的相识相交往往会带来一个富有创造力的时代。他们并不一定要彼此欣赏，但每个人都有追求，都能够热情地投入到他们共同的事业中去。一个团体里会有各种角色，有赞助者、主办方，也有评论者和有鉴赏力的观众。每个创业或创新黄金期的出现和消退都伴随着整个创业生态系统的兴衰。

每一次尝试都有资助方、友人和参观者的热切关注，这一点对于 TIP 课程来说很重要。在 2007 年以前，TIP 课程 50%的费用是由新加坡政府资助的，学员们也因此更加感受到了学习的意义。南洋理工大学每年都会举办一次商业计划竞赛。因为几乎所有的研究生院都要开设至少一学期的创业课程，所以这个比赛竞争非常激烈。而 TIP 课程的学员赢得了迄今为止的所有比赛。除此之外，南洋理工大学每年还举办创新成果展示会。在展示会上，未来企业家们布置好自己的展台，展示创意以吸引参观者。此项活动大受欢迎，大家充分感受到创业生态系统中创新的活力。在这里，既有摄影师用相机捕捉着各种热闹欢乐的场景，还不断有参观者想要走进展会观看大家的演示，展示会上一片"繁荣"景象。

如果多样性对创新有益，那么班级学员和教师的构成就非常重要了。学员们来自美国、英国、瑞典、匈牙利、法国，以及印度、马来西亚、中国、印度尼西亚和泰国。由于受奖学金制度所限，课程学员中有半数或以上是新加坡人，但其中也有一些人来自中国、马来西亚、印度或具有穆斯林背景。而除了新加坡本土人士，TIP 课程的教师还来自中国、美国、英国、芬兰、法国以及中国香港地区。

学习之旅

在课程的前两个月里，学员们要进行一次学习之旅。在新加坡开设的用英语授课的课程班学员的行程包括中国和美国，而在上海开设的、用汉语授课的课程班学员要去新加坡和美国。两个课程班的学员在上海见面，交流各自的项目和经验。有几位学员能够用双语进行交流，这样可以弥补一定的语言障碍。

我们要注意中美两国的区别：美国是发达国家，而中国是发展中国家。前者相对富庶。美国是资本主义经济制度的领头羊，中国的经济制度是社会主义市场经济。美国推崇的是政府不干涉经济事务。当然，美国国防预算还是有违这一政策的。美国崇尚个人主义，而中国的集体主义观念更强，更注重和谐关系。

在这么多强烈对比中，新加坡处于中间位置，同时受到了东西方文化的影响。与美国相比，新加坡政府对经济的干预更多；但较之中国，其干预程度又较低。新加坡正处于多样性交叠之处，这也就为创新提供了更多可能。中国经济发展之快让人感到震惊，西方国家的发展前景很难与之相比。如果中国能够保持目前的经济增长速度，那么到 2009 年中国就可以成为世界上经济发展速度最快的国家，甚至可以超越日本鼎盛时期的发展速度。我们还要继续寻找中国经济发展的奥秘。这里会发生无数奇妙的聚合，如果再融入中华文化背景，一定会催生新事物。

我们再来看看 TIP 课程在美国西海岸的进展状况。美国是创新者的乐园，坐落于西雅图的华盛顿大学是美国创新活动的中心。陈丁琦教授在美国的寓所也位于华盛顿大学附近。在这里，科学与商业的结合卓有成效，而生物医学作为新加坡政府支持的重点建设项目更是如此。[7]学员们集体参观生物工程系，聆听关于最新研究成果和突破性进展的讲座，从中选择最优秀的科研成果并努力尝试将其纳入自己的商业计划。

这个阶段对于科技创业的整体设想至关重要。学员们看到的都是高科技的研发成果，了解这些并向未来投资者传输创意是一个巨大的挑战。这段旅程中最精彩的部分是有真正的风险投资者的参与。学员们必须向他们争取投资基金。风险投资家会对学员的演示给出详细反馈，向学员们说明他们的投资意向及原因。生物工程学家非常喜欢这部分课程安排，因为此前他们想要让自己的研究工作得到商业认可并非易事。

学员们还在西雅图一家星巴克轮值工作，他们需要观察服务行业的内部设计。这份工作并不像看起来那样简单。星巴克由于销售超市类咖啡导致利润空间有限，生意不太景气。经营者转变经营方式，从国外直接进口咖啡豆，减少了中间商环节和差价。咖啡的香气飘散到街头巷尾，店里充满温馨的味道。

学员们继续参观了谷歌公司（Google）、微软公司（Microsoft）和推出新型“梦幻客机”（Dreamliner）的波音公司（Boeing），还参观了其他六家初创企业。在那里，企业家们讲述自己的故事，也向学员们展示自己公司的产品。成熟的创新型企业和成功的初创公司呈现出了鲜明对比，令人感到振奋。离开西雅图之前，大家参加了陈丁琦教授在他的湖畔寓所举办的晚宴。紧接着，学员们将启程前往旧金山、旧金山湾区和硅谷。

在硅谷，学员们也参观了几家初创公司和成熟企业。这些企业在进行自我更新的同时始终不忘创新理念。硅谷以拥有众多移民企业家著称。以 2000 年为例，硅谷三分之一的企业领导人是 20 世纪 70 年代后来到美国的中国和印度移民。对我们的学员来说，这些领导人就是榜样，这些成功人士的奋斗史令他们着迷。[8]美国硅谷孕育着新的道德标准和价值观，人们接受创新概念，支持男女平等，包容同性恋，要求机会平等，接受国际化大都市的生活方式和高密度的城市生活，等等。这也恰好印证了生态系统的价值——丰富多彩的邻近区域里存在众多对比强烈的元素。[9]

现在，这批学员要返回新加坡，用汉语授课的课程班学员则要回到上海。学员们不会忽视当前南洋理工大学和复旦大学两所高校的科学发展动态；他们也不会忽视地方的风险投资者，因为将来地方风投者投资的可能性要比国外投资者更大。为了扶持企业家，政府已经设立了几项特殊基金，并在进行细致的考察。

现在各小组已经开始制订自己的商业计划了。那不仅仅是一份模拟计划，还要具有实际的商业操作性。创业计划大赛是一个磨练创业技能的平台，各小组在创新成果展览会上设展位，利用这个机会吸引顾客或者招募富有工作热情的员工。关于创业生态系统很重要的一点便是要区分“样品”和“产品”这对概念，它们之间存在一种自然的紧密联系，这很像我们之前讨论过的游戏性和严肃性之间的关系。与制造成品所需的费用相比，样品的造价要低得多。而且如果样品出现了问题，你可以调整，损失也不会太大。你可以把样品展示给未来可能成为你合作伙伴的人，听取他们的批评和建议。南洋理工大学每年都会召开创新成果展览会，届时创新者会向消费者展示自己产品的功能。

供与求的创新

时至今日，创业生态系统仍处于发展阶段。研究创新的供求关系是 TIP 课程中一个非常重要的课题。说到创新产品，人们首先想到的是科技突破，比如个人电脑就需要不断改进和升级。但来自客户端的对创新的需求却往往被忽视。你是否能按客户所需提出新颖实用的创意？良好的供求关系能够解决生产商和客户之间由于缺乏理解而产生的问题。设计精良的产品出于种种原因可能得不到顾客的青睐。产品能够解决客户遇到的“麻烦”才能算是真正的成功。你的工作就是要为客户解决问题，让他们满意。

比如，卡地纳药业公司（Cardinal Drugs）在前期向医院提供的是没有独立包装的药品。在与众多同类药品生产厂家的竞争中，该公司并没有任何优势可言。于是公司决定“跟踪”药品，看看药品进入医院后究竟在哪个环节上出了问题。这一举措立见成效，他们发现了自己的产品究竟为何让院方感到“头痛”。由于全国性的药剂师专业人才短缺，医院药房往往也人手不足。同时，医院还存在药品丢失的现象。这不仅造成了药品浪费，还导致了由于患者药物成瘾使院方陷入法律责任纠纷等问题。[10]

卡地纳公司找到了问题的症结所在，开始为医院配备专人管理药房，这使公司利润上涨了六倍。此外，卡地纳公司在护理站配备了药品分发机。这种机器能够自动地按照有签名或指纹的单据分发正确剂量的药物，并为患者开出账单。这也有效地避免了药物丢失。解决了这个问题，卡地纳公司的利润又有所上升。科技与人类学在该案例中都有体现。卡地纳公司既使用了药物分拣的核心技术，也考虑到了客户的实际需求，而后者恰恰为公司发展增添了几分人类学色彩。

聚合产业

陈丁琦教授要求学员注意观察，原本独立的产业如果聚合到一起并产生交叉强化作用，结果会怎样。两个产业发生“聚合反应”可能会引发“大爆炸”，产生大量“辐射”，从而引发资源重组。产业聚合现象已经越来越常见了，比如生物与医药、电子与机械工程、电脑与体积不断减小的磁盘光驱、摄影与手机以及金融服务与因特网等产业的聚合都是极好的证明。

我们看到了这些产业聚合的实例，也已准备好迎接产业聚合带来的碰撞和交融。例如，我们可以用电子设备监控并提高机器的工作性能，还可以借助生物学对人类基因组的研究成果指导药品研发。虽然我们无法预测具体会有什么样的创新产品，但可以肯定的是，在学科交叉领域一定会有创新出现。秉承这一理念前行的创业者们会拥有更多的机会。上述实例也证明了创业生态系统的另一个特性，即创业不仅涉及不同的自然学科，还涵盖了各学科之间的空白领域。阿尔文·托夫勒（Alvin Toffler）曾经指出，跨学科的创新产业早在20世纪70年代就开始大量出现了。[11]我们一定要在学科间的空白领域寻求新的组合。

就这一点而言，了解垂直技术和水平技术的区别很重要。垂直技术是独立的，油/气田钻探、机车工程和汽车制造等行业便属于这一类。水平技术则是指不同企业间的紧密结合。以微芯片为例，这种小小的芯片常被许多东亚经济体称为“工业食粮”，因为它为许多其他工业提供了技术支持。比如，一枚芯片可以帮你打开车库大门。再如，农场主可以在牛角里埋下芯片，这样就不用担心无法找到走失的牛。芯片的应用范围非常广，数十亿的芯片已被植入了各种商品中。

30年前，一辆汽车的电子配件只占其总价值的10%，如今这个数字已经接近50%了。汽车的安全系统，如气囊、遥控锁，车门自动解锁以及信号定位都是电子控制的。水平技术包括因特网、液晶显示仪、移动电话和数码成像技术等。这些技术的应用使许多产业相互联系起来，更多的新应用也就应运而生了。

数码成像技术对创新者来说意义非凡。它可以让人们在产品投入正式生产之前对其有更直观的视觉感受。风险投资者认为，即使数码成像不能完全替代创业计划，但至少可以起到一定程度的补充作用。在展示大型项目的投资计划时，形象化演示尤为重要。比如，在筹建大型购物中心或公司总部这类大型项目时，投资商需要预先看到项目的建成效果。此外，虚拟现实的细节图像对于确定所需建设费用也很重要。

表演与舞台

创业生态系统中另一对重要概念是表演和舞台。戏剧表演呈现于舞台之上。舞台通常需要木制道具、幕布、场景、灯光、音乐、音响设备以及后台设施。如有特殊需要,还要为演员提供镜子和化妆品。

同样,创新也需要这样一个平台。乐高玩具(LEGO)本身算不上惊世骇俗的产品。事实上,这种颜色鲜艳的塑胶积木已经流行几十年了。乐高更像一个舞台,孩子们可以用这些积木块搭建出上百种造型给爸爸妈妈欣赏。[12]在普通积木类玩具的基础上,乐高公司进一步推出了乐高智力风暴机器人。孩子们可以用乐高积木拼装成机器人,并用个人电脑设计程序来控制它。微软系统也是一个平台,可供开发者发布新的应用程序。同样,手机也为发送文本、摄影和图像传输提供了平台。

随着时间的迁移,曾经的新产品可能会成为其他产品发展的平台,因特网的发展就是如此。在距南洋理工大学科技创业中心几英里的地方有一个兰花园,名叫胡姬山庄(Orchidville)。山庄单纯种植兰花并不能创造太多效益,但围绕兰花种植开发的创新项目却可以带来丰厚利润。起初,山庄向当地宾馆提供用兰花制作的插花。后来,山庄开始向在这些宾馆下榻的活动策划者、宴会筹划人和摄影师们推销自己的插花。看到胡姬山庄创新举措的成功,当地政府开始考虑在小学配备兰花种植工具箱,用作生物学课程的教学工具,让学生学习植物栽培。

接下来的尝试是科技含量较高的无土栽培,即用含有植物生长必需元素的营养液培植兰花。无土栽培的优势在于,它能够保证植株在远途运输中正常生长并且延长花期。有了无土栽培技术,以前兰花外销时遇到的运输问题就迎刃而解了。值得注意的是,仪态万千的兰花本身就是兰花种植的核心竞争力。核心竞争力始终是这个平台最重要的品质。该公司目前在尝试培育杂交品种并提供个性化服务。培育出的兰花新品种甚至可以以购买者的名字来命名。公司还尝试用从兰花中提炼的花油制作香水,或者开设服务中心向游客提供餐饮服务。游客在服务中心可以在此享用美食、开怀畅饮,甚至在摇曳多姿的花丛中翩翩起舞。公司的商务接待中心目前也已进入了规划阶段。

为新产品提供“表演”平台还必须考虑持续性创新与破坏性创新的区

别。《创新者的窘境》(*The Innovator's Dilemma*)[13]一书的作者、客座教授克莱顿·克里斯廷森(Clayton Christiansen)正在教授TIP课程。他提出了两种创新之间的差异:持续性创新是针对现有市场上主流客户的要求对产品进行改造和完善;破坏性创新则是彻底颠覆现有平台,同时打造全新的平台。依照这一原则,体积不断变小的光盘驱动器“破坏”了原来以磁盘为存储媒介的电脑平台,小型钢铁厂也逐渐“动摇”了大型综合性钢铁厂的地位。

东西方创业生态系统的比较研究

创业生态系统的具体形态多种多样,我们不能断定哪种途径是最佳选择。在从中国到美国的学习之旅中,TIP课程的学员们感受到了中西方两种不同的创业生态系统。英、美国家拥有哈佛、斯坦福和剑桥等享誉世界的名校,知识密集型产品和体制往往诞生于此。聚集在这些高等学府周边的创新企业也引起了人们的极大关注。128号高速公路环绕着哈佛大学和麻省理工学院。公路沿线两侧聚集了数以千计的从事高科技研发和生产的机构和公司,使得这里成为了世界知名的电子工业中心。同样,美国斯坦福大学附近有硅谷,英国剑桥地区也形成了剑桥现象。这些小公司通常能够建立起被专业院校忽视的不同学科间的联系。

这类企业往往由“纯粹的”科学研究(如DNA分子的发现)起家。科学研究不断发展,成为对人类有应用意义的科学(如人类基因组计划)。当科学研究发展到一定阶段,再实现其商业化功能(如新型医学诊断技术的出现和医用仪器的生产)。发展从起点开始呈波状向外扩散,这可能要花上几十年的时间。在英国,“纯粹的”科学研究享有很高的声誉,而科研的实际应用,哪怕是可以挽救生命的应用,却没有受到足够重视。这使得整个商业化过程发展缓慢。当年查尔斯·珀西·斯诺(C. P. Snow)在剑桥的里德演讲(Reid Lecture)中说道:“我们的研究对人类并非一无是处。对此,我们无比自豪。”好在那样的时代已经一去不复返了。但即使你一路披荆斩棘考入剑桥大学,毕业时仍有可能面临“英雄无用武之地”的尴尬境遇。而美国的情况要相对好一些。

剑桥大学嘉治商学院创业研究中心的维亚卡纳姆教授提出了一个设想，即建立一个以剑桥大学为中心的创业生态系统，生态系统的先期发展和后期发展要保证知识的连续性。这一愿景强调了大学的中心性，同时还涉及了与艾康电脑公司(Acorn)的合作。艾康电脑是由剑桥大学奥地利裔物理学家赫尔曼·豪瑟设计的世界最早的个人计算机。尽管有英国广播公司(BBC)为其做品牌推广，艾康电脑最终还是败给了苹果公司，失去了在美国国内市场所占的份额。于是，艾康电脑公司的始创团队把目标转向了新的周边电子产业。该创业生态系统还有另外一种催化剂，那就是政府为其提供的计算机辅助设计(CAD)设备，而计算机辅助设计正是产业拓展的技术核心。打个比方，整个创业生态系统就像一个几代同堂的大家庭，家庭成员之间的亲密度维系着家庭的稳定。家庭成员彼此熟悉，大家的产品研发方向也大体一致。后来还不断有一些大型公司，比如奥利维蒂公司(Olivertti)、通用电气(GE)、丹科公司(DAKO)、德国戴乐格半导体有限公司(Dialog)、美国 Cytomation 公司、美国西方多路无线通信公司(Western Multiplex)、微软公司(Microsoft)、飞利浦公司(Philips)等，入驻了剑桥高科技产业园。

美国硅谷是科技创新生态系统的最佳代表。整个创新生态系统以世界知名高等学府为依托，将抽象认知应用于具体的商业运作。所谓冰冻三尺，非一日之寒，这些科研水平享誉世界的高等学府都历经了时间的考验。东亚国家若想达到如此发达的水平，可能要花上几十年甚至几个世纪的时间。

新加坡、中国、韩国和中国台湾地区的创新生态系统与欧美国家和地区相比有很大区别。它们的发展模式并非自上而下进行的。恰恰相反，它们选择的是自下而上的路径，从最简单、最具体的事情做起，成功之后再尝试抽象大胆的创新设计。早期的西方跨国公司为寻求低成本而将产品生产外包给劳动力价格低廉的国家和地区的厂家。亚洲地区国家的经济生态模式最早就起源于此，而且这种生产方式现在已经形成了较大规模。接下来我要讲的商业实例对读者来说会有一定的教育意义，但是对西方国家来说却未必是个好兆头。以新加坡伟创力公司(Flextronics)为例，该公司既是产品的生产者，也是设计者，它的发展轨迹极富指导意义。

伟创力公司创立初期主要生产电脑和打印机的电路板。惠普公司(Hewlett Packard)是伟创力的一个主要客户，通过伟创力来协调整个亚洲地区的运营。在这种情况下，伟创力公司将生产分包出去很合理——马来西亚的劳动力价格比较低，可以大大降低公司的生产成本。此外，伟创力公司提出还要生产母板，这个任务更具挑战。跨国企业倾向于选择这种生产模式是有原因的。因为从市场角度来看，这可以提升它们的企业地位。较低的资产基础会带来较高的资产收益率，较低的生产成本会增加企业利润。所以这些选择都是明智之举。

伟创力公司本身就是供应链中的一个重要环节，能够保证充足的库存和及时的配送服务，因此公司提出要求承担供应链和物流管理工作。供应链管理也有创新的可能，因为它实际上就是整合生产资源，而伟创力就处于整个网络的中心位置。惠普公司再次同意了伟创力提出的要求。之后不久，伟创力公司提出，用该公司新加坡设计中心自主设计的最新、最高端的集成电路来装配核心设备。伟创力的客户除了惠普公司还有其他一些企业。因此伟创力不仅提供了重要资源，也成了开拓创新前沿领域的先锋。伟创力公司步步为营，逐渐"挖空"客户的核心资源，使得自己在业内的激烈竞争中处于不败之地。

当伟创力凭借自身力量成为核心设备的供应商并具备了与自己的大客户相抗衡的实力时，却并没有急于参与直接竞争。作为整个产业的智能中心，伟创力公司目前所处的位置可能更有利。伟创力为知名品牌提供配件，这是一把双刃剑，可能会为这些品牌赢得更好的声誉，但也可能使其名誉扫地。它既是许多大企业背后的力量，也是连接众多竞争者的协作链。这种策略在中国也得到了广泛的应用。在中国，企业根据自身实际情况，可以采取自上而下或者自下而上的发展模式。距离上海复旦大学校园几百米处有一个科技创业园，里面聚集了近千家企业。科技园附近的高校为那些承包跨国公司生产项目的企业提供了科研基础和知识阶梯。总而言之,TIP 课程的学员应该掌握高水平科技创业的两种创业途径。

本章小结

我们曾经提出关于如何构建创新生态系统的问题。我们设计的环境要包含高度对立的元素,而未来的创业者或创新者需要找到它们之间的联系并且加以调和。下面,我们将用特殊字体来突出一些对立元素。一名合格的创业者或创新者不仅要能发现对立现象之间的联系,还要能够将不同的元素结合起来。由于面临相同的挑战,一些原本独自打拼的个体组建起了团队,他们要一边思考一边实践,对于突如其来的挑战要做出迅速的反应。

为了将来能够更好地工作、创造财富并回报社会,TIP 课程的学员缅怀前辈企业家,勉励自己并发扬前人留下来的东西。在模拟真实商业情景的过程中,他们要严肃认真地做游戏,做出决定并接受结果。他们同呼吸、共命运,但每个人又都肩负着各自的职责。他们要制定一系列策略,同时也要面对所有反馈。

学员们必须反复实践,不断纠正所犯的错误,直到找到隐藏在混沌之中的秩序。想象失败能够帮助他们免受现实中失败的打击。在不断的循环往复中会出现一些独特的事物,就像汗水会与灵感共存。虽然新加坡人本性内敛,但还是要鼓励他们培养开朗外向的性格,学会"炫耀",即使心存疑虑还是要表现出满满的自信。学员们尝试着这样做,努力让自己相信,他们日后是有能力随时迎接真正的挑战的。

所有人都身处竞争激烈的商业竞技场上。每个人都有自己的风格和目标,但彼此却建立起一种家庭式氛围。在跨越中美的学习之旅中,学员们接触到了发展中国家和发达国家的经济体制,看到了贫穷和富庶,经历了社会主义和资本主义制度,体验了个人主义和集体主义,感受到人权的同时也感受到了人际关系。

在美国，他们将生物学与医药学结合起来，试图使复杂的科学更具商业性。打一个形象的比喻，这就好像发明家遇到了投资者。他们比较了初创企业和成熟企业。在硅谷，他们亲眼见证了作为外来人口的中国和印度移民如何转变成了业内人士。

回到新加坡后，学员们尝试通过制作样品的方式来改进产品性能。他们还比较了供给性创新和需求性创新，从而联结了生产商与客户、技术与“人类学”。学员们要学会关注学科间领域，而不要把目光局限于单一的学科领域里，区分垂直技术与水平技术非常重要。此外，学员们还要了解的是，最初的“表演”需要一个标准化舞台作为它的资源基础。

这个“舞台”能帮助学员们区分持续性创新与破坏性创新。持续性创新是在现有的平台上创造新产品，而破坏性创新则要破坏掉现有舞台并重新打造新平台。最后，创业生态系统可以自上而下地发展，即从抽象认知入手，去寻求具体结果。它也可以自下而上地发展，就像伟创力公司那样，从具体的实际运作开始逐渐探求抽象的认知。创业生态系统是开启创新之门的钥匙。

第三章　如何衡量创新教育教学法

英语里有这样一句话，“it does not count”（意为“这不重要”。句中“count”一词有“有价值、有重要意义”和“计数、测量”之意）。也许我们可以这样理解，如果我们无法准确测量某种事物，就无法说明这种事物的重要性。然而，测量创新是项巨大的挑战，尤其是当创新能力或创造力并不那么真实的时候。伪创新应该受到抨击和讽刺。人们可以穿些奇装异服，也可以行事乖张，但那绝非真正的创新。尽管创新者会对自己的工作成果押上很大的情感赌注，但是“情感投入”和“炫耀艺术气质”除了给外行人带来痛苦之外别无他用。

像我们之前讨论过的，创新者要挑战现状。但如果认为只要挣脱束缚、大胆尝试就能迎来创造的春天却未必站得住脚。例如，在20世纪60年代末和70年代初发起的学生运动只是一些抗议活动。到后期，运动的胜利果实几乎所剩无几，学生们甚至没能劝说美国政府停止武力镇压国内暴乱。嬉皮士和反主流文化也许是最为耀眼的伪创新了。这些人抓住所谓艺术中最腐朽的东西并将其发挥到极致；鼓吹机缘巧合会让一切“自然”地发生；歌颂无目的性、自我炫耀和自我放纵的冲动。

事实上，整个运动并未创造出什么价值，只留下了几颗念珠和燃烧过却再无人问津的几炷焚香。这种现象虽然短暂，却足以令人警醒。诚然，有创新力的人具有游戏精神，但喜欢饮酒狂欢的人在这一点上也毫不逊色。有创新力的人感情丰富，但孩子也会发脾气。创新过程中的确有测量无序程度的标准，但单纯的无序并不能保证创新的出现。诚然，企业家们多是外向型性格，但性格外向的人并不一定会成为企业家。同样，创新者可以彻底改变自己。笔者在加州生活的几年中也听到过一些人谈论“新的自我”,但那些改变仅仅是一种自我放纵而已。

真正有创新能力的人需要具备综合能力。莎士比亚在戏剧《亨利五世》中写道:“啊!光芒万丈的缪斯女神啊,你登上了无比辉煌的幻想的天堂。”这句诗词里并没有任何晦涩的字眼,人人都能理解。莎士比亚只是将普通的词句重新组合罢了。这与阿瑟·凯斯特勒(Arthur Koestler)认为创造力可以给人带来认知冲击的观点是一致的。[1]莎士比亚将普通的字句重新组合,却给人们带来了强烈的认知冲击。常见的词语和普通的词义整合起来却有了诗歌的韵味。哈佛大学的威廉·J.J.乔登教授认为,创新就是“将熟悉的东西变得陌生,而将陌生的东西变得熟悉”。[2]上面的事例可以很好地阐释威廉教授的话。对普通的零部件进行重新组合会制造出新产品。细砂是硅片的生产原料,而后者的价值显然要高得多。

我们非常想揭开伪创新的真面目,于是不禁自问,“到底怎样才能保证创新的真实性?又有什么是伪创新根本无法具备的?”我们认为,真正的创新需要能把创意转变为现实。这种转化并不只局限于实体的转变,还包括有市场需求的产品和服务。购买者的需求和满意度可以为商品生产者带来利润。从设想到实现的转变是可以检测和评估的。理想与现实的关系和我们在引言部分讨论过的其他两难问题一样,也会发生转变。比如,模拟期出现的错误会不断得到修正,最初的发现会得到验证,而无序最终也会变得有序。

但是这里有一个最低要求,且实际上其为理想与现实两难问题中的一部分。如果要求学生最终只能选择一个最有吸引力的创意,那么他们就必须能够找出不同创意之间的差别。事实上,他们找到的差别越多,就越有利于他们发掘出新的、有价值的组合。这也是我们在第二章中讨论的建立企业生态系统的目的。但仅仅发现差异还不够,创新者要调和这些差异。比如,陌生与熟悉、旧事物与新事物、部分与整体、冲击与接纳、情感与理智等,创新者至少要能做到部分的融合。因此,我们检测的应该是独特的、切实可行的创意。当我们将创意从虚拟的设想变为现实时,新生的综合体往往调和了上述两个甚至更多的差异。

我们进行调查的目的有两个：一是找出差别，二是调和这些差别。因此我们设计的调查问卷依序列出了两个问题。我们首先询问受访者，他(她)所接受的是否是现实主义教育，然后再问他(她)所接受的是否是理想主义教育。注意，使用这种调查方式，必须要先保证调查对象明晰现实主义和理想主义的区别。只有先明确二者的区别，再去调查教学方法是否有利于统一两种价值观才有意义，而理想才能真正得以实现。

为了比较现实主义与理想主义，并辨别、确定现实主义的程度，我们采用了传统的李克特量表(Likert Scale)进行调查：

调查问卷 X

请按下列描述，对你在南洋理工大学和南洋科技创业园学习的意义进行评价。

1) 我接受的是现实主义教育。尽管这并不是必修课，但它帮我认识了真实的世界。这里的教育是实践性的、富有成效的。

问卷

完全不是									非常正确
1	2	3	4	5	6	7	8	9	10

2) 我接受的是理想主义教育。它让我了解了如何实现转变、创造新价值。这种教育方式让人感到振奋并能激发灵感。

问卷

完全不是									非常正确
1	2	3	4	5	6	7	8	9	10

至此，我们已经对本课程教学法的现实性和理想性进行了调查，但尚未确定二者之间相互融合的程度。只有将理想转化为现实才能实现创新，而二者之间的差异只有逐步消解，理想才能最终得以实现。

为探寻上述情况是否发生，我们将网格 3-1 的纵坐标设为“现实性”

和“真实性”,横坐标设为“理想性”和“激励性”,并假设网格中纵横坐标可以交叉。我们在进行问卷调查时始终秉承这一原则,将传统价值置于坐标纵轴以凸显其等级,同时将新价值置于横轴,从而寻求其与传统价值的平等。如网格 3-1 显示,在网格左上角处,以零理想性为代价我们可以获得高度的现实性;而位于网格右下角处,以零现实性为代价我们可以获得高度的理想性。理想性和现实性可以在网格中实现交叉。当然,两者的交叉点可能会出现在网格右上角处。

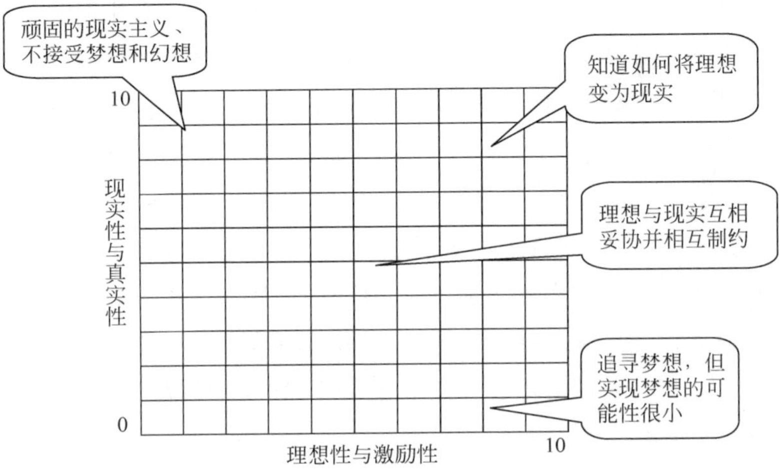

网格 3-1 现实主义 vs. 理想主义

网格两侧的对话框显示出受访者选择的理想性与现实性的融合度或者该融合度的缺失。“无法承受理想和幻想的、顽固的现实主义”,就是理想与现实发生冲突的例子。“追寻梦想,但实现梦想的可能性很小”,这种状况就是我们在前文中批评过的伪创新。这也是我们判断伪创新的一个方法。“理想与现实互相妥协并相互制约”,显示出了不同价值观之间发生的碰撞。但是,“知道如何将理想变为现实”却是二者相互融合的证明。受访者给出的分数位置越靠近网格右上角,说明该种文化或该生态系统越具创新性。我们努力寻找的就是一种融合多种价值观的模式。

请注意,我们并没有保存李克特量表呈现的分数,因为我们做这样的测试只是想让受访者对理想性和现实性加以区分，并判断两种差异是否已经融合。我们请同学们比较，他们在南洋理工大学进行本科学习期间获得的早期经验和他们目前研读 TIP 课程时积累的经验。我们还邀请在上海接受以汉语授课的班级的同学，比较他们学习 TIP 课程获得的经验和之前在中国国内本科阶段求学时期积累的经验。我们想了解该课程相对于学生之前接受的教育而言，到底是一种进步还是落后。我们特别希望了解的是，为了让学员们具备更多的创新特质，该课程是否以牺牲大学传统价值观为代价。在这一点上，进步的改革派人士往往备受非议。

但是我们应该更仔细地观察网格右上角处所反映的特点。因为在这里，“水火不容”的两者似乎忽然之间合二为一了。有那么一刻，它们彼此冲突，现实撞击着理想，理想试图颠覆现实。可就在那么一瞬间，它们又彼此融合了，理想成为了现实却还依然保持着它的理想性。许多非常现实的人没有时间谈理想，而很多理想主义者却要藏身于修道院、隐居地、象牙塔或者加入各种宗教派别，远离真实的世界。这看似都合乎常理，但理想与现实的关系和那些政治立场、文化根源完全对立的价值观一样吗？当和平者在指向自己的枪管中插上雏菊时，好战者和和平人士难道能够转瞬之间变成同盟好友吗？

也许我们可以在亚伯拉罕·马斯洛（Abraham Maslow）的《动机与人格》（*Motivation and Personality*）[3]一书中找到答案。大多数心理学家和精神病学家都致力于帮助受疾病困扰的人群，而马斯洛的研究对象却是那些具有创新精神、生活充实的成功人士。他把他们称为“自我实现”（self-actualising）的人。这些人发挥他们的潜能，使自己的人生更加充实。马斯洛后期的研究对象从普通的健康人群拓展到曾经对科学和艺术做出过突出贡献的美国人身上。他从他们的自传或者个人记述中寻找线索。以下是马斯洛对自己的研究结果所做的描述：

> 心与脑、理性与本能、认知与意动，这些由来已久的对立元素很难发现于健康人群，在他们身上体现的是协作而非对抗。在他们身

> 上，这些对立元素之间没有冲突，因为它们表达的是同样的意思，得出的是同样的结论……在健康人群身上，自私与无私的二分也消失不见了……因为从根本上看，他们的行为既是利己的也是利他的。我们的研究对象既有高尚的精神生活，又不受拘束，喜爱声色口腹之乐。当责任就是快乐、工作等于消遣时，……职责与快乐、工作与消遣也就不再相互对立了。类似的对立元素还有：仁慈与冷酷、具体与抽象、接受与反抗、自我与社会、适应与不适应……严肃与幽默、疯狂与稳健（Dionysian-Apollonian，酒神与太阳神）、内倾与外倾、认真与随意、庄重与轻佻……神秘与现实、积极与消极、男性与女性、肉欲与爱情、性本能与精神恋爱（Eros-Agape，爱神与上帝）……哲学中许多两难问题都有不止一种的答案，或者根本没有答案。[4]

这篇文章的精彩之处在于，作者认为整个评估模式并非一成不变。对立的价值观之间产生某种联系并非偶然，而是所有价值观都是如此。那么有没有这种可能，即当现实与理想相融合时，会随之出现其他互相冲突的价值观？比如差别与整合、实例与灵感、陌生与熟悉、旧零件与新组合等，这些冲突也能够彼此融合吗？

还有一些心理学家也提出过类似的观点。卡尔·古斯塔夫·荣格（Carl G. Jung）认为，对立与统一似乎是一对彼此矛盾的作用力，而“真我”（true self）就此显现。[5]他还提出“共时性”（synchronicity）的概念，即同时发生的事情相互结合可能会产生新结构，而这一过程并不遵循因果关系。荣格认为“符号”（symbol）一词可以解释为“把……扔到一起”（to throw together）（symbol，来自希腊语sym-bol，意为“扔在一起”，表示合同或约定的形成过程）。荣格还曾经曾说过，比喻就是找到“不同事物之间的相同之处”（likeness of unlike characteristics）。

卡尔·罗杰斯（Carl Rogers）在其著述中提出，一致的人格源于一致的关系。[6]马丁·布伯（Martin Buber）也谈到过“在狭窄的山脊相遇”的情境，以及保护他人情感时引发的不安全感的问题。我们必须冒着发现自己可能并不受人欢迎的风险，才能真正了解别人是否接受自己。显示自己的脆弱即为产生力量的源头。[7]布伯非常钦佩苏格拉底，原因是苏格拉底坚持以对话的形式解决问题，而人们也必须通过对话的形式交流各自的价值观。

不同的价值观不再发生碰撞而开始相互融合，米哈里·契克森米哈赖(Mihaly Csikszentmihalyi)[8]在其著述中解释了这种不寻常的现象。米哈里·契克森米哈赖几年前开始研究幸福度问题。他认为那很重要，因为创新的过程应该是享受的过程。他要求受访者写日记，把他们能记得的任何愉快的经历都及时记录下来。这些经历非常简单、真实，却又令人难忘。它们毫无征兆地发生，又毫无征兆地结束。值得一提的是，即使不能说毫无例外，但他们的日记里的确记载了很多群体性活动。契克森米哈赖将其称为"心流经验"(flow experience)。类别的界限开始消失，对立逐渐消融。在体育运动中，滑雪者与雪道、游泳者与水、球手与球都合为一体。试图解决问题的人也融入问题之中，他们深深地沉浸到问题的罅隙中，感受问题的复杂性带来的震颤。

契克森米哈赖让我们试着想象一个从事某种复杂工作的团队。工作对于团队来说是挑战，需要所有成员付出百分之百的努力。有时候，挑战的难度可能超出团队的能力范围，那么团队成员可能会变得焦虑不堪。他们可能会被吓倒，暴露出自身的弱点。但设想一下，如果团队成员拥有足够的技能，解决任何问题都游刃有余，那又会是怎样的一番景象？如果是那样的话，他们可能会觉得厌倦。简单的问题对他们来说毫无挑战性，他们更愿意接受那些能够展现自己能力的挑战。图 3-1 显示了挑战与技能、焦虑与厌倦之间的冲突。

挑战与技能的两难

有时候技能水平与挑战难度相当，在这种情况下总会有意想不到的事情发生。二者不会彼此削弱，反而互相促进：挑战的难度唤起了技能的觉醒，而逐渐强大的技能会令人们积极寻求更多的挑战。两个概念之间

图 3-1

的界限逐渐消融，二者在契克森米哈赖描述的“心流”（见图右上角）中演变成了一种快速前进的兴奋。焦虑和（或）厌倦则消失在小船快速前进时激起的巨浪和旋涡里。

当理想成为现实，进而现实又满足了理想时，个中道理也是如此。我们已经无法把这二者分离开来，因为它们已经融为一体。这就像理想成为了实现，或是普通的零件被组合加工成了新产品一样，新生事物在某种程度上依然保留着你所熟悉的东西。这些体验会让人感到震惊，但同时也清晰可辨；它们既是新产物，又是旧事物。亚伯拉罕·马斯洛曾经用“海洋体验”来描述某种波浪式推进的特征。[9]“Solution”（解决）一词既有“答案”之意，又有“液体物质”的含义，这恐怕不是巧合吧。打个比方，如果想要解决问题实现创新，我们不能像岩石一样岿然不动，而要变成川流不息的海浪。“坚硬的”（hard）结构必须要溶解掉。

爱德华·德波诺（Edward de Bono）在《水的逻辑》（*Water Logic*）[10]一书中写道，我们必须跳离出牛顿发现的“物质领域”（object realm）。在物质世界里，固体物质之间会发生碰撞。我们应该进入“频度领域”

(frequency realm),那是克拉克(Clerk)和麦克斯韦(Maxwell)等用光波、声波、电磁波和水波描述的世界。前者可能更适用于描述非生命体,却不适用于描述活的有机生物。而后者会反映出我们是否有足够的激情。我们要发现真正的自己。

心理学家卡尔·普利布兰(Karl Pribram)也致力于研究波介质,他把人类大脑比作全息图。[11]既然人类的脑细胞能够同步发出脑电磁波,他的理论也就是有据可依的。在全息图模型中,一条遇到物体受阻的激光束穿过另一条未受影响的激光束时,交叉的电磁波会对眼睛所看到的物体留下一个三维影像,并将其存储到纹状皮层中,即一个大脑能够呈现出生动形象的记忆区域。

当脑电磁波发生交叉时,就像水面泛起的涟漪,研究人员将其称为"干扰波"(interference waves)。这种干扰可能具有破坏性,就像焦虑和厌倦对于前进的阻碍;也可能具有建设性,像振幅能够达到更高的峰值和更低的谷值。脑电磁波甚至还会呈现出更复杂的美学模式,像涟漪一样大圈套着小圈,或是像乐章中某一主题的变奏曲,整合起来的结果更加精彩。亚伯拉罕·马斯洛曾经说过,当两种波面相互提升时,研究对象就会得到"高峰体验"(peak experiences)。[12]

威廉·布莱克(William Blake)认为,相对立的事物相遇会生成肯定的事物(contraries are positives)。[13]相对立的二者相遇便会彼此弥合并且激发出新事物。比如,愤怒与友谊相互作用能够维持朋友之情:

与友人结怨:
我倾诉宣泄,怨怒便告止息。
与敌人结怨:
我沉默不语,怨怒便暗暗生长。

我们爱一个人的时候会不可避免地痛恨他身上的某种东西,那都是出于我们深切的爱。爱着、气恼着却又与之倾诉,这就是父母与孩子之间的交流,以及对彼此产生的影响。

多年来,对我们所生存的这个世界到底是由粒子、微粒和原子构成的,还是由连续的波构成的问题,物理学家们分成了两大派。尼尔斯·玻尔(*Niels Bohr*)提出了互补原理(Principle of Complementarity)。根据这一原理,上述两种答案都是正确的,关键取决于我们用什么方式去观察。在粒子检测仪下人们看到的是粒子状态,在波检测仪前人们看到的就是波的形式。人脑分为左右两个半脑,左半脑的思维方式具有离散性和分析性,右半脑的思维方式具有连续性和综合性。这样看来,我们似乎可以自主选择用左半脑或者右半脑来思考,而且不同的选择会带来截然不同的结论。[14]但是,人类还有一种脑组织叫作脑胼胝体,这是一种可以连接人类左右半脑的神经束。那么在创新过程中会不会有这种可能:左半脑能够进行初步的区分,而右半脑的波形能量流会超越那些区别?我们需要左右半脑同时运作,既有粒子形式,又有波的形式,综合到一起才能创新。对于现实和理想,也是如此。[15]

另一种对不同现象相互干扰的描述(无论是建设性的还是破坏性的)是恶性循环与良性循环。既然波确实是"滚动循环"(rolling circle)的,这个比喻也恰如其分。理想主义可能与现实主义脱节,脱离现实的理想往往会遇到挫折。同样,还有一些"现实主义狂人"(crack-pot realists)。他们认为,既然真的有原子弹这种东西,人们就应该丢掉没用的想法,而且如果有必要的话,人们甚至会钻到矿井下生活并检测自己所受的辐射量。这些都是恶性循环的例子,即一个价值一定要凌驾于另一个与之相对的价值之上。

我们再来看看另外一种情况。当某个理想成为现实时,更多的理想就会接踵而来,人类生存的现实状况也将得到进一步改善。由于《民权法案》的颁布和实施,美国黑人享有平等的公民权和司法公正的梦想终于能够得以实现。因此,今天的美国黑人也可以竞选美国总统,得到社会重视并赢得民心。这就是一个良性循环的例子,理想推进现实,现实激发更多的理想。

事实是，融合相互对立的价值观或者是调和两难问题已然成为许多著名思想家著述的主线。方框 3-1 展示了一些思想家和他们的理论。

方框 3-1 多种理论框架下关于创新的对立元素

矛盾或两难境遇	解决或融合的途径	作者
阴阳，原始的对立	道家之永恒的运动	太极，作者不详
孝道 vs. 个人信仰	巧妙地表达与父母不同的意见	孔子 (Confucius)
高估亲情关系 vs. 低估亲情关系	恋母情结在悲剧（而非现实）情境下，表现出的极端行为	索福克勒斯（Sophocles）（著）列维-斯特劳斯（Levi-Strauss）（译），1979
异议 vs. 忠诚	持有异议，以持有异议的方式制定新的律法	苏格拉底（Socrates），伊曼努尔・康德(Immanuel Kant)
集体无意识 vs. 力比多(libido)	发展"自体"整合经验	卡尔・古斯塔夫・荣格(1971)
对立统一	钟摆的对称运动	卡尔・古斯塔夫・荣格
原始形态，即圣母、被钉在十字架上的耶稣、牺牲的圣子	象征符号，源于希腊语，表示"把……与……同时扔到一起"	卡尔・古斯塔夫・荣格
文化的改变 vs. 延续性	少数创造者带来的变化决定了国家的命运	阿诺德・汤因比（Arnold Toynbee)
死亡意愿 vs. 生命意愿	创造的目的在于抵抗死亡	奥托・兰克（Otto Rank）（著），厄内斯特・贝克尔(Ernest Becker)（译）
命运和机遇 vs. 认真的准备	机遇偏爱有准备的人	路易・巴斯德(Louis Pasteur)
创造 vs. 毁灭	创业是"一种创造性的破坏"	约瑟夫・阿洛伊斯・熊彼特(J. A. Schumpeter)(1975)
最聪明的人头脑中会有两种截然相反的想法……	……并且仍然有能力思考，比如，绝望或决心	弗朗西斯・斯科特・菲茨杰拉德(F. Scott Fitzgerald)
暴力 vs. 和平	非暴力示威游行	莫罕达斯・甘地 (Mahatma Gandhi)

权力 vs. 灵魂	“灵魂的力量”	马丁·路德·金(Martin Luther King)(1963)
变化 vs. 冰冻	解冻—变化—复冻	库尔特·勒温(Kurt Lewin)(参见 Marrow,1969)
自私 vs. 无私行为	优秀的文化会鼓励人们无私地解决二分问题	鲁思·本尼迪克特(Ruth Benedict)(1934)
多种两分问题:自我—他人、性本能—精神恋爱、怀疑—肯定……	……都消失了,二者相协调,自我人格得以实现	亚伯拉罕·马斯洛(Abraham Maslow)(1954)
两种不同的思维模式……	……在创造的过程中相互融合	阿瑟·库斯勒(Arthur Koestler)(1964)
陌生 vs. 熟悉	创造力使陌生的东西变得熟悉,使熟悉的东西变得陌生	威廉·J. J. 戈登(William J. J. Gordon)(1961)
发散性思维 vs. 聚合性思维,可以分别代表人文与自然学科	我们先运用人文学科的、发散性的思维进行选择,然后再用科学的方法将它们聚合起来	雅各布·W. 格策尔斯(J. W. Getzels)和菲利普·W. 杰克逊(P. W. Jackson)(1962)
纵向思考 vs. 横向思考	依照“水的逻辑”,边界会消融,而纵向与横向思维便有了交汇的可能	爱德华·德波诺(Edward de Bono)(1994)
神经质症状 vs. 强大的自制力	能够从有目的性的冒险中走出来	弗兰克·巴伦(Frank Barron)(1968)
重建逻辑 vs. 发现逻辑	先发现再验证并编码	亚伯拉罕·卡普兰(Abraham Kaplan)(1964)
左脑 vs. 右脑	由脑胼胝体将人类左右半脑连接起来	罗杰·W. 斯佩里(Roger W. Sperry)(1964)
实验 vs. 反思以及具体 vs. 抽象	先实验然后反思,沿着抽象的阶梯学习	唐纳德·科尔布(Donald Kolb)(1985)
常规科学 vs. 范式变革与革命	在异常的结果激发范式改变之前,科学一直以常态前进	托马斯·库恩(Thomas Kuhn)(1970)
适者生存 vs. 共同进化	适者生存,“适者”指的是最能够适应环境的人	格雷戈里·贝特森(Gregory Bateson)(2000)
大规模生产 vs. 定制产品	大规模生产的部件,以及由此生产的定制产品	乔·派因(Joe Pine)(1993)

模型1:管理者努力在冲突中获胜	模型2:管理者表达观点并欢迎他人对其观点进行调查	克里斯·阿吉里斯(Chris Argyris)(1986)
已制定的策略 vs. 紧急策略	根据出现的问题精心制定策略	亨利·明兹伯格(Henry Mintzberg)(1989)
有限游戏 vs. 无限游戏	向胜利者学习是一个无限游戏	詹姆斯·P. 卡斯(James P. Carse)(1986)
做游戏的能力使现实世界与理想的、想象中的世界形成鲜明对比	这是学习和文明的标志,我们可以想象而不必真正接受或悲或喜的结果	约翰·赫伊津哈(John Huizinga)(1970)
全球性企业 vs. 跨国公司	跨文化公司整合不同资源	克里斯托弗·巴特利特(Christopher Bartlett)和休曼特拉·戈歇尔(Sumantra Ghoshal)(1991)
严肃性 vs. 游戏	练习、模仿和排练时应有游戏精神,而面对市场时要严肃	迈克尔·施拉格(Michael Schrage)(2000)
资产阶级 vs. 波西米亚	在硅谷工作的富有创造力的外籍人士将二者融合起来	戴维·布鲁克斯(David Brooks)(2001)
领导力 vs. 创新	创新性的领导力就像"即兴演奏"对于即兴爵士乐队一样重要	约翰·高(John Kao)(1996)
隐性知识 vs. 显性知识	尝试通过螺旋式上升的模式使隐性知识变为显性知识	野中郁次郎(Ikujiro Nonaka)和竹内弘高(Hirotaka Takeuchi)(1995)
供应创新 vs. 需求创新	产品要看准顾客的需求点	亚德里安·斯莱沃斯基(Adrian Slywotzky)和理查德·怀斯(Richard Wise)(2003)
团队面临的挑战 vs. 该团队拥有的技能	团队面临的挑战与团队所拥有的技能之间经常并不对等,但通过心流经验,二者可以互相融合	米哈里·契克森米哈赖(M. Csikszentmihalyi)(1990)

本章小结

创新要名副其实。我们要辨别出伪创新并将其公之于众。那些伪创新打着时尚的旗号,让人们误以为只要这个产品够奇特就是创新。而创新往往会被歪曲和篡改。

创新要求我们具有高度的辨识能力。有没有这样的可能,某种产品的价格很昂贵,但是产品的零部件本身非常便宜?然而市场差别还只是第一步。我们能否找到更好的办法将这些对立的条件完美地结合起来?比如建立市场经济的社会主义,以及生产低成本高效益的产品。我们设计调查问卷,让受访者先进行区分,然后再告诉我们这些差别是否能够调和或彼此融合。通过用标有对话框的网格标示受访者所做的选择,我们可以清楚地看到理想到底是处于现实对立面还是可以最终转变为现实。

整合的过程需要创新思维,这种思维并非取自于自然科学中的"物质领域",而是取自于"频度领域"。我们总结了四十多种观点,得出的结论是:应该整合矛盾的价值观。现在我们将面对一系列的问题,我们要先对这些问题的价值观加以区分,然后再尝试将它们结合起来。

第四章　共同定义创新教育：如何打造创新教育

我在前文中阐述过，选择自己的理想，并在未来的某一天让这些理想相互结合并得以实现。这一过程极好地诠释了创业与创新的概念。由此出发，可以衍生出许多相关概念。我们选择了十一组具有高度对比性的教育目标。每组教育目标中都包含一个传统且现实的目标和一个具有创新性且理想化的目标。二者在 TIP 课程中都有所体现，但其间的反差也很强烈。对新加坡实施的精英教育和给既有能力又勤奋的人提供教育资源而言，传统的教育目标意义重大。而创新的教育目标对新加坡实现从追随者到领导者的角色转变，也起着不可或缺的作用。同时，创新的教育目标对新加坡为本国定义"卓越的标准"并以此为奋斗目标也至关重要。

我们特别关心的问题是，鼓励学生创新是否会削弱甚至颠覆传统的教育准则。有时，创业者并不十分尊重教育。亨利·福特(Henry Ford)就曾说过，所谓历史都是空谈。20 世纪六七十年代，美国一些极端右翼人士取得了巨大的商业成就，但这些人的受教育水平却很低。曾一度成为美国总统候选人的议员巴里·戈德华特(Barry Goldwater)，竟然想要"把整个东海岸割开，让它漂到海里"。不仅如此，哈佛大学、耶鲁大学、普林斯顿大学以及麻省理工学院的学生们也"应该一起漂到大海里去"。许多创业者的支持者都曾疯狂地反对知识分子。那些自诩靠自己的力量获得成功的人声称，"我们为上帝减轻了负担"。那么，TIP 课程是否也会培养出这样的"狂人"呢？

弄清楚这个问题很重要，因为新加坡政府所定义的科技创业，就是要对高科技资源进行创新性组合。无论以何种形式，敌视教育的人都会妨碍社会向知识密集型社会发展。当然，尊重价值也是十分必要的。

在选择与 TIP 课程相关的研究问题时，我们注意到南洋理工大学和学校校长徐冠林收到了许多赞扬 TIP 课程的信件（见方框 2-2）。我们想知道的是，支持这门课程的人到底是占多数还是少数。我们已经了解了该课程的设计原理（参见第二章关于创业生态系统的论述），以及包括南洋理工大学在内的各高校的基本教育理论。我们希望知道高校坚持的基本教育理论是得到了延续还是遭到了破坏。最后，我们搜集了大量关于创新的文献。我们想知道文献中专家提出的假设是否可行，还是已经被推翻了。

在价值观对比图中，左侧是高校传统的现实主义观点，右侧是 TIP 课程注重的创新的理想主义观点。要真正地实现创新，需要对两种观点进行强化和组合。当一侧观点影响到了与之相对的另一侧的观点时，就会出现“异常”状态。当两侧观点呈现出“动态”融合的态势时，学习和成长才得以发生。

高校强调：（现实主义观点）	**TIP 课程强调：（理想主义观点）**
1. 培养掌握和组织概念的知识能力	训练包括感觉、情绪及理想在内的人本体验
2. 理解吸收教师讲授的知识	自我思考与自我验证
3. 课堂文化应营造一个公平的竞技场	课堂文化应建立一种希望全体成员都能获得成功的家庭氛围
4. 学习是严肃、认真的，学生要付出大量时间并接受严峻的挑战	学习是轻松愉悦的，学生在迎接挑战的过程中，时间会悄然过去
5. 职业的连续性和精通程度至关重要	转变至关重要，学生能够改变自己
6. 无论现实多么糟糕，学生都要学会面对，并做出客观的报告	学生要学会培养和谐关系，共同面对残酷的现实
7. 从价值观的角度出发追寻真与美	从寻求实际成就的角度出发，追求激动人心的目标
8. 学习理性主义、怀疑主义、经验主义以及如何验证概念	学习汇集好的想法和创意，从而生成值得验证的概念

续表

高校强调： （现实主义观点）	TIP课程强调： （理想主义观点）
9. 学生在自然面前要保持谦卑，学习对人类有约束作用的自然法则	自然是可以改变的，学生可以勇敢地改变自己的命运
10. 成就基于个人能力以及个人与他人之间的竞争	成就基于整个团队的努力以及能否有效地激发团队成员的干劲儿
11. 功绩由权威人士判定	功绩由自己和客户共同界定

我们认为，两种观点应该起到彼此强化的作用。想要做到这一点，相对的观点之间需要有一个"公正的规范"，并且以尊重为前提促进两者间的融合。试图判断这些观点孰优孰劣的做法是不对的，因为我们需要两种观念共同运作。现在，我将对这些矛盾的观点进行一一阐述，同时也要解释我选择这些问题的原因。

1. 培养掌握和组织概念的知识能力，还是训练包括感觉、情绪及理想在内的人本体验

创新需要注入情感。从真正意义上讲，新的产品或服务就是你自己，是你的梦想、憧憬、想象、天赋和判断。失去财富已经很让人沮丧了，但你可能失去的还不止于此。你现在正冒险于鲜有人涉足的领域，因为你提出的想法与人们心中早已接受的观点恰恰相反。如果之前没有人需要这种产品，那么他们现在为何会产生这种需求呢？你也许会轻描淡写地说，你并不能保证最终的结果一定是好的。但事实上，你非常地害怕，因为你是在拿自己的声誉做赌注。你最亲密的伙伴很快就会知道你的决定是对还是错，而你带给他们的有可能是失望。

当人们在探寻新事物的时候，感觉（feelings）可能会起到不同的作用。它既可能会助你一臂之力，也可能成为你的绊脚石。你也许会万分激动，但你甚至都说不清原因，就是感到离成功越来越近。你要相信自己的感觉，并且跟随这种兴奋感。你找对了感觉，就会像盖革计数器（Geiger counter）探测到了隐藏的射线一样，离成功更近一步。

感觉往往先于理智发生。所以,在你还无法证明某个观点的错误之处,或者感觉不太有把握时,你会感到气恼。不是每一个让人激动的想法都是真实可行的,你需要用知识检测感觉的可靠性,严谨并冷静地辨别,那些想法到底是"愚人金"(fool's gold)还是确实可行的,然后重新构建与你的新发现相关的知识概念。这样才能为你的想法编码,使其更易于交流和传播。人类的情感是强烈的,因此你必须拥有足够丰富的知识,才能仔细检验在你脑海中闪现出来的灵感。

我们深受丹尼尔·戈尔曼(Daniel Goleman)关于情商的著作的影响。[1]情感有时能代替思考。例如,某人给我们留下了一个不太好的第一印象。而随着时间的推移,我们发现自己当初的感觉竟然是那么地正确。戴文(Diven,1937)做的研究表明,人们甚至会将情感一般化。[2]在连续朗读一连串单词的过程中,"干草"这个词会重复出现。每次出现该词的20秒后,被测试者将受到一次电击。只有不到10%的被测试者意识到了这一联系。然而,却有60%以上的被测试者再次听到这个词时会感到焦虑,30%的被测试者将这种焦虑范围扩大到了所有带有"乡村"含义的字眼上。这意味着感觉甚至会让我们在无意识的情况下对信息分类。

那些不相信自己感觉的人不大可能跟着"兴奋的感觉"走。而那些不具备批判能力的人也无法审视自己的感觉,不能检验感觉的效度。这两种能力应该相辅相成。

2. 掌握教师讲授的知识还是强调自我思考及自我验证

我们之所以提出这个问题,是因为中国的教学方式所一贯受到的批判,即认为它要求学习者机械地学习和记忆经典文献,而不要求学习者对所学的知识进行批判性思考,也不向学习者提供选择或拒绝学习内容的机会。[3]我们要了解这种教学方式是否仍然影响着那些在新加坡和中国高校接受汉语授课的TIP课程班的学员。

同时,我们也意识到创新者喜欢拥有"超量"的信息,他们可以从中选择那些对于自己的信念非常重要的信息。如果他们只会死记硬背地学习，是绝不可能在市场中出人头地的，当然也不可能有所创新。但从另一方面讲，导师是现成的信息来源。倘若你能主动地处理信息，并且形成自己的体系，你就不会抗拒学习了。

智商测试与大多数创新能力测试之间有种奇妙的关系。如果一个人智商平平，对他而言，创新几乎是不可能的。然而，许多智力超常、“才华横溢的”人也并不一定拥有创造力。他们似乎将全部精力都用于学习他人为其设计的学习内容。他们的目的只是想证明自己是聪明的。[4]

3. 课堂文化应营造一个公平的竞技场，还是建立一种希望全体成员都能获得成功的家庭氛围

我们之所以提出这个问题，是因为陈丁琦教授将它视为TIP课程和创新生态系统设计中的一个重要方面。也有学生曾正面评价过“家庭式氛围”，认为这与他们之前接触过的教育环境大相径庭。家庭式氛围意在使学习TIP课程的学员能够选择不同的项目，这样既可以避免学员之间产生激烈竞争（比如为追求高分），也可以避免那种由竞争产生的敌意。因为学员各自的项目之间不存在竞争，所以他们不需要通过贬低他人的成绩来获取自己的成功。

“公平的竞技场”的优点很明显，这种比喻也很形象。我在前文中曾明确指出，它给所有人提供了公平、公正的追求成功的平台。人们在公平的竞争环境里遵守的是奖优罚劣的原则。你要发现自身的优势和劣势，然后聘请人才弥补自己的不足。然而，公平的竞技场还要有教练、拉拉队和粉丝，因为他们能够帮助竞技者取得好成绩。这里既有激烈竞争也有紧密合作。许多教练受欢迎的程度甚至带有传奇色彩。他们支持你，却也会利用比赛中的“敌我”立场批评你。当然，这只是为了让你变得更加优秀。你要相信，他们对你的项目吹毛求疵完全是出于对项目发展的关心。事实上，任何项目都有改进的空间，“家人”给你的建议也是可靠的。这些建议在竞争过程中对你来说意义非凡。

有证据显示，在各个创新的黄金时代都会出现“友好竞争”或“合作竞

争”。在那些时期里，社会具有多样性，并且高度城市化。在雅典，受银矿主资助的剧作家将引人入胜的悲剧或喜剧搬上舞台，剧作家之间的竞争十分激烈。然而，那些赞美哈耳摩尼亚（Harmonia，希腊神话中的和谐女神）的戏剧，也会净化观众的情感。唐朝是中国古代的鼎盛时期，约有十万外国人来到中国的土地上。沿着丝绸之路，国际贸易得以繁荣发展。后来，那个创新的黄金时代迅速衰落了。[5]

在15、16世纪的佛罗伦萨，米开朗基罗（意大利文艺复兴时期的伟大科学家和艺术家）和伽利略（意大利物理学家和天文学家）以及伽利略的家人都寄宿在他们的资助者美第奇（Medici）家里，几个家庭的小孩儿经常一起玩耍。富有的银行家痴迷于艺术和科学并不常见，但是当这一切发生时，这种组合就会产生罕见的结果。[6]

那些帮助发起英国工业革命的贵格会教徒和非国教教徒在自己的教派里保持着紧密的、家人般的关系，相互之间信守承诺，言出必行，彼此平等。贵格会允许女性讲道，并向信徒征收什一税用于学徒教育。[7]

4. 学习是严肃、认真的，学生要付诸大量时间并接受严峻的挑战；学习是轻松愉悦的，学生在迎接挑战的过程中，时间会悄然过去

迈克尔·施拉格（Michael Schrage）教授有一部非常有影响力的著作——《严肃的游戏》（*Serious Play*）。这本书为我们的课程设计带来了很大的启示。因为，“玩得开心”是我们课程设计的指导原则之一。同时，有着中国文化背景的学生也需要克服他们自身的含蓄和谦虚，能够站到公众面前寻求和争取帮助。[8]

乍一看，创业和创新是十分严肃的话题。比如，你要进入市场，但眼前的机会对你并不十分有利。你可能会因为没有注意到某些小细节而失去一切。参加游戏并体会其中的乐趣就像一剂治疗强迫症的良方，在这种严肃氛围下显得十分重要。关于这一点，我在前文中也做过相关论述。如果你能从错误中吸取教训，那么错误就不再那么严重，更何况这些还只是模拟游戏中的错误。既然你在做一些新的、令人激动的尝试，你自己应

该已经乐在其中了。既然你希望自己的项目能够让消费者得到新的满足，你就应该把它的优势充分展现出来。既然创新项目暂时还停留在预想阶段，你就应该再想象一下梦想成真会带给你怎样的快乐。创业在某种程度上是一个自我应验的预言，所以要享受那个美好的前景，分享它带来的喜悦并说服合作伙伴帮你实现它。喜剧的力量就在于它总是能够扭转悲惨的结局。如果你能对自己最初的失败和荒谬的猜想付之一笑，那么当所有资源都被耗尽之后，你才不会为最终的结果而伤心落泪。在游戏中学习，会让学习的过程变得非常快。你最大的希望应该就是用最快的速度学习，然后让自己设计的项目获得成功。[9]

我们对"时间悄然过去"这种说法尤其感兴趣。契克森米哈赖教授曾指出，当人们专注于解决问题时，沉浸在这样一种幸福的时刻会发生"时间的坍塌"。[10]我们希望能为这个观点找到佐证。

5. 职业的连续性和精通程度重要还是转变重要？学生是否应该自我转变？

在此，我们意识到对大多数的新加坡毕业生来说，获得学位是其未来职业发展的关键所在。他们接受了专业教育，但所受的教育过于狭窄。而创新教育就是要带领他们跨越原有专业和职业的界限，进行跨领域结合，最后才能催生转变。我们也理解了阿尔文·托夫勒(Alvin Toffler)的观点：目前大多数创新性突破都发生在跨学科领域。[11]

我们担心出现以下两种情况：第一，专业化职业涉及的领域过于狭窄，不利于转变的发生；第二，受 TIP 课程影响，发生转变的学生可能失去原有的职业技能。这两种结果都不是我们愿意看到的，且 TIP 课程可能会产生消极影响。

从某种程度上讲，自我转变存在着演变成"心理呓语"和滋生自我放任的危险。所以我们要保证参加 TIP 课程学习的学员们在塑造自己的人生、顺利走入职场之前，不会放弃自己本专业的学习。如果学员们能在扎实掌握专业知识和技能的前提下进行自我转变，他们的转变才会更具可信度。

6. 无论现实多么糟糕，学生都要学会面对并做出客观的报告；学生要学会培养和谐关系，共同面对残酷的现实

当环境不利于发展时，你至少有两种处理方法。其中之一是传统方式：客观地对待。事实就是事实，如果你希望面前的环境不是真的，那不现实，你必须学会面对它。现实就是如此，不会因为我们的需求而改变。创新者必须准备好面对挫折，因为未来的道路可能会布满荆棘。

然而，我们也要知道，尽管这种传统观念很客观也很重要，但仅凭这一种处理方法是否可以解决所有问题。客户的需求往往是主观的，他们不愿意花时间听实证分析。此外，大多数创业者和创新者不够客观冷静，因为他们必须对自己的项目充满热情。倘若没有这份热情，他们很难长期坚持下去。

因此，我们认为创业者和创新者面对逆境的勇气和随时准备改进自己项目的态度并不完全来源于“客观事实”，而更多地来源于团队成员之间的亲密关系、相互支持以及整个 TIP 课程所营造的家庭式氛围。我们仍然认为“客观面对现实”的观念很重要，它的重要性并没有被学员那种“我一定行”的热情湮没。这种传统观念还要坚持下去。

7. 从价值观的角度出发追寻真与美；从寻求实际成就的角度出发，追求激动人心的目标

我们仍然担心创业和创新本身是否太过“平民化”，不够高尚。马修·阿诺德（Mattew Arnold）曾经赞美牛津大学是“一位令人满怀敬意的梦想家，是实践的安全港”。如果我们做事不是为了这件事本身，而只是出于功利的目的或是追求金钱利益，那么我们是否背离了教育的价值？教育应该唤醒人们去追求真与美而不是教人谋求利益吧？高等学府应恪守追求永恒真理的承诺，但那样的信念是否会遭受侵蚀？那些真理会由于商业利益而扭曲变形吗？

这些状况有可能会发生，也可能不会。如果我们能勇敢地将理想变为现实，还有什么比这更让我们接近人类的本性吗？难道追求自己的梦想不是追求真与美吗？难道展出的画作不是艺术馆强加于我们的明日黄花吗？难道还有什么比意识到自己就是价值的源泉更珍贵吗？

8. 学习理性主义、怀疑主义、经验主义以及如何验证概念；学习汇集好的想法和创意，从而生成值得验证的概念

对此，我们考虑了哲学家亚伯拉罕·卡普兰提出的重建的逻辑(Reconstructed Logic)和发现的逻辑(Logic of Discovery)之间的差别。前者指的是知识的验证、编码与继续传递的方式；后者指的是在混乱、机遇和干扰中产生的创新。[12] 逻辑与理性是建立在分类正确的基础上的。比如，“人类终有一死。因为苏格拉底属于人类，所以苏格拉底终有一死”。然而，创新会改变现有的分类。因此，对旧的分类而言，创新是不合逻辑的。

TIP课程尤其关注“发现的逻辑”，但这是否会让人忽视理性主义、怀疑主义、经验主义以及验证主义的重要性？我们希望不会。毕竟，一个新的发现或产品设计在投入市场之前需要得到验证和编码。创新者既要创造产品，又要验证自己的产品是否具有价值。就这一点而言，保持怀疑主义的态度(“展示给我看！”)是必要的。产品可能达到，也可能达不到预期的效果。无论新发现是在怎样的混乱和机遇中产生的，都必须要经过彻底的检验。再次重申，我们希望我们的教育能够同步、高水平地达到两个标准。

9. 学生在自然面前要保持谦卑，学习对人类有约束作用的自然法则；自然是可以改变的，学生可以勇敢地改变自己的命运

我们读过一些故事书，比如《疯狂的科学家》《魔法师的学徒》和《浮士德与魔鬼的契约》(浮士德把自己的灵魂出卖给魔鬼，用以换取尘世间的权力)。笔者在此要特别提到的是《弗兰肯斯坦的怪物》这本书。该书讲的是科学家弗兰肯斯坦创造了一条生命，而实际上他却只是依照神创论，

将人体各部位粗糙地拼凑在一起。因此,这个怪物从开始就注定是孤独、愤怒和绝望的。所有这些故事都有一个共同的主题:人类随意改造上帝创造的世界会给人类自己带来灾难。我们在自然面前必须保持谦卑,在改造自然之前,要先学习对人类有约束作用的自然法则。

现代大学曾经给人们描绘过永动机的愿景。一台巨大的永动机在空中不断盘旋,完全漠视人们无力的渴望和微薄的力量。埃德温·阿瑟·伯特(E. A. Burtt)曾指出,这个愿景太过消极晦暗,甚至扼杀了人们的创新意识。人们在20世纪60年代末和70年代初进行的抗议活动中,曾发出过拒绝这种荒凉景象的呼声。埃德温·阿瑟·伯特动情地写道,人类已经成了"被囚禁在小黑屋里的微不足道的看客,一切都与他们无关。人们曾经以为自己生活在一个有声有色、芳香四溢的世界里,充满着和谐和创新意识。但那个世界已经被人们遗忘在记忆的角落里了。外面的现实世界是一个寒冷、艰辛、暗淡、无声和死寂的地方"。[13]

起初,科学家们不敢研究人类大脑,因为灵魂是属于上帝的。然而,随着教育与宗教的分离,科学家开始研究人类大脑了。他们将大脑看作一台由永动机控制的机器。想要创新,我们就必须先鼓足勇气修好它。

10. 成就基于个人能力以及个人与他人之间的竞争;或是基于团队合作以及能否有效地激发团队成员的干劲儿

我们坚信如果没有团队合作,大多数创意都会以失败告终。在公司里,个人想法往往容易被忽略,最后不了了之。这就是公司很少重新自我塑造的原因之一。一个创意需要整个团队的支持和打磨。团队要为该创意营造声势、制造有说服力的样品并不断改进产品,使其在最终的市场竞争中胜出。如果团队在做新项目时得不到资助或鼓励,这些项目将会陷入困境。然而,高等教育往往局限于对个体进行评估,根据学生掌握的知识评估他们的学习成绩。如果你在文章中写到你从同学那里学到了什么,你可能会被认为是在剽窃。为何会这样?! 效仿老师可以,而效仿同学却不行。

我们应该对那些有创新潜能的学生培养团队合作精神，但同时我们也担心这种做法会降低他们的个人责任感。毕竟，一个团队作为整体如果出现了错误，作为个体的团队成员可能会逃避个人责任。“集体思维”是造成许多灾难的罪魁祸首。另一方面，拥有社交能力和游说能力可能是最重要的个体资源。一直以来，我们对团队和个人能否共同发展十分感兴趣。我们假设这个想法是成立的。

11. 功绩由权威人士判定还是由自己和客户共同界定

我们选择这个问题是因为它在新加坡的文化背景下显得尤为突出。在第一章中我曾指出，新加坡的财富大部分来源于外商以及实行的“追赶资本主义型经济”政策。在这样的经济发展过程中，美国公司设定标准，而新加坡公司只需遵循这些标准。这种做法便于跨国公司在新加坡落户并培训新加坡员工。

要想真正地实现创新，你一定要重新为自己定义优秀的标准并努力达到该标准。评判权应该掌握在顾客和消费者，而不是高高在上的权威人士手中。如果消费者对你提出的标准反响热烈，权威人士就应该接受你的想法。我们想知道的是，（以英语或汉语授课的）TIP 课程班学员如果想取得权威人士的认可，是否要以牺牲消费者和自己的认可为代价；或者，重新定义优秀是否会削弱学员对权威人士的尊重。我们相信二者是能够达成一致、共同发展的。

在下一章中，我们将要具体探讨调查的结果。

第五章　新加坡实验的调查结果

在详细阐述 TIP 课程评估结果之前，我们先考虑一下，让受访者将该课程与普通的本科学习进行比较是否公平。我们这样做是否有意偏向 TIP 课程？这种比较是否合理？

大家提出这些质疑是有原因的：第一，受访者完成 TIP 课程学习的时间可能还不算太久，因而对该课程的记忆更加深刻；第二，这是一门研究生教育课程，应该比之前的本科教育更“高级”；第三，受访者的反馈是否出于其对某位受爱戴教师的感激之情？第四个质疑最为犀利：比起帮助受访者增强信心、提高他们的兴奋度和期望值，我们是否更加在意别人的恭维之音？我们衡量的是否仅仅是被点燃的那份热情？也许吧，但似乎不太可能。2002 级的学员已经结课五年之久了，2003 级的学员结课四年了。照此类推，2007 级的学生在接受我们的调研时也已经结课几个月了。如果我们曾使他们热血沸腾、执念于奢侈的梦想，那么他们有几个月甚至几年的时间让自己冷静下来。他们会意识到自己有很多稳定的、在跨国公司工作的机会，而想要创新是多么艰难的事。你可以不费力气地让学生“兴奋”起来，但是当他们冷静下来面对现实时，你就得面对他们的苦恼。

据估计，世界范围内创业项目的失败率在 90%左右。接受此次调研的受访者中，曾经遭受失败或者遇到挫折的人数所占比重也很大，他们将失败的原因归咎于 TIP 课程也很正常。总会有人需要工作，或者说不得不暂时安于一份平淡无奇的工作，毕竟与 TIP 课程直接对应的工作类别非常之少。我们不难预料学员们对这门曾经给予他们太多承诺的课程的态度。曾经制造乐观假象的人会受到斥责，这也理所应当。在新加坡文化背景下，人们办事大多循规蹈矩。

受访者会对他们喜爱的某位老师做出积极评价，原因是他们知道那位老师追求高评价。对于这一质疑，我们又该怎么看呢？如果这位老师的建议在学生创业的过程中没有发挥积极作用，那么学生对这位老师的评价一定不会很高。这门课程讲述的就是如何面对创业计划中的缺陷。如果这个课程真的有不足之处，学生们会坦诚地告诉老师的，至少他们应该那样做。老师不断地教导学生，要他们“从负面反馈中吸取教训”。这是正确的，我们很难相信学生们会去夸赞一门有问题的课程。

研究生教育比本科教育更“高级”吗？实际情况可能恰好相反。人们往往对本科生活充满怀念之情，事业有成的人常常只向自己本科时期曾经就读的院校慷慨解囊，研究生院想获得同样的捐赠难度有多大是众所周知的。本科课程的学习需要三至四年时间，你能够选择自己喜欢的科目和老师。毕业时，你会拿到较高的学位，也将拥有一份工作。你甚至可以花更多心思在你最喜欢的体育运动上。相反，TIP 课程的时间只有四个月。你不能选课，不能选择喜欢的老师。你能拿到一份结业证书，却未必能得到一份安稳的职业，你将面对纷繁复杂的选择。南洋理工大学是东亚六大名校之一，全球排名在第 70 名左右。想要超越南洋理工大学的本科课程设置并不容易。

因此，到目前为止，认为这项调查有失偏颇的观点都是不成立的，事实也许恰好相反。一位毕业两三年的工程师也许会感谢他曾就读的院校教会了他谋生的技能，让他赢在事业的起跑线上。而创业者经历了挫折之后还会感激 TIP 课程吗？似乎不会。在上海开设的以汉语授课的 TIP 课程收到的负面评价更多一些。在这里，负责课程设计和教学的老师往往来自中国华南地区而非中国最发达的地区。受访者做出 TIP 课程优于他们曾经接受的国内公立大学的本科教育的评价时，我们能够理解他们的犹豫不决。

如果这项调查真的有倾向性，我们已经努力将其降至最低了。本科院校给受访者带来了长久的友谊和稳定的未来，再加上院校本身的整体评估水平，受访者们往往更加珍视他们本科时期的学习生涯。为期短、节奏快的创新课程要在竞争中取胜很难。如果 TIP 课程能为普通教育做出贡献，无论这贡献看上去多么微小，也将是非凡的成就。正如我们所见，TIP 课程起到的作用一定非比寻常。

调查结果

现在，我们通过受访者的反馈对 TIP 课程和南洋理工大学的本科课程进行比较，从而完成对 TIP 课程的评估。我们找到了 153 位受访者，除去本科并未就读于南洋理工大学的人员，以及由于工作繁忙本人并不在国内的人员，最终收集到了 68 份有效回复。所有问题都以现实主义和理想主义的概念为基础。我们将现实主义视为南洋理工大学的传统价值观，将“进步”的理想主义视为创新的必要条件，该价值观受到了 TIP 课程和许多创新专家的推崇。

首先，我们用李克特量表(1—10 级)对教学法进行智力层面的测量。这里的智力能力指的是学生对重要概念的掌握程度和组织水平。然后，我们用同一量表对教学法进行经验层面的测量，主要关注受访者的感受和情感。我们要求受访者在图 5-1 中给自己定位。

受访者给出的分数可以与他们之前打出的分数相同，也可以进行调整。我们要找到那些能够全情投入、将想法付诸实践的人，他们的位置应该处于网格右上角处。我们也要寻找那些不能将想法付诸实践的人，这些人的位置应该位于网格左上角和右下角处。还有一些受访者给出了比较折中的反馈，他们处于网格的中间部分。对话框会提示受访者思考其价值观是否具有综合性。

困境 1　智力调用 vs. 情感经验

图 5-1 显示了受访者的反馈。我们发现陈丁琦教授和他的 TIP 课程以压倒性的优势超越了其他本科课程。胜利的原因并非如我们所设想的

单纯依靠智力层面或者经验层面的优势，而是两种能力相结合、相互促进的结果。单纯依靠智力创新，会让人过于注重追求智力能力，让人变得轻浮且懒于思考。尽管丰富的情感经验可能会使智力能力显得黯然失色，或者大学期间的智力活动并不一定受经验影响，但是智力能力和经验仍然可以共同发展。如网格 5-1 所示，TIP 课程的得分恰好说明了这一点。

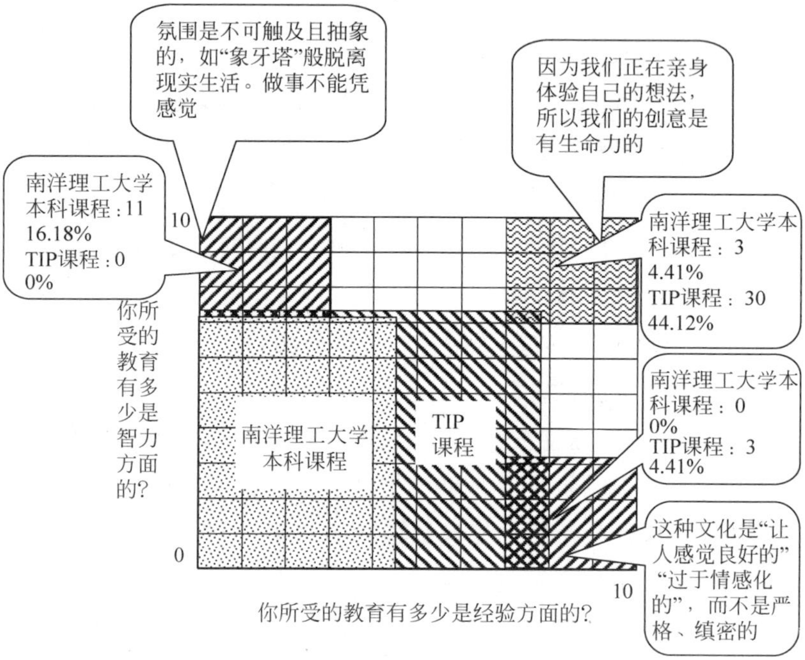

网格 5-1 智力 vs. 经验

我们要解释一下网格 5-1 至网格 5-11 中的不同区域。网格中有两个“病理区域”(pathology zone)，分别指网格左上角的九个方格和右下角的九个方格；还有一个“协调区域”(reconciliation zone)，指的是网格右上角的九个以波浪线标识的方格。网格中清晰地标注了南洋理工大学本科课程教学法和南洋理工大学 TIP 课程教学法所得的平均分。几乎在所有的调查案例中，TIP 课程所占的方格数都多于南洋理工大学本科课程所占的方格数。我们发现“科技创业”课程在智力层面上的成绩超过了本科课程。TIP 课程的分数为 7.2 分(满分为 10 分),而本科课程的平均分为 7.06 分。然而,正如我们所预料的,TIP 课程在情感经验方面的得分远远超过了本科课程,两种课程所得的分数分别为 7.97 分和 4.78 分。最简单的比较方法就是数一数网格 5-1 中本科课程和 TIP 课程各自所占的方格数。本科课程占了 33.26 个方格,TIP 课程占了 57.38 个方格,后者较前者高出 74.2 个百分点(R2＝34.23%,P＜0.01)。

我们有意地给 TIP 课程和本科课程分别设置了"陷阱",即网格左上角和右下角处的"病理区域"。我们提示受访者,TIP 课程是"让人感觉良好的"和"过于情感化的"(网格右下角处)。我们想要发现反智主义的观点,但只有 4.41%的受访者做出了这样的判断。我们也提示受访者,南洋理工大学本科课程的气氛是"不可触及、抽象的,且如'象牙塔'般脱离现实生活的"。有 16.18%的受访者同意这样的说法(见附录二)。需要强调的是,南洋理工大学是一所优秀的院校,42.65%的毕业生在智力层面上给自己所接受的教育打了 8—10 分(见附录三)。而南洋理工大学本科教育的不足之处是,它没有很好地将智力调用与个人经验相结合。只有 4.41%的受访者认为他们本科阶段的学习是在"协调区域"(网格右上角的九个带有波浪线标识的方格)里。而在 TIP 课程的学员中,有 44.12%的人选择了这一区域,他们认为"自己的创意是有生命力的"。在困境一中,能将智力与情感相结合的 TIP 课程学员人数是拥有这种能力的本科学生人数的 10 倍。

困境 2　自上而下地接受信息 vs. 自下而上地思考和行动

第二个困境与学习的传输方式有关,这对所有教学法都会产生影响。知识和信息是由教师自上而下"灌输"给学生的吗? 约翰·洛克(John Locke)认为,学生的心灵像一块白板,教育者可以在上面"书写"知识。还有人认为,教育者能够触发学生大脑中某种(柏拉图式的)原有结构。换言之,从某种意义上讲,教育者的任务就是激发学生自身的能力。显然,两种观点都有一定的道理。想要独立思考和行动的人需要得到相关信息，那么他们就应该先学会倾听，否则他们可能会在仓促间做出错误的决定。中国传统教育以往常常受到指责，[1]是因为有些人像海绵一样仅注重汲取前人的智慧。我们想知道这种情况是否依然存在。真正的创新不仅需要我们倾听和吸收，还需要我们选择信息、树立信心并且付诸行动。调查结果见网格 5-2。

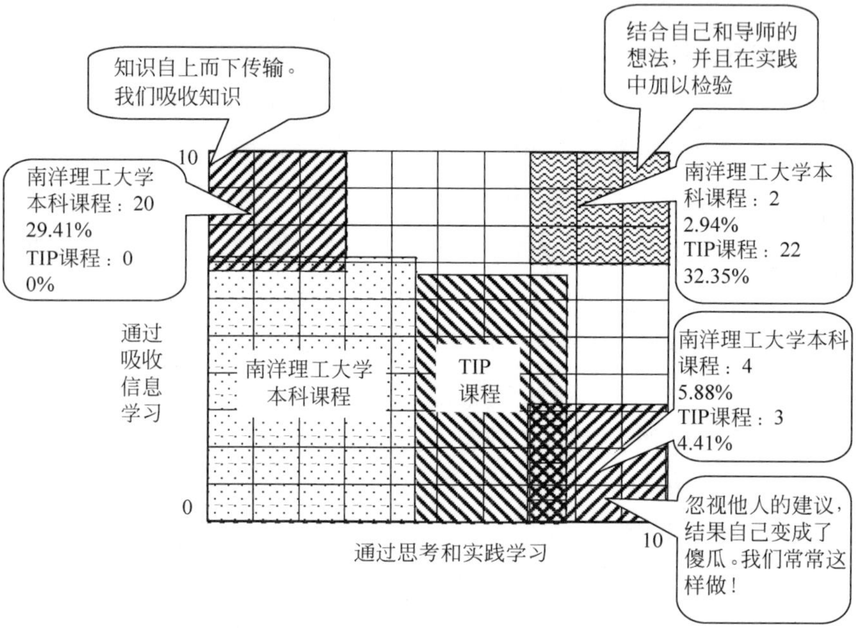

网格 5-2 吸收信息 vs. 思考和实践

同样，"病理区域"是处于网格左上角和右下角处有斜向条纹标识的方格部分，而"协调区域"则是网格右上角处有波浪线标识的方格。比较双方所占的方格数，本科课程占了 33.66 个方格，而 TIP 课程则占了 53.52 个方格，后者比前者高出 60 个百分点（R2＝25.36％，P＜0.01）。考虑到与大多数本科课程相比，TIP 课程的课堂讲授时间非常少，所以我们之前预测本科课程在自上而下传递知识方面会获得高分。然而结果显示，两者差别并不十分明显：本科课程得分为 7.24 分，TIP 课程得分为 6.74 分。人们如果想要依据信息来构思创意并创业，获取信息是前提。

TIP课程的学员在这方面似乎做得很好。在“独立思考和实践”方面，本科课程只获得了4.66分，远远低于TIP课程的7.94分，相差了3分多。我们再次验证了“独立思考和实践”的可靠性。这只是个噱头还是情况的确如此呢？我们提示受访者是否会遇到这种状况——忽视他人的建议，结果自己变成了傻瓜。我们常常这样做！然而，仅有5.88%的受访者认为TIP课程存在这种问题。我们提示受访者，在本科课程中，知识是自上而下传输的，学生吸收知识。29.41%的受访者对此表示认同，这说明被动记忆的确存在。

有58.82%的受访者给自己在学校学到的、自上而下的知识打了8—10分，就这一点来说，南洋理工大学成功地完成了其教学目的（见附录三）。然而，仅有2.94%的受访者认为他们所学的知识能够真正为己所用！与之形成鲜明对比的是，32.35%的TIP课程学员表示，他们既能够吸收信息和知识，也能够借助这些知识进行思考。这部分学员给出的评分处于“协调区域”（见附录四）。

困境3　在公平的竞技场上竞争 vs. 在大家庭中合作

商业的“基础”到底是竞争还是合作？长期以来，这都是一个最富争议的论题。儒家思想以家庭为本，见证过亚洲国家崛起的人不会质疑家庭关系的重要性。家庭式的关系对于创造和创新尤为重要。很多伟大的作家、艺术家以及科学家彼此熟悉并相互尊重，他们常常属于同一个沙龙或团体。充满创造力的时代多发生在一两代人身上，其间既有志同道合者之间的相互刺激，也不乏亲密的陌生人之间的不断融合。如今在阿姆斯特丹、西雅图、湾区（旧金山）、赫尔辛基、都柏林、中国台北和上海等地区都出现了这样的现象。

新加坡十分推崇美国的“在公平的竞技场上竞争”这一准则，它的精英教育制度甚至可能比美国的制度更纯粹。然而创新却不一样，因为构成“优秀”的因素是无法预先定义的。即使想法没有得到权威人士的认可，你仍需要同事们像家庭成员一样重视并支持你的想法。如果学员们的追求各不相同且能各取所需，那么他们的正面竞争将会减少，大家会希望彼此都能成功。我们想要测试这种现象所占的比重。我们相信情同“家人”一般的创新者会为彼此的成功感到高兴的。TIP 课程的学员们会愿意指导别人吗？他们会严肃认真地对待工作但又发自内心地给予他人热心的支持吗？

我们曾经假设 TIP 课程与本科课程相比，不仅更具竞争性，也更具合作性，学员之间更像家人的关系。我们相信这是有史以来真正具有创新性的群体，是个人奋斗与人际间相互支持的重要结合，是不同观点的融合。[2]调查结果见网格 5-3。

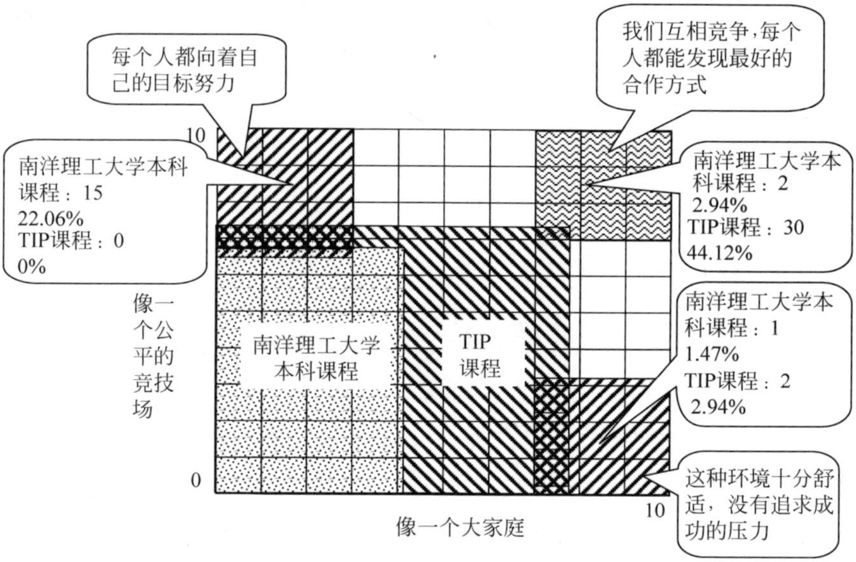

网格 5-3　公平的竞技场 vs. 大家庭

南洋理工大学本科课程总共占了 26.80 个方格，TIP 课程占了 56.37 个方格，后者比前者高出 103 个百分点（R2＝36.23％，P＜0.01）。TIP 课程在竞争性方面的平均得分是 7.19 分，南洋理工大学本科课程的得分是 6.85 分。因此，南洋理工大学科技创业中心（NTC）相对于南洋理工大学整体而言更具竞争性。但是在班级环境是否像一个大家庭的问题上，南洋理工大学本科课程只得了4.22分，这相比于TIP课程7.84分的得分有3.62分的差距。虽然南洋理工大学在竞争性方面取得了“成功”——42.65％的受访者认为他们所处的竞争环境是一个“公平的竞技场”，并给所处的学习环境打出了8—10分的分数。但是，44.12％的TIP课程学员认为自己在进行“合作竞争”，即在家庭式文化下相互竞争与合作。TIP课程的得分出现在网格右上角的“协调区域”。我们再次试图找出两个极端——家庭氛围过重以及竞争过于“残酷”（见网格右下角和左上角处有斜条纹标识的方格）。我们提示受访者，TIP课程营造的家庭氛围是“舒适的，没有追求成功的压力”，但是只有2.94％的受访者认同这种说法。我们也提示受访者，南洋理工大学的竞争性基于“每个人都为了自己”的理念。22.06％的受访者赞同这种说法，这个数字未免有些让人担心。南洋理工大学在教法方面似乎引入了大量西式的疏离模式（alienation），不带情感的学习让本科生产生了疏远感。

困境4　严肃认真地工作vs.游戏般地享受工作

如果想要在这个实行自由企业制度、机会平等的世界里获得成功，你一定要严肃认真地接受各种挑战。没有决心和毅力很难成功，努力工作是成功的秘诀。然而，很多关于创新者的研究都提到了“乐趣”的问题。创新者创造的事物给他们自己带来了无尽的乐趣，他们也乐于分享这份快乐。此外，创新者还会大量运用模仿、演习、角色扮演、样品与模型等学习方式。因为在这种学习模式中，即使你失败了，损失也不会太大。创新者用“玩具”做练习，直到真正的产品问世。[3]

迈克尔·施拉格[4]认为，创新是严肃的游戏（Serious Play），即做游戏的过程产生严肃认真的结果，人们通过轻松的实验去寻找解决办法。我们的假设是，大学倾向于严肃认真的态度，甚至可能要求极为严格。我们知道TIP课程更具游戏性，但参与者是否能意识到游戏目的的严肃性呢？TIP课程从始至终就是一个商业模拟。练习向风险投资人做陈述、演习以及角色扮演，仅仅是游戏和娱乐吗？严肃性和游戏性在现实中能融为一体吗？游戏中生产的样品能够变成严肃的产品和服务吗？我们能够严肃地看待问题而又不苛求自己吗？游戏免不了会出现错误，但是，模型、模拟和样品的成本并不高，这样的错误不是“严肃的”，而更多是教育性的。皮特·海因(Piet Hein)称之为“通向智慧的道路”。

通向智慧之路，
说出来十分简单：
犯错、犯错再犯错，
但是错误越来越少、越来越少、越来越少。[5]

我们要讨论的是“错误改正系统”。

网格 5-4 表明，南洋理工大学的本科课程在严肃程度方面得到了 7.54 分。有趣的是，TIP 课程只差一点点就达到 7.50 分。二者之间差距很小，TIP 课程几乎与本科课程一样严肃。但是，当论及游戏性时，二者差距极大。本科课程得分为 4.24 分，而 TIP 课程得分为 7.97 分，高出前者 3 分多。网格 5-4 中本科课程占了 31.54 个方格，而 TIP 课程占了 59.78 个方格，后者高出前者 91 个百分点(R2＝34.53％，P＜0.01)。

我们设置了一个比较“危险”的陷阱来测试 TIP 课程的游戏性。我们提示受访者，TIP 课程“就像一场永不结束的派对”，但只有 4.41％的受访者同意这一说法。有 22.06％的受访者认为他们在大学期间的学习经历并不那么“残酷和艰苦”。享受过程，时间就会过得很快。TIP 课程又一次证明了愉快的过程能够达到严肃的目的。50％的受访者表示在 TIP 课程中，游戏和工作能够协调一致，但所有受访者都认为本科课程满足不了这一点。

再次请大家注意，南洋理工大学就其自身办学来讲是成功的。尽管教学环境的趣味性不是很强，但是 52.94％的学生在教学环境的严肃性方面给出了 8—10 分。然而，这仍然低于 TIP 课程在游戏性方面的得分。

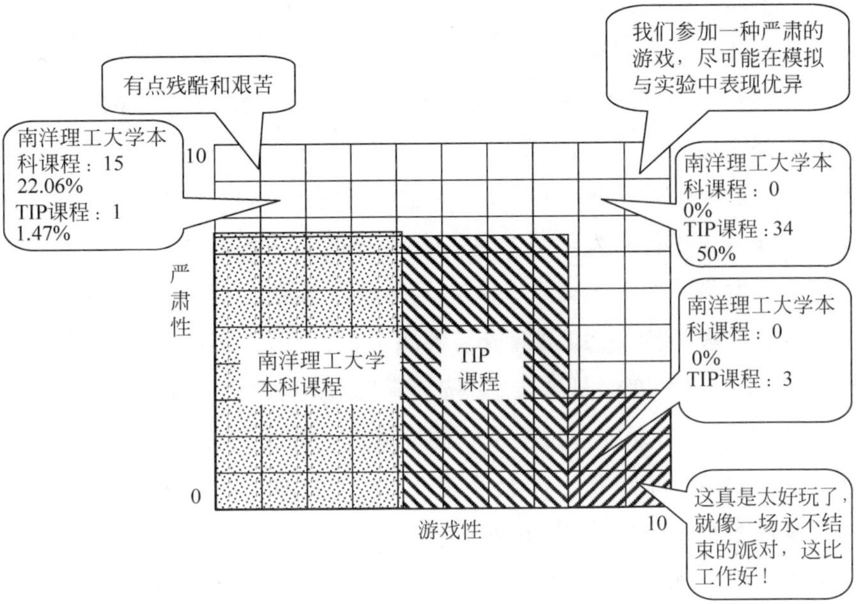

网格 5-4　严肃性 vs. 游戏性

困境 5　职业持续性和专业性 vs. 自我转变和革新

尽管某种职业的生命力究竟能有多长越来越难确定，大学仍然能够为毕业生就业做准备。虽然整体技术可能没有原来那么重要，然而，在选择职业时，持续性仍然很重要。创新也多是某些学科和职业的再发展，是在以往创新"平台"上进行再创新。没有主题持续性，一个公司的核心竞争力就毫无意义。

一项新的科技延续 5 至 10 年时，它的发明者可能就要做出自我转变并对产品进行彻底改造。因而，一种竞争形式转变成另一种，而后者是前者基本主题的延续。TIP 课程旨在帮助学生改变自己，但同时也希望产品能够保持基本的持续性。我们有没有可能将二者结合起来，在保持稳定性的同时进行积极的改变？我们相信有这种可能性。以牺牲持续性为代价的改革会让你重回起点。真正意义上的发展，无论过程如何曲折，总会有一条路径通向终点的。

我们致力于探索南洋理工大学本科课程和TIP课程是如何使那些杰出的创业者和创新者找到职业持续性和自我转变的平衡点的。我们推测本科课程更强调持续性，TIP课程更强调转变。我们想了解的是，TIP课程是否也能保持持续性(即使这种持续性很微弱)。缺少持续性，企业的核心能力很难得到发展。知识在很大程度上是积累的，一个已证实的命题会引发另一个相关命题。我们尽可能先概括命题，然后再探查有没有例外。失去持续性，知识就成了不相关的碎片。TIP课程必须既保证持续性，又提供转变的机会。"科技创新"要求人们在关注所有相关科技最新进展的同时，还要保持一个中间立场。正如我们将要看到的，TIP课程在这方面取得了成功。创业者应该从两个或两个以上的学科中选择出各自领域中最先进的成果，在此基础上创造出新的综合体。网格5-5显示了本科课程和TIP课程在这个问题上的得分。

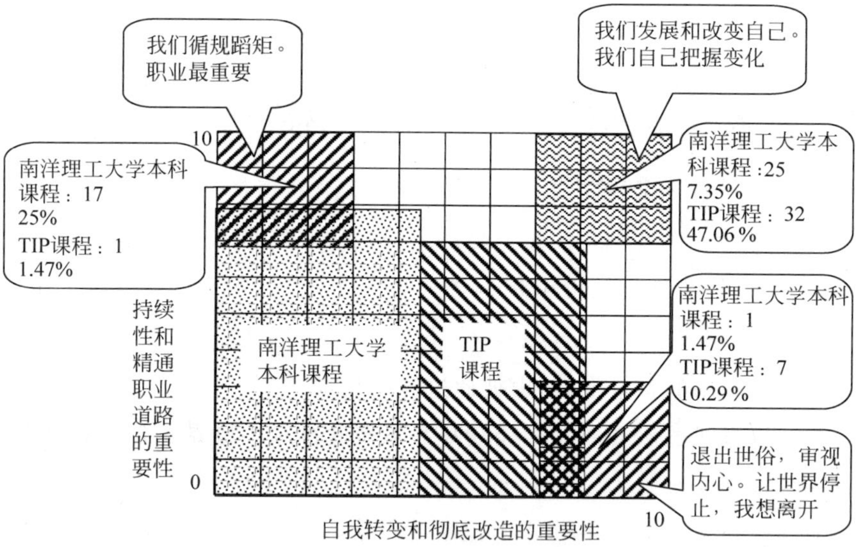

网格5-5　职业持续性 vs. 定期转变

(译者注：表格右上方对话框内原文中数据为"25"，译者认为应是"5")

本科课程占了 34.80 个方格，TIP 课程占了 49.45 个方格，后者高出前者 67 个百分点（R2＝24.77％，P＜0.01）。在职业持续性方面，本科课程得分为 7.76 分，高出 TIP 课程（6.81 分）0.95 分。值得一提的是，两个分数之间差别不大，这说明 TIP 课程也很强调连续性。由于创新常常是跨学科的，创业者需要了解不同职业轨迹之间相交或平行的关系，从而寻求职业关联的可能性。两条线相交往往具有变革性，但仍会保持最初的连续性。

当我们对南洋理工大学的课程变革性做调研时，本科课程得分为 4.69 分，而 TIP 课程得分为 8.35 分，后者比前者高了将近 4 分。47.06％的受访者认为 TIP 课程结合了连续性与变革性（协调区域），但只有 7.35％的受访者认为本科课程达到了上述标准。我们想进一步检验 TIP 课程，有意提示受访者是否可以将变革性理解为“退出世俗，审视内心”的嬉皮士式论点。10.29％的受访者同意此种说法，这有点危险。我们问本科课程是否强调“循规蹈矩”，25％的受访者的回答是肯定的。然而，可能就是这种“循规蹈矩”才导致 63.24％的受访者给南洋理工大学的本科教学打了 8—10 分。

困境 6　严酷的客观性 vs. 亲密关系下的负面反馈

在这里我们讨论的是面对现实的两种不同方式。高校教育坚持客观性，即使未必受欢迎，但始终尊重事实、坚持真理。教授创新的教育者强调要重视负面反馈（也许人们并不愿意听到这种反馈），并能够在亲密关系和互帮互助的背景下，给出彼此这样的反馈。

这些方式虽然看似大相径庭却并不彼此排斥。世界不会总是像我们想要的样子，也许只是目前条件还未能接受我们“绝妙”的发明。我们预测创新者能够很好地同时驾驭两种方式，而传统教育只强调前者。网格 5-6 验证了我们的假设。

本科课程的测试结果为 33.60 个方格，TIP 课程为 57.62 个方格，后者高出前者 70 个百分点（R2＝25.13％，P＜0.01）。在面对严酷的事实

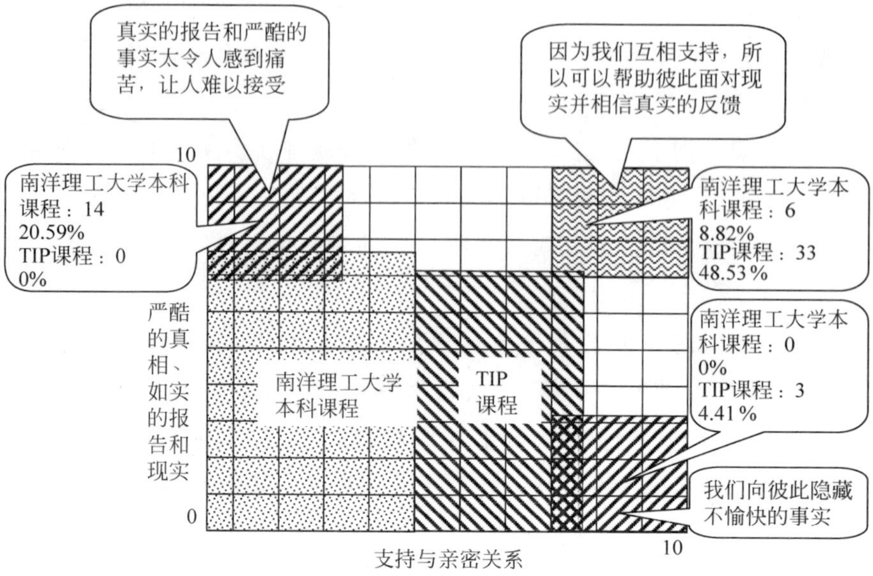

网格 5-6 严酷的客观性 vs. 亲密关系下的负面反馈

方面，本科课程获得了 7.82 分，略高于 TIP 课程的 7.07 分，两者间分数差为 0.75 分。显然，二者都试图面对客观事实，而本科课程强调的主要是勇气。TIP 课程更强调保持相互间的亲密关系并接受“亲人”给你的真实的负面反馈。在这个方面，本科课程获得了 4.53 分，而 TIP 课程获得了 8.15 分，分数差为 3.62 分。产品失败的原因可能不总是“客观”的。消费者的喜好很难捉摸。与客观的评价相反，只有通过真实的反馈和建设性的交流，创新者才能真正理解消费者的需求。创新者需要继续努力。

我们想了解这两种标准是否也会被扭曲。我们提示受访者，有些人依赖于亲密朋友给出的负面反馈，他们可能“商量好相互隐藏不愉快的事实”。我们发现只有 4.41％的受访者认为这种情况会在 TIP 课程中发生。这让我们对 TIP 课程充满信心。然而，主张客观看待事实的受访者面对残酷的现实时可能会表示难以接受。这种情况在本科课程中并不少见，有 20.59％的受访者同意这种说法。48.53％的受访者表示 TIP 课程教会了他们用不同的方式面对现实，但只有 8.82％的受访者如此评价本科课程。托马斯·库恩曾说过，推动科学发展需要同时具备这两种勇气。[6]

困境 7　对知识的纯粹探索 vs. 以实际应用为目的的探求知识

我们不会为了凸显 TIP 课程的优越性，而有意将问题设计得带有倾向性。恰恰相反，大学本科课程往往被罩上了光环；TIP 课程只是等同于实用、有益和有效，而并不等同于真和美。尽管真理也需要得到正确、有效的应用，我们还是想知道本科课程是否优于 TIP 课程。高校最神圣的使命之一就是追求真理，而不去计较那条路会通往何方，或者你的目标有没有实用价值。相比而言，TIP 课程关心的是实用性。但这难道就不高尚了吗？创业教育被人们视为非学术性的科目，就像魔术师变魔术时念的咒语。“魔术师”有时会质疑“正统”的东西，他们中有很多人是移民。另一方面，创新者也重视真和美。创造需要灵感，而现有的一切是发现和产生新事物的基础。

如网格 5-7 所示，本科课程占了 41.78 个方格，TIP 课程占了 56.06 个方格，后者较前者高出 27 个百分点（$R2=7.26\%$，$P<0.01$）。我们预测 TIP 课程对于真和美的追求应整体低于本科课程，但调查结果表明事实并非如此。调查结果显示，南洋理工大学本科课程得分为 7.22 分。TIP 课程并没有刻意强调在两种价值观中选择某一种。它的得分是 7.06 分，只比本科课程低了 0.16 分。也许创新需要真与美，当我们问到知识和技能在现实世界里是否有效且重要时，培养了大量工程师的南洋理工大学本科课程只获得了 4.65 分，而 TIP 课程获得了 7.94 分。

我们担心 TIP 课程会被划归到“职业教育”，但是只有 4.41% 的受访者表示有发生这种情况的可能。我们也向受访者提问，实用技能和应用对本科课程来说是否“不够纯粹”，14.71% 的受访者给出了肯定的答案。对于一所理工类院校来说，这个数字所占的比重很大。我们想给本科课程一个胜出的机会，提示受访者有这种两难困境的存在，本科课程也仅仅是险胜。只有 11.76% 的本科课程进入了右上角的协调区域，而有 35.29% 的人认为 TIP 课程能够达到和谐的标准。显然，在这种情况下

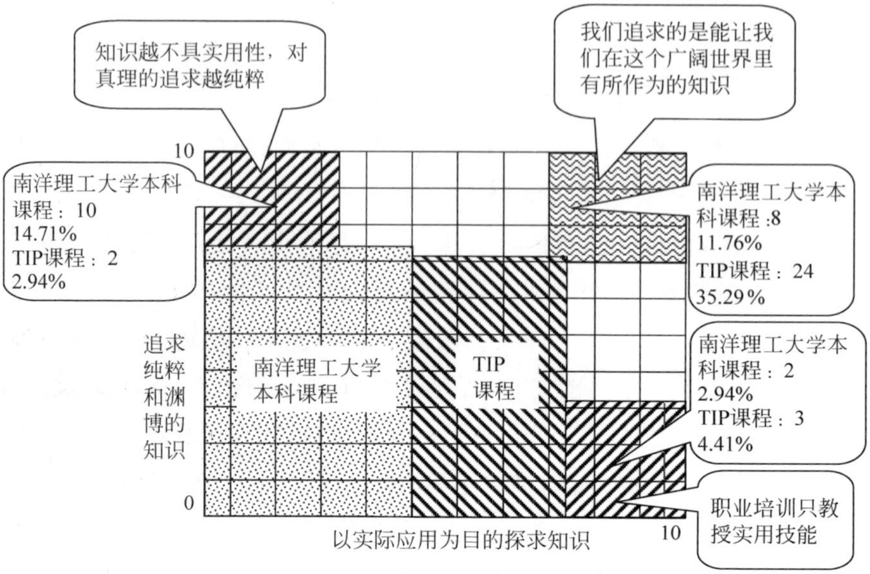

网格 5-7 对知识的纯粹探索 vs. 以实际应用为目的的探求知识

以实用性为目的探寻知识并不会降低知识的深度。TIP 课程的学员追求真理的同时也重视真理的实际应用。

困境 8 理性、纵向思考和实证 vs. 横向思考和跨学科组合

为了让本科课程和科学方法不至于"输"得一塌糊涂，我们提示受访者，TIP 课程可能不够"科学"或者缺乏高校认可。TIP 课程真的具有理性和怀疑态度，主张经验主义和验证吗？做到这些很重要，因为科技创业应该在较高科技水平的基础上融合不同学科。如果创新者不能保证所涉及学科的严谨性，就不能有效地融合科学矩阵。我们预测在这个问题上南洋理工大学的本科课程会表现出很大优势，但调查结果显示我们的预测是错误的。TIP 课程必须尊重所有可能相互结合的科学：只有把作为源头的学科基础打好，才会生成新的优秀的综合体。我们需要"横向"和"纵向"思考(参见 Edward de Bono)。[7] 网格 5-8 显示了双方在这一问题上的具体得分。

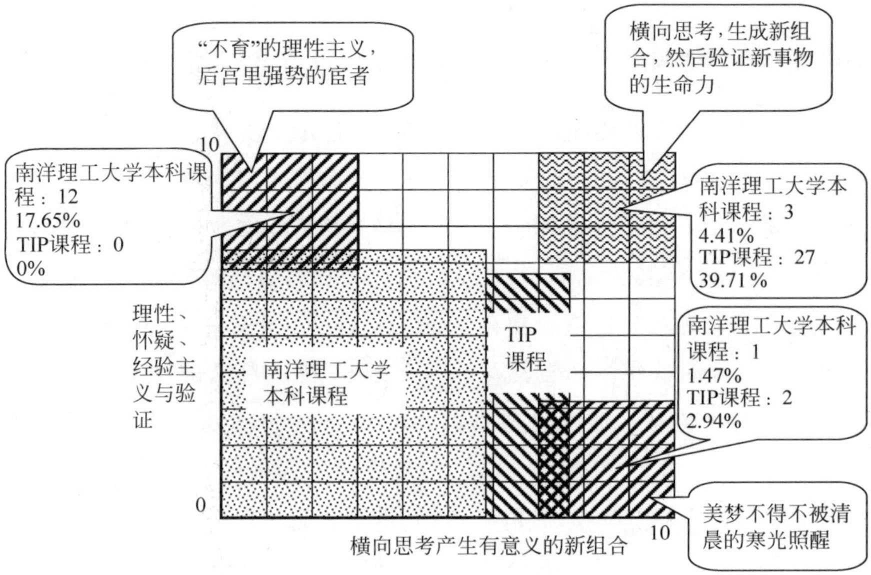

网格 5-8 理性、怀疑态度和验证 vs. 横向结合

本科课程占了 34.23 个方格，TIP 课程占了 52.91 个方格，后者高于前者 59 个百分点（R2＝24.56％，P＜0.01）。本科课程得分为 7.29 分。TIP 课程得分为 6.88 分，与本科课程差距不大，仅低了 0.41 分。TIP 课程取得了这样的成绩并不是使用了什么研究方法，我们也没有刻意把学生引入某个学科中。17.65％的受访者认同大学课程将他们变成“后宫里强势的宦者”这种说法——聪明但不能生育，这句话出自爱德华·德波诺的著述。该困境下还有一个问题值得注意，即在鼓励学生进行横向思考、在不同学科间寻找新的有价值的结合点方面，TIP 课程的领先优势很明显，获得了 7.69 分，而本科课程得分为 5.75 分。39.71％的受访者对 TIP 课程的评分处于网格中的协调区域，而只有 4.41％的受访者对本科课程的评分进入了该区域。显然，南洋理工大学整体上对跨学科学习重视不够，但在客观的独立学科方面的教学还是取得了成功的，因为 48.53％的受访者对此给出了 8—10 分。然而，尝试全新的组合需要精通两门以上的独立学科，并互相取其所长。我们证明了 TIP 课程的跨学科性更强，同时保持了对学科本身的尊重。

困境 9　谦卑地质疑大自然 vs. 勇敢地干预并改变

为了继续寻找本科课程的优势所在，我们开始研究 TIP 课程是否缺少对自然的尊重，是否只沉迷于精巧的计谋而使人盲目乐观。创业教育曾经一度夸大了实干的作用。亨利·福特就曾声称，“所谓历史都是空谈”。许多人没有上过大学却迅速致富，他们宣称自己纯粹是白手起家。

谦卑的人愿意为比自己更强大的力量服务，探索自身之外的原因和认知范围以外的秩序。大自然只会向这些人展示自己的法则。“大学”(university)一词意为追求普遍真理(universal truths)，但只有正确的问题才值得人们去探求真相。所以我们向受访者提出的问题是，南洋理工大学的本科课程和 TIP 课程相比，哪个课程更能让他们感受大自然和宇宙的神奇之处。我们预计本科课程会轻松胜出。然而，网格 5-9 显示的结果却出乎我们的意料。

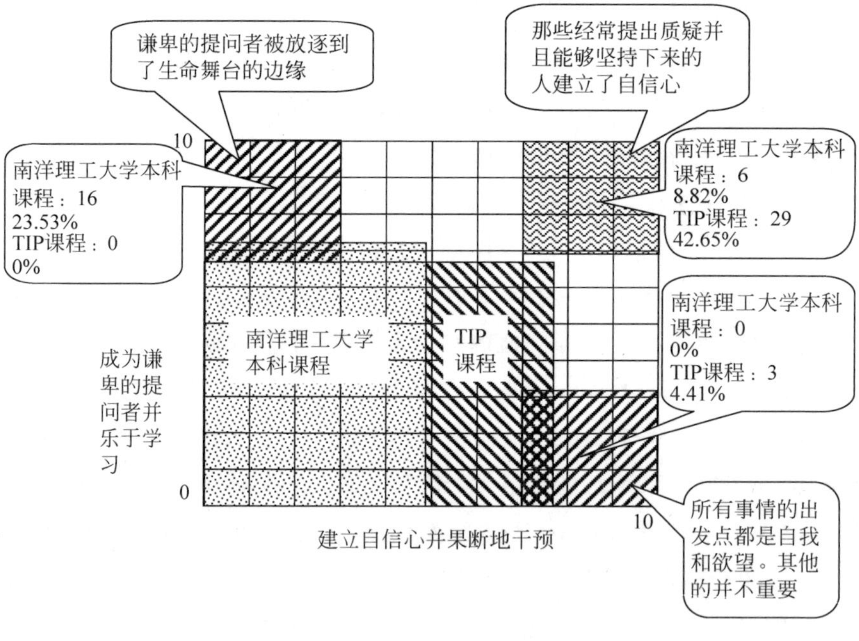

网格 5-9　大自然面前的谦卑 vs. 改变自然的自信

在网格5-9中，南洋理工大学本科课程占了33.94个方格，TIP课程占了53.63个方格，后者高于前者67个百分点（R2＝26.67%，P＜0.01）。我们惊奇地发现两者的得分差别并不大。本科课程得分为7.08分，TIP课程得分为6.84分，分数仅相差0.24分。也许尝试创新会时刻提醒你自然的存在。然而，当提及果断干预自然所需的自信心时，本科课程仅得了4.85分，而TIP课程的得分为7.84分。我们想了解TIP课程的学员是否会过度自信，给受访者设置了一个陷阱，提示他们“所有事情都是从自我出发的”，但只有4.41%的受访者认同那种说法。我们还想测试受访者是否过度谦卑，提出大学生“已被放逐到了生命舞台的边缘”这种说法。23.53%的受访者相信，非生命体的牛顿世界的确是暗淡的。42.65%的TIP课程学员认为自己的工作经历应该处于网格5-9的协调区域，但是只有8.82%的受访者认为本科课程能够进入该区域。然而，科学教育使受访者变得非常谦卑，有61.76%的受访者给自己在大学期间学习的课程打了8—10分。这再一次证明了南洋理工大学就其本身的教育来说是成功的。

困境10　通过自身努力取得的成就vs.通过团队取得的成就

这一次我们发现本科课程的得分以绝对优势超过了TIP课程。我们想知道成绩的取得在多大程度上依赖于个人表现，又在多大程度上依赖于团队和人际关系。也许我们用两分法划分这个问题有些过于简单，因为创新者既要有个人信仰，又要有凝聚项目相关团队的能力。我们想要寻找的是通过他人而不是超过他人取得的成就。[8]网格5-10显示了针对该问题的调查结果。

在网格5-10中，南洋理工大学本科课程占了35.51个方格，TIP课程占了55.59个方格，后者高于前者63个百分点（R2＝22.03%，P＜0.01）。TIP课程在个人表现方面的得分为6.26分，这个分数已经相当高了。本科课程的得分更高（7.75分），高出TIP课程1.49分。然而，当被问及对团队合作和人际效能所做的贡献时，情况就发生了逆转。本科课程的得

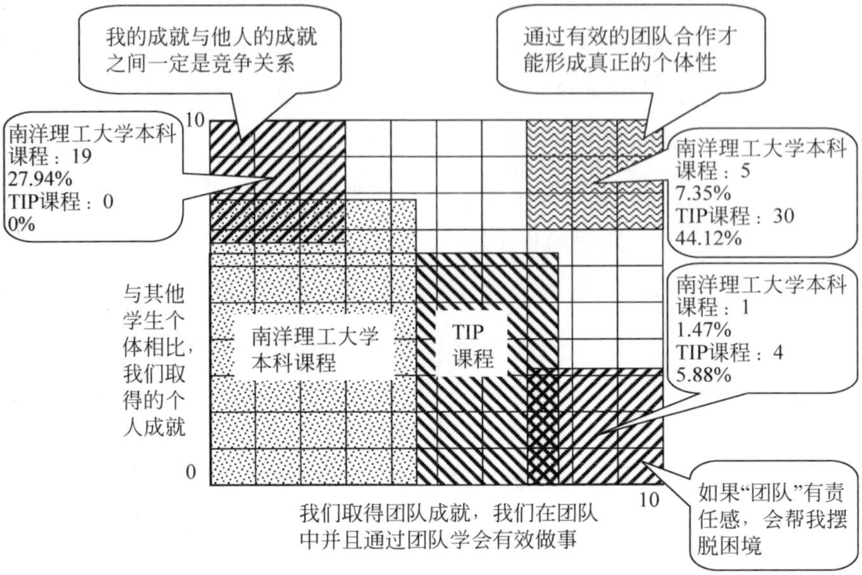

网格 5-10 个人 vs. 团队成就

分下降到了 4.57 分，而 TIP 课程上升到了 7.90 分，这是整个调查中最大的数字差。团队作用可能会被夸大，但只有 5.88%的人表示，负责任的团队让其"摆脱了困境"。有 27.94%的人抱怨，个人成就意味着"让他人的努力黯然失色"。44.12%的受访者将 TIP 课程置于网格的协调区域，这个数字是本科课程的六倍。

困境 11 权威者定义的成绩 vs. 个人定义的成绩

我们知道，"成绩"是不容妥协的。新加坡可能是世界上设计最巧妙的贤能社会，它唯一的问题是"成绩"的标准是由权威者定义的。接近或实现权威者定义的理想的人才会得到奖励。想要让一个社会将创新能力发挥到极致，就要赋予这个社会中的个体一定的权力，即先自己定义成绩，然后再确定该成绩能否得到他人的认同。

如网格 5-11 所示，就权威者定义成就这一问题，本科课程获得了 7.75 分，TIP 课程获得了 6.26 分。请大家注意的是，受访者并不否认权

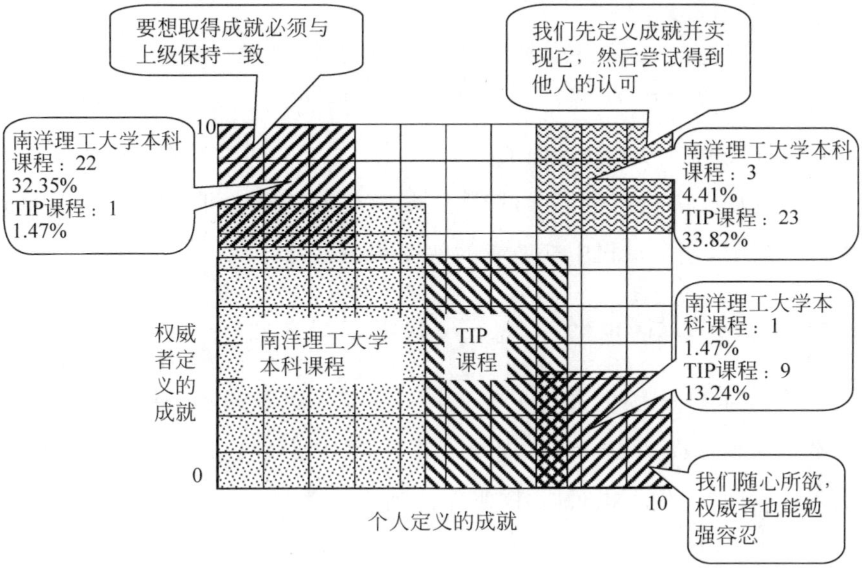

网格 5-11 权威者定义的成绩 vs. 个人定义的成绩

威者的重要作用，只是质疑那并不是全部。相反，当受访者被问及他们在何种程度上可以为自己定义成就时，本科课程的分数下降到了 4.57 分（几乎降低了一半），而 TIP 课程上升到了 7.90 分，这个数字甚至高于整个学校对权威的依赖程度。

测试结果表明，这是南洋理工大学本科课程在纵向维度领先 TIP 课程分数最多的一项调查。尽管如此，在“方格测试”中，本科课程占了 34.34 个方格。TIP 课程占了 56.86 个方格，高出前者 44 个百分点（R2＝17.36，P＜0.01）。在权威者定义成就方面，相比于 TIP 课程的 6.26 分，本科课程得分为 7.75 分。32.35％的受访者认为，要想取得成就必须与权威者的规定保持一致。这个数字令人深感不安。13.24％的受访者认为自己“可以随心所欲，权威者也能勉强容忍”。这种态度稍显幼稚，然而，过度顺从的问题更为严重！

当然，理想的状态是自己定义成就，然后让顾客、伙伴甚至权威者也认同你的想法。对此，33.82%的受访者表示TIP课程能够协调这些关系，而认为自己在学习本科课程期间能够做到这一点的受访者只有4.41%。此次TIP课程协调能力的平均值为41.98%，是各项调查中TIP课程协调能力得分最低的一次。也许是这个问题本身不够公平。因为从准许创新者进行创新尝试，到创新者获得客户认可、成功创业后得到人们的褒奖，整个过程中权威者的效率实在太低。

结论与成功的最终证据

我们对11个困境进行了梳理，发现TIP课程的各个横向维度都优于本科课程。而从传统的纵向维度来看，TIP课程也没有明显低于本科课程。因此，我们可以说TIP课程达到了大学的标准。然而，最值得注意的是，近42%的TIP课程学员为该课程教学方法打出的分数位于网格的“协调区域”。这个数字是在同一区域的本科课程的8倍多。TIP课程最强大、最独特的能力就是可以将不同的教学法融合到一起。然而，这里还有一个让人感到困扰的问题：尽管得到受访者的好评是件振奋人心的事，但这并不是TIP课程的主要目的。课程本身不是教育目的，它是一种激发学员创新和创业精神的手段。那么是否有证据能够表明学员们的转变呢？答案是肯定的。

到2008年1月，已经有154名学员创办了46家公司，其中约有75位雇员为其同学。尽管有以下很多状况，但这一切真的发生了：

（1）许多没有学习过TIP课程的人成为了创业者。

（2）至少有20位学员继续攻读理科硕士学位，学位课程设计以TIP课程为模板。

（3）这些学员中大部分人在毕业时是负债的。

（4）TIP课程建议他们在真正创建公司前要先获得目标领域的相关经验。

（5）学员们平均只需两至三年时间开始进行创业。

在学员们创立的公司中，有 46 家得以维系下来。这个结果很不错，我们非常满意。即使这其中只有 10% 的公司最终能够发展壮大起来，也足以体现 TIP 课程的意义和价值了。

第六章 对以普通话授课的 TIP 课程的调查结果

用汉语普通话给中国学生授课与用英语指导新加坡或其他国家的学生十分不同。陈丁琦教授会讲英语和汉语普通话两种语言，因此两种授课方式他都尝试过。这在现代新加坡非常罕见，因为新加坡的许多精英人士已经不会讲汉语了。我本人、克莱顿·克里斯廷森教授和其他几位教员请陈丁琦教授把他们的课程翻译成普通话，这对陈教授来说颇耗时耗力。两个课程都涉及了本书第二章中描述的研究人员在美国和中国访学时发现的“生态系统”。因此，两种课堂有了交叉的部分，得以相互交融。

教授过两种课程的教师很快发现了一些不同。在此我先将我们的早期印象做以总结。

> 中国学生与新加坡学生不同，他们乐于炫耀和吸引他人注意。中国学生消费偏高且更爱玩，更喜欢表达而不是倾听。
>
> 他们需要更长的时间才能实现团队精神。我们和中国学生自己都认为这是中国的“计划生育”政策导致的。独生子女没有兄弟姐妹，却有父母、祖父母和外祖父母等很多长辈，是成人关注的中心。他们在家里就像“小皇帝”或“小公主”一样。他们也缺少与同龄人的交流。
>
> 中国学生更愿意选择学习“软”学科和人文社会科学学科。在更偏重商科、自然科学和工程学的新加坡，这些是相对被忽略的学科。
>
> TIP 课程似乎吸引了中国的较富裕阶层的子女，其中不乏媒体

名人的子女。课程设置的招生名额似乎满足不了报名者的需求，40 个席位以每人 4 万美元被认购。尽管新加坡的人均收入是中国人均收入的 6 倍，但 TIP 课程的学费仍超出了大多数新加坡申请人的承受能力。中国学员情感更充沛、更具个体多样性、更富远见和想象力、更富哲理性和诗意，并且中国学员普通话的词汇量远多于新加坡学生使用英语的词汇量。

另一方面，中国学生明显没有新加坡学生严谨、有计划性，他们纪律性不足、不够专注。中国学生似乎不像新加坡学生那样"左脑占优势"。他们不太敬畏自然科学，不太尊重英美国家奉行的经验主义，也没达到那么客观和超然的状态。中国学生似乎在他们自己的文化中更具影响力。当我们需要邀请中国企业家进入课堂帮助学员学习和理解中国企业的创新成就时，这些学生能够找到相关人士，将他们请进课堂，甚至能够请他们指导团队项目。

他们更加大胆地尝试，使用全息图像和三维模型制作产品样品。

在给你惊喜之前，他们一般不会先征得你的同意。他们对工作的长期影响非常感兴趣。

他们可能更容易理解 TIP 课程中的创新模型在课堂和创造经济财富之外还会有深远影响，能构成生活的新规范。他们请我在讲义上签名，并作为纪念品保存。我的作品在中国文化中引起了特殊反响。

中国学生似乎更尊师重教。他们给自己敬佩的老师写感谢信、赠送礼物。大家会分别与老师合影，那有时可能要花上一个小时的时间。

教师的角色定位更加多元和兼收并蓄——他们不仅是导师、哲人、朋友、教练，还要充当"父亲"的角色。尽管有语言障碍，中国学生更愿意尝试与教师沟通并保持联系。

他们认为年龄意味着智慧，所以也会向年长的教师咨询一些课程之外的问题。

他们对中国在过去三十年里所取得的成就感到自豪，他们讲述这一段历史时显露出明显的愉悦之情。

遗憾的是，我们缺少普通话授课班级学生创立公司的相关资料。因为我们做这项评估时，以普通话授课的 TIP 课程班才开设一年，时间太短了。不过，我们担心对中国富裕阶层人士的子女而言，去新加坡和美国学习创新不过是一个时尚宣言。也许中国的情况可能会有所不同，但富裕阶层对创业精神的贡献历来不大。

让人好奇的是，用普通话授课的班级里几乎没人抱怨 4 万美元的高学费，而用英语授课的新加坡班级的学员似乎认为学费是个大问题。原因可能是中国学生大都来自高收入的富裕阶层，而新加坡学生多来自边缘或移民中产阶级。陈丁琦教授评论道：

教授中国学生令我倍感兴奋和激动，他们经常给我带来惊喜。而另一方面，新加坡学生更加“饥饿”，更具备参与全球竞争的能力。他们似乎更清楚自己眼前的世界以及前面的路会有多么艰难。

对比结果

我不会像在上一章中那样一一论述 11 个困境，因为分析了五六个困境之后，研究的总体模式就清晰了。总体上讲，大学为 TIP 课程做了很多准备工作，在这方面南洋理工大学要优于中国的大学。但中国的高校并不那么倚重传统的西方观念，这更好地平衡了现实主义和理想主义的双重目标。中国大学的教学法并没有过多地陷入网格左上角和右下角的“病理区域”。

困境 1　智力调用 vs. 情感经验

网格 6-1 显示了两所大学在智力掌握与情感经验方面的研究结果。南洋理工大学在智力方面基本与 TIP 课程持平，但是中国大学对自身的

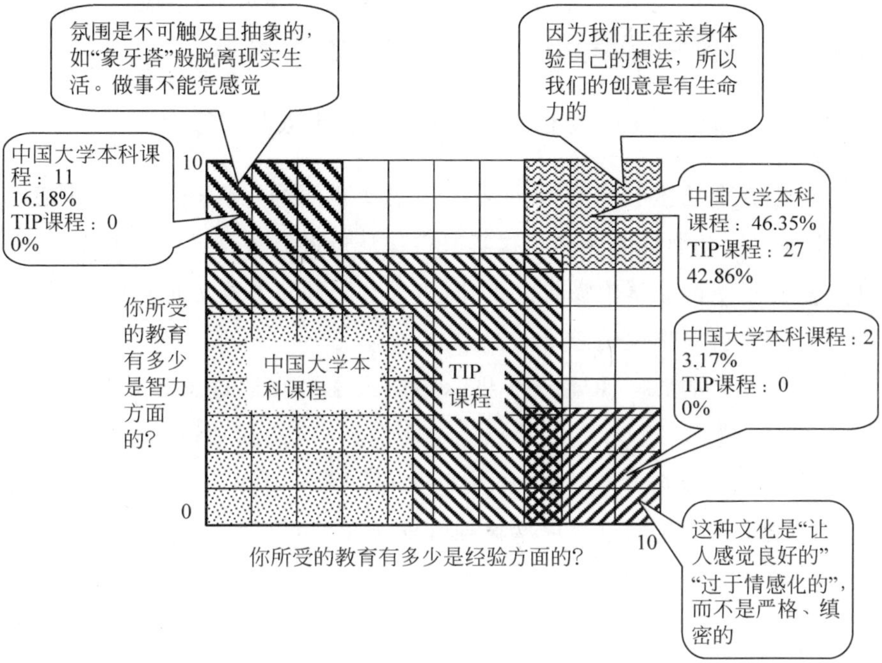

网格 6-1　智力 vs. 经验

评分远远低于对 TIP 课程的评分，也低于新加坡学生对南洋理工大学的评价。

在智力方面，相比于 TIP 课程的 7.3 分，中国大学得分为 5.8 分。在经验方面，受访者对中国大学的评分为 4.6 分，相比于 TIP 课程的 7.5 分低了近 3 分。在经验方面，南洋理工大学的本科课程和中国大学的差距不大：都低于 5 分。教师偏爱讲座式的教学模式。

但是中国大学对传统观念偏见较小，陷入左上角的“病理区域”的学生相对较少。只有 7.94％的中国学生将智力能力教育描述为“不可触及且抽象”“如象牙塔般脱离现实生活”“做事不凭感觉”的。但有16.18％的南洋理工大学学生在第五章中选择了这一描述，这个百分比是中国学生的两倍还多。进入协调区域的中国学生为 42.86％，新加坡学生达到了 44.12％。但使用本科教学法进行教学让中国学生的总体收益更大。

与南洋理工大学相比,似乎中国的本科教育在智力层面的严谨性有所欠缺,但中国学生的疏离感和情感缺失情况相对较少。

困境 2 自上而下地接受信息 vs. 自下而上地思考和行动

中国教育总体上因为过度强调死记硬背而饱受诟病。几个世纪以来,中国学生必须背诵经典。我们留心观察是否依然有这样的现象,因为死记硬背虽然能让学生吸收大量知识,但却不能令其很好地运用知识,而学以致用对创新来说是必要的。

正如预期的那样,网格 6-2 显示中国大学生在通过思考和实践学习这方面得分很低,只得了 4.5 分(满分 10 分),但是新加坡学生的得分也不高,4.6 分(满分 10 分)。从数据来看,双方差距不大。此外,只有 3.17%的中国学生通过学习本科课程达到了协调区域要求的水平,这个数字仍略高于新加坡学生的 2.94%。

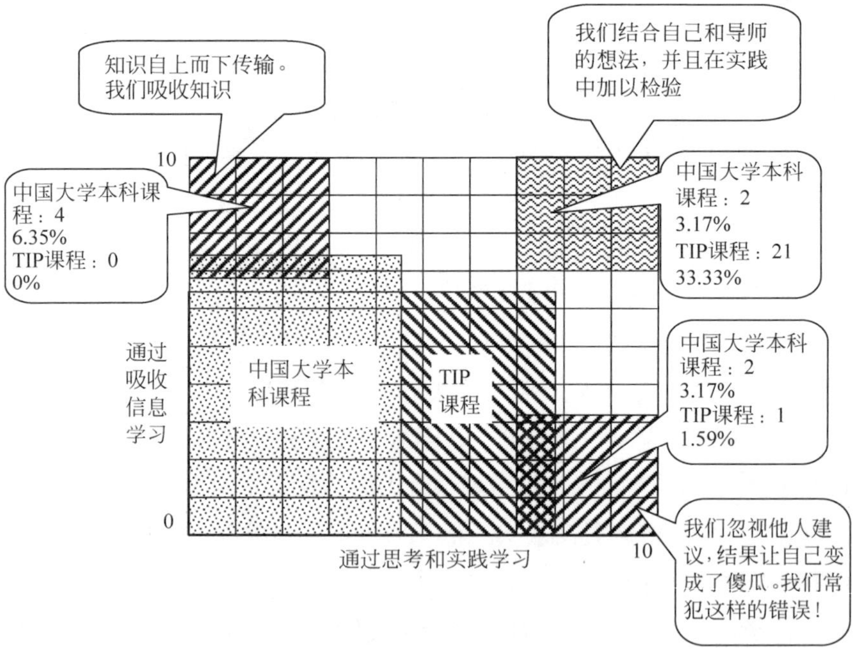

网格 6-2 吸收信息 vs. 思考和实践

然而，中国学生对 TIP 课程反响非常好，33.33%的评分进入了协调区域，与新加坡的 32.35%几乎一样。新加坡学生认为吸收信息的途径不均衡，将近 30%的学生(29.41%)认为"知识是自上而下传输的，学生只是吸收知识"，而仅有 6.35%的中国学生发出了这样的抱怨。两种文化都要求学生重视他人意见，不至于让自己犯大的错误。评分进入协调区域的 TIP 课程学员比例是进入该区域的本科生比例的 10 倍。

困境 3　在公平的竞技场上竞争 vs. 在大家庭中合作

"公平的竞技场"是一个美式隐喻。我们预测，"公平的竞技场"对南洋理工大学的教育会产生较大影响，而对中国教育的影响会相对较弱。此外，家庭的概念在中国和新加坡两种文化中都非常重要。

网格 6-3 表明，中国学生给他们接受的本科教育打出的分数较低(6.05 分)。而在第五章中的调查中，新加坡学生给南洋理工大学的本科教育打出的分数是 6.91 分。

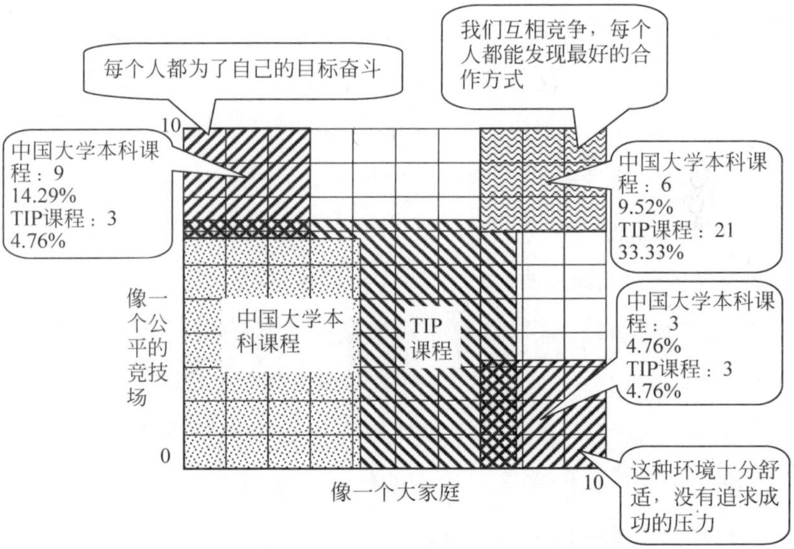

网格 6-3　公平的竞技场 vs. 大家庭

有 33.33%的中国学生在参加完 TIP 课程后给出的评分进入了协调区域。而尽管新加坡开始的基点很低,但第五章中的调查显示,最终有 44.12%的新加坡学生评分进入了该区域。中国学生再次显示了较弱的疏离现象。只有 14.29%的受访者抱怨在大学里,“每个人都为了自己的目标而努力奋斗”。而有 22.06%的南洋理工大学学生这样评价他们的本科课程。中国大学的本科课程更容易达到协调区域,9.52%的受访者这样认为;而只有 2.94%的南洋理工大学学生认为他们的本科课程达到了这一区域。但是与 TIP 课程相比,两国高校本科课程达到这一区域的比例都很低。TIP 课程成功地提升了新加坡和中国课程中的“家庭式氛围”。

困境 4　严肃认真地工作 vs. 游戏般地享受工作

为了某个严肃目的而做游戏,这是创新教育的显著特征之一。我们想知道中国的高校课程是否会像南洋理工大学的本科课程一样严肃到“残酷和艰苦”的程度。答案是肯定的,如网格 6-4 所示,20.63%(超过五分之一)的受访者认同这种说法。而在第五章中,22.06%的新加坡学生也做出了这样的回答。中国大学和南洋理工大学的受访者中,没有人认为自己的课程游戏性过强。在这一维度上,31.73%的中国学生对用普通话授课的 TIP 课程的评分达到了协调区域。而在上一章中,有 50%的新加坡学生对他们的 TIP 课程的评分进入了该区域。

显然,模拟、演练、样品和低成本失败这些游戏性概念对于普通高校来说还是比较陌生的。他们对这样的“愚蠢之举”太过认真。在那些严肃的教学方法中,学生们的雄心壮志是不应该在早期阶段受挫的。保证学生的正确性才是让他们完美前行的条件。这些调查结果再一次加深了我们对大学可能会阻碍创新的印象。

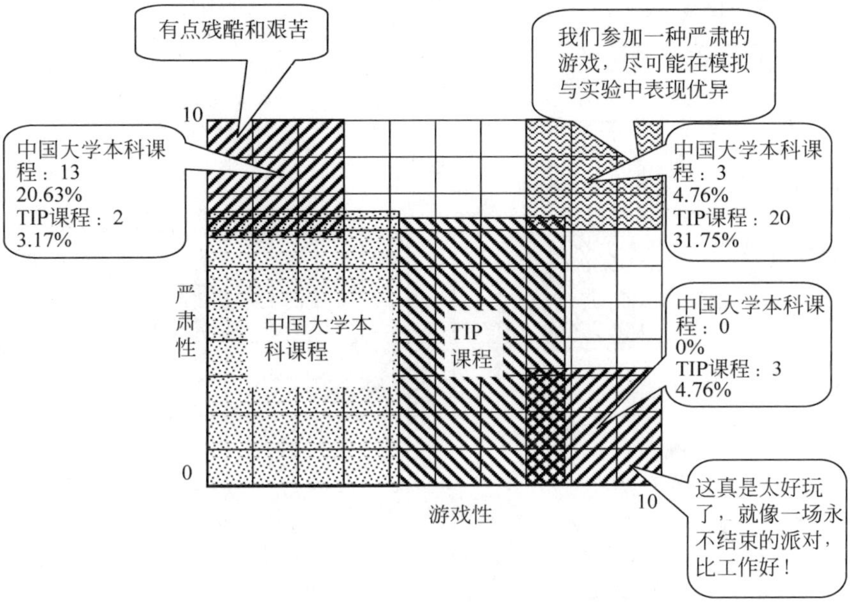

网格 6-4　严肃性 vs. 游戏性

困境 5　职业持续性和专业性 vs. 自我转变和革新

中国经济的飞速发展[1]可能让他们更渴望转变。[2]情况也许的确如此，但这种迫切需求似乎还没有延伸到高校。中国大学在转变方面仅得了 5 分(满分 10 分)，略高于南洋理工大学的 4.6 分。但这似乎可以解释，为何达到协调区域的中国高校课程(42.86%)仅仅略低于达到协调区域的新加坡课程的百分比(47.06%)。

网格 6-5 显示，尽管 TIP 课程对职业道路缺少关注，中国的 TIP 课程在职业持续性与转变或革新两个维度上，得分仍然高于中国大学的本科课程。只有 11.11%的中国学生认为“我们循规蹈矩。职业最重要”；而有 25%的新加坡学生认同这一说法。中国学生也成功地避开了网格右下角那个陷阱——“退出世俗，审视内心。让世界停止，我想离开”。而有 10.29%的新加坡学生落入这个陷阱。显然，有的班级可能会非常不稳定，但中国班级一定不会这样，因为只有1.59%的中国TIP课程受访者表示自己曾感到茫然。

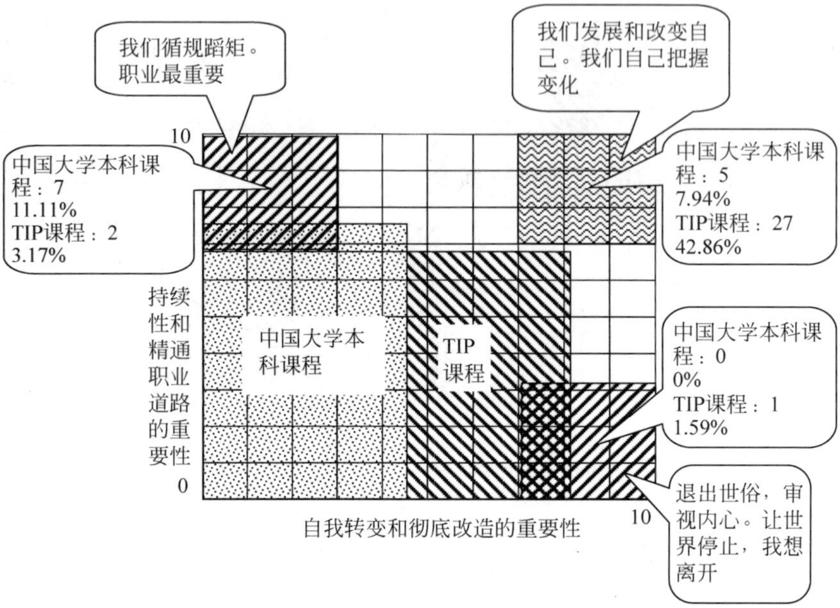

网格 6-5　职业持续性 vs. 定期转变

困境 6　严酷的客观性 vs. 亲密关系下的负面反馈

我们之前讨论过，创新需者要具备两种素质：一是接受科学家的客观评价，二是要面对负面的反馈。中国高校的课程在这两方面的得分是否会更高？我们始终相信，想要创新必须二者兼顾。

网格6-6显示，在这一维度上，41.27%的中国学生认为自己处于协调区域，而自认为处于该区域的新加坡学生达到了48.3%。中国学生的起点较低，因而他们取得的进步更大。TIP课程又一次在传统维度和"进步"维度方面胜过了中国高校的本科课程。12.7%的中国学生难以接受本科课程学习中遇到的严酷事实。相比之下，持此观点的新加坡学生的百分比为20.59%。还有极少数学生出于相互之间的亲密关系而隐藏不

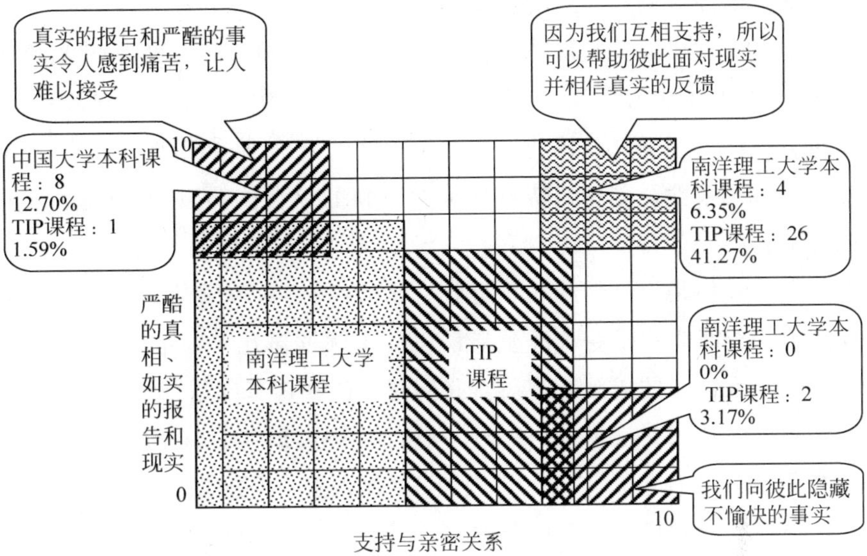

网格 6-6　严酷的客观性 vs. 亲密关系下的负面反馈

愉快的事实。

新加坡的 TIP 课程得分略高的原因是什么呢？其中一个原因是其本科教育更好，起点更高。而另一个原因可能是，当原本用英语授课的讲座被译成汉语时，即使没有丢失任何信息，课程长度也会减少一半。而在师资方面，我们很难为分别用英语和汉语授课的 TIP 课程配备像陈丁琦教授那样能够运用双语进行教学的老师。最后，我们调查的这些价值观在西方国家可能家喻户晓，但对中国学生来说还有些陌生，他们可能要花更多时间去熟悉和了解。

我不再赘述其余 5 个困境了，它们的结果也非常地一致。受访者的价值观是否处于两极分化、妥协或和谐状态似乎比他们选择何种价值观更重要。我们调查的每一组价值观达到的和谐程度大体相同，这说明价值观是否能够相互融合比价值观本身更重要。20％至 50％的受访者通过 TIP 课程学会了在新的综合体中协调不同价值观的能力。既然所有的价值观都是现实主义和理想主义的变体，我们可能只是在用略微不同的方式重复测试调和矛盾价值观的能力。

应该有这样一个平衡点，能够消除不同价值观之间的界限：理想变得现实；经验具备了智力能力；自上而下的知识能够自下而上地吸收；公平竞技者能够得到场外教练的指导和拉拉队的鼓励；产品即将发布时，游戏变得具有严肃性。创新的特点就是生成新的综合体，它让所有冲突都得以化解。

但这并不是说具体问题不重要。比如，我们对中国受访者进行第 11 项困境调查时就犯了一个严重错误。那个问题对比了“权威者定义的成绩”和“个人定义的成绩”。起初，我们对中国受访者在这个维度上进入协调区域的人数感到很沮丧，百分比只达到了 14.29%。这个数字拉低了他们的平均分数。而新加坡受访者进入该区域人数的百分比达到了 33.82%。

后来我们意识到了其中的原因。我们问中国受访者，他们能否将在新加坡学到的自己定义的优秀与中国权威者对他们的要求相互融合。然而，资助 TIP 课程并期盼它成功的是新加坡的权威者，而并非中国的权威者。中国的权威者对 TIP 课程并不了解。显然，中国学生想让权威者相信他们在国外学到的价值观确实很难。我们提出的问题并不对等，因为对“权威”的定义在两种情况下截然不同。

但在某种意义上讲，我们犯了这样一个错误是幸运的。因为这说明受访者很认真地对待问题，并且如实地做出了相应反馈。尽管这是最后一个需要回答的问题，却还没有形成“反应定势”(response set)。

所有困境的对比

现在，我们对比的是中国高校的本科课程与中国的 TIP 课程。我们将纵轴设置为传统的价值观，将横轴设置为“进步”的价值观。“进步”的价值观不等同于创新，真正让人具备创新能力的是两种价值观和谐统一的结果。

尽管 TIP 课程没有刻意强调传统价值观，但它在这方面的得分超过了中国高校本科课程的得分。第 11 项困境是个例外，我已经解释过问卷设计的不合理之处。除此以外，各项调查均为以下观点提供了强有力的证据：如果我们能够正确地传授传统价值观，它其实是支持创新性教学法的。在所有 11 项困境调查中，TIP 课程在 8 项调查中的得分超过了中国高校本科课程的得分，二者之间的差距虽不大却不容忽视。这些价值观在南洋理工大学已经占据了主导地位，因而在南洋理工大学学生看来，这些都是理所当然的。对于另外两对价值观，TIP 课程的得分也超过了中国大学的本科课程得分，但意义不大。

在中国科学和探索的历史上，曾经有许多杰出的发明，有些发明领先了西方世界一个世纪甚至更久。然而，随着朝代更迭，许多发明创造已经失传了。[3]可能是当时的人们不愿意将知识记录下来，导致很多发明没能传承下来。即便就大学本科课程而言，从西方引入的编辑成书的传统价值观在新加坡产生的影响也更为深远。

谈到横轴代表的“进步”价值观，中国的 TIP 课程明显超越了中国高校的本科课程。

我们之前认为，作为独生子女的中国学生与同伴之间的互动应该极少。但在调查“通过团队学习”这项困境（困境 10）时，我们发现调查结果比我们预想的要好很多。对困境 9 的调查结果也是如此。更多的受访者意识到，自己“可以大胆地改造自然以改变命运”。有几项调查得到的数字涨幅达到了 20％至 30％。中国学生进入协调区域的人数较少，平均为 36％。相比之下，新加坡的 TIP 课程达到了 41.8％。然而，如果我们去掉“不公平”的第 11 项困境调查，中国的平均分就上升到了 38.17％，差距就不那么显著了。

我们可以得出结论，这种教学法东西兼顾，综合了美国、英国（陈丁琦教授接受培训的地方）的文化和哺育过他的中国文化以及他的母校南洋理工大学等多种元素。创新能够利用其多样性创造财富，这不仅对经济强国和想要赶超强国的国家而言至关重要，而且还对不同的国家和文化起到了连接作用。连接不同的文化本身就是创新，这种连接产生的是“远距离的联系”。而这恰恰就是创新的关键。

第七章　价值观的融合:螺旋型创新过程

到目前为止,我们已经用网格的形式测量了创新过程,但那并没有揭示出如何融合不同的价值观,也没有揭示出受访者究竟通过何种方式学会了价值合成。我们发现,创新不能单凭智力能力或经验。事实上,能力和经验缺一不可。更准确地说,创新需要的是知识化的经验或者成文经验。你不仅需要接受自上而下的指导,也需要发起自下而上的思考和行动,或者说要将所学的知识运用到实践中去。你不是在"公平的竞技场"上竞争,你需要同事和整个"家庭"共同指导和评判你的表现。

很少有产品一经问世就大获成功,所以你需要在友善但严苛的观众面前反复演练。你需要有一个让你安心表述自己想法的地方。在这里,人们能够理解你的失败,但一切都出于一个非常严肃的目的——为在开放的市场中取得成功做准备。这有助于我们理解之前的讨论,但是这些过程是如何和谐地构建起来的呢?我们能设计出和谐的价值观模式吗?

1. 价值系统是循环可控的

一直以来,人们认为价值观是有体系的。价值观不是独立存在的,一旦被剥离开来,它们就没有意义了。价值观不是客观事物,但也存在差异。[1]因此,自上而下不同于自下而上,合作有异于竞争,这样的例子不胜枚举。如果你对此尚存疑虑,你可以尝试只定义某个连续体的一端,而放弃定义与之相对的另一端。产生差别或对比才有意义。想要具有游戏性就不能过于严肃,反之亦然。这些价值既是循环的,又是可控的。"可控"(cybernetic)这个词源于希腊语中"舵手"(kybernetes)一词。价值观引导我们前行,人与人之间要既具合作精神,也具竞争意识。你既要适应游戏性,又要拿出严肃认真的态度。这就像海风和海浪使船偏离了航道时,船长要稳住船舵一样。例如,在创新的过程中我们会遇到各种刺激性的体验,此时就需要我们理性地对其进行梳理(见圆圈1)。

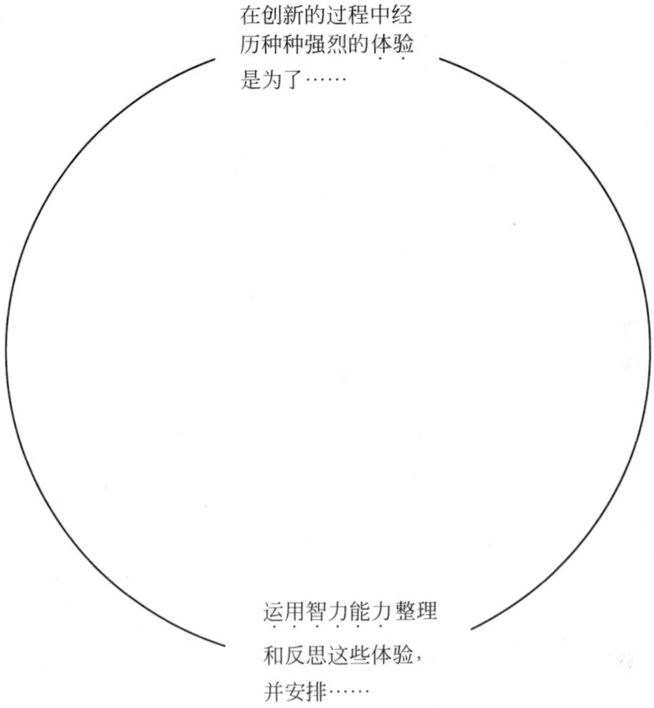

圆圈 1

其中一些经历会比其他经历更具价值、更有启发性。我们能运用智力能力将它们连贯地组织起来,还能够根据自己的经验不断修正学习环(learning loop)。这样,我们的航船就能驶向理想的彼岸。从对另一组价值观的研究中,我们也可以得出相似结论(见圆圈2)。

随着价值体系的确定,我们能够更好地融入课堂,对教师讲授的、我们感兴趣的知识产生了更好的理解。自上而下传输的信息和自下而上发起的主动行为从未如此紧密、协调地结合在一起。这再次证明我们能够

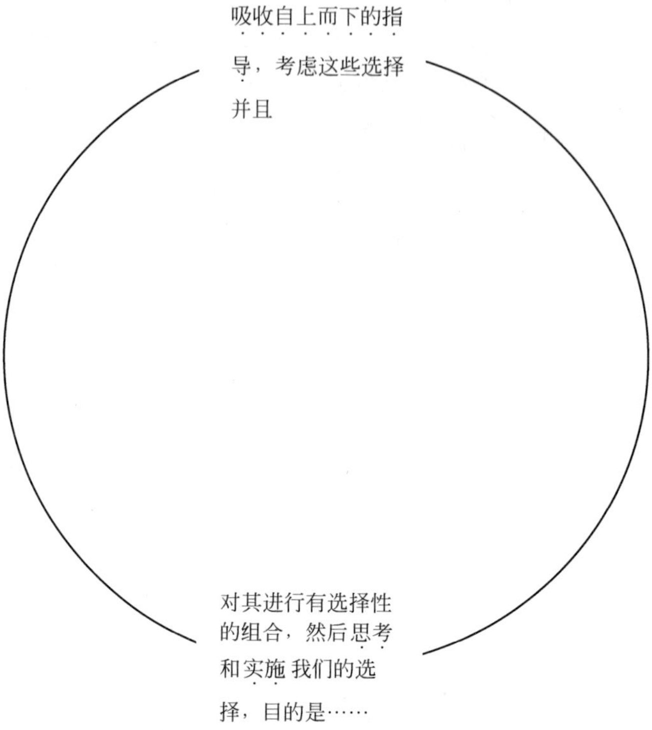

圆圈 2

掌控自己的方向，并且能够从反馈中学习。接下来，我们再考虑一下第三组价值观：竞争与合作。我们要明晰二者间的不同，但也要能从这个连续统一体的一端逐渐过渡到另一端——先竞争，再合作，并以合作促竞争。圆圈 3 显示的就是这一过程。

这里还存在另一个循环系统。在这个系统中，朋友和“家人”帮助我们检验从公平竞技场上得到的反馈，并帮助我们训练、取得进步。竞技场外的教练和拉拉队也不断激励我们继续奋斗。所有人都意识到，想要更具竞争力就要学会更好地合作。二者既相对又彼此协同，它们是一体的，需要共同发展。

最后要考虑的是第四组价值观：游戏性与严肃性。再一次说明，两种

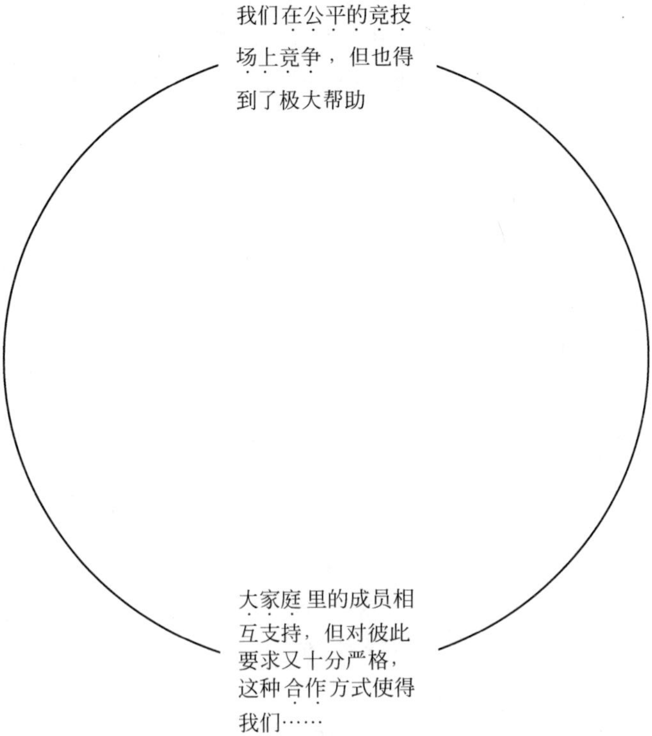

圆圈 3

价值观我们都需要。而且我们需要的恰恰就是两者间的差别。两种价值观既各自独立又相互融合,这是贯穿一切生命科学的主题。圆圈 4 展示出,我们当下在做模拟游戏,但却有一个严肃的远期目标。我们坚持进行游戏演练,直到为研发新产品和真正进入市场做好充分的准备。游戏引导着我们迎接严肃的未来。

这四对价值体系是能够自我调控、自我组织并自我纠正的。游戏性与严肃性、合作与竞争这两对特殊的混合体必须随着时间和情况的变化而发生改变。然而毫无疑问,任何新生的综合体都应该包含这四对不同的价值观。

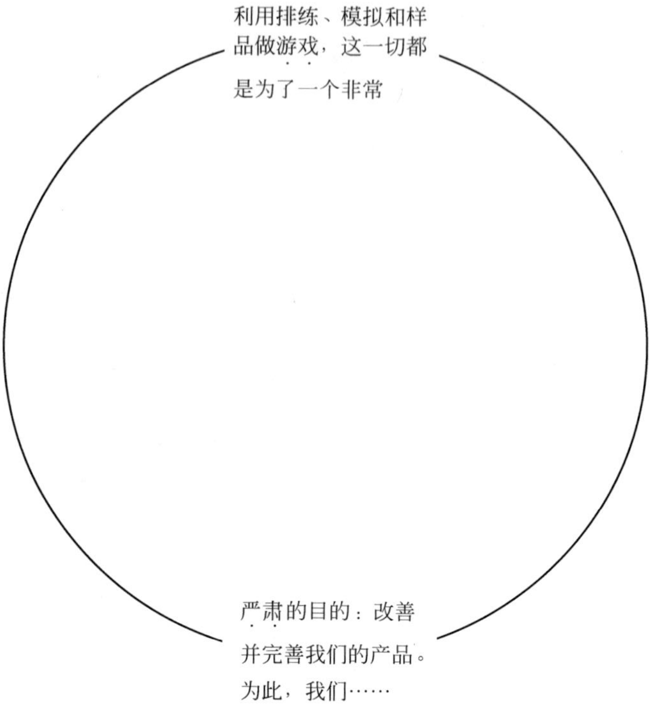

圆圈 4

2. 从圆圈到螺旋

环形图并不足以解释创新过程的价值。就像小狗追逐自己的尾巴，很有可能你跑了一大圈最后还是回到了起点。事实上，情况可能会更糟糕。我们讨论的价值最后可能会变成恶性循环。认为经验重要的人也许会反对智力能力，而拥有智力能力的人可能会蔑视一切经验。教室里的学生可能太过调皮吵闹以至于老师无法进行严肃的教学，或者学生过于古板严肃以致无法找到学习的乐趣。

公平竞争可能会失控。有的学生会把图书馆里的书中最重要的几页撕掉。这样一来，就只有他才读过那些内容，那么在与同学的竞争中他就占得了“优势”。但同学之间的合作也被抹杀了。另一种情况是，学生们商量好既不相互竞争，也不指出彼此的错误。但这会妨碍他们从错误和失败中汲取教训、自我提升。这种恶性循环的模型见圆圈 5。

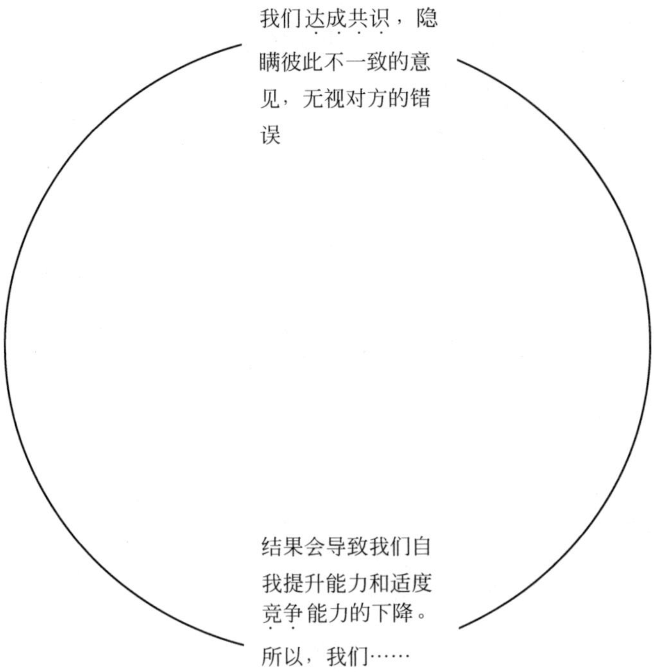

圆圈 5

良性和恶性循环都能自我延续。互相隐瞒学习中可能产生的错误和失败会削弱我们的竞争力，而竞争力的降低反过来还会造成我们继续隐藏错误和失败。当然，恶性循环通过可控的反馈也可以正向前行。比如对我们隐瞒事实可能会降低我们对眼前困难的焦虑感。

和所有列举过的价值观一样，游戏与严肃性也可能形成恶性循环。我们可能只顾着游戏或者做游戏的时间太久，而忽略了严肃的目的。这种情况在圆圈 6 中有所体现。

随着产品发布的临近，我们可能依然流连于自己修葺的游戏围栏中，无限期地推迟接受现实可能带来的冷冲击。当然，恶性循环也可能是由

圆圈 6

另一种价值观引起的：过强的严肃性。比如，我们对市场概念的态度过于严肃和现实，以至于从不肯尝试游戏模拟，我们没有做足准备，不敢犯错，自然也就无法得到提高。

真正的学习有一个重要特征：不同的价值观不仅要彼此修正，还要能够相互促进。只有这样，徜徉在知识海洋中的船只才能保持平衡，不偏离航道。正是因为有丰富的经验，提升智力能力的课堂才更具启发性，你会知道如何更好地在实践中发挥自己的才能。也正是因为你在模拟游戏的过程中感受到了快乐，你才会进行更多的尝试，最后才能做好产品发布这种严肃的事情。而产品的成功发布又会激励你去做下一个“游戏”。同样，正是因为大家庭对你的全力支持和严格要求，你才能跟“教练”学到更多东西，才能在竞争中胜出。

3. 螺旋式的创新过程

我们用上升螺旋线表现良性循环,用下降螺旋线表现恶性循环。上升螺旋线的每一次旋转都表示智力能力与经验、自上而下的吸收与自下而上的思考和行动,或是合作与竞争的融合提升到了一个更高的层次。游戏性为严肃性奠定了基础,二者共同有序地上升。

为了更好地描述这种模式,我们将之前用过的网格模型进行了扩充。绘制网格并没有错,也不是不充分。我们要设计一个立体模型,在立方体内部绘制学习的螺旋上升过程。困境1是第一个困境的立体模型:智力能力调整 vs. 情感经验。

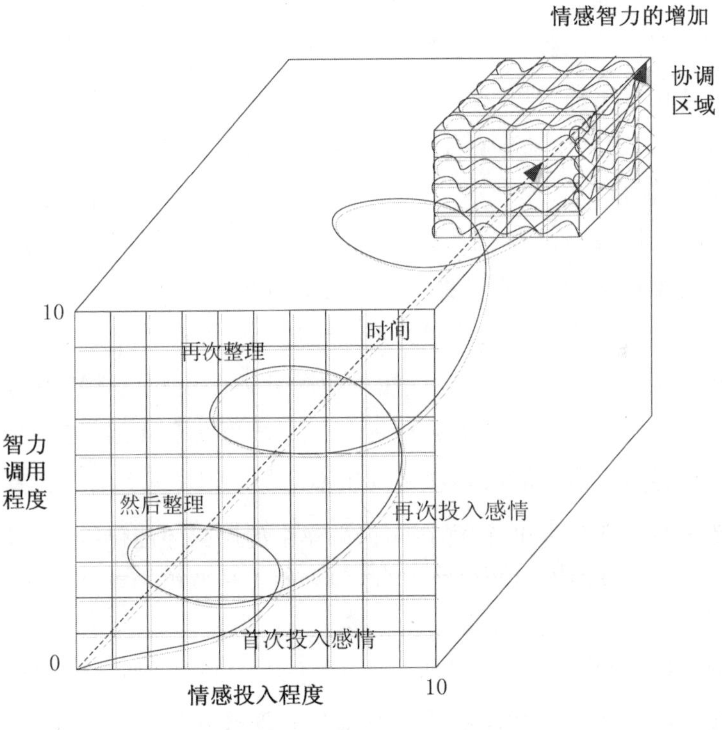

困境1　智力调用 vs. 情感经验

值得注意的是，这个螺旋是沿逆时针方向上升的。学习者首先从情感上全心全意地投入一个新企业，这个企业代表着他们的抱负。但他们必须理性地整理获得的经验。那么，当他们的情感投入更有意义时，上升螺旋线就会更靠近纵轴方向。然后他们才能够再次投入感情，再次理性地整理经验。要注意的是，这个过程是持续发生的。表示时间的箭头线从立方体较近的左前下方指向较远的右后上方，螺旋线就环绕着这条时间轴延伸。协调区域出现在立方体的右后上角处，到这里螺旋线也上升到了顶点。能达到这个区域的学生人数约占 TIP 课程学员总人数的 40%。通过不断提升情感经验并进行智力整理，他们具有了更高的情商。

尽管目前我们更倾向于认为取得经验在前，而智力整理在后（以前这种观点并未被如此广泛地接受），但其实二者的先后顺序并不是固定的，其在很大程度上取决于学习者的学习方式。[2]有人特别强调智力建构，认为这能让记忆里的经历变得更有意义。但是我们认为，多数人不会做那么多理论准备，而是直接体验，然后再整理经验。事实上，争论圆的起点在哪里并没有意义。

第二个困境是调和自上而下的指导与自下而上的主动行为之间的矛盾。信息须有来源，认真上课对于学习来说非常重要，思考、实践和检验自己的信念对于学习来说也同样重要。这个过程见困境 2。

我们认为，此时螺旋线如果能按顺时针方向旋转应该更有意义。如果学习者想选择一个最佳组合再进行进一步思考和实践，他首先需要主动吸收大量信息。此时会再次呈现出不同的学习方式。有些创新者和企业家属于后期发展者的类型。他们选择中途辍学实际上是在有选择地吸收自上而下的指导。他们不会为了取悦导师而被动地接受其传授的知识。

但无论如何，第一步一定是吸收信息——只有吸收一定的信息之后，你在思考或实践中才有针对性。你全身心地投入到自己的选择中，并继续寻求信息来验证它。比较理想的目标是进入立方体右后上方的协调区域。进入这一区域的创新者形成了他们自己的、经过检验的信念。举例

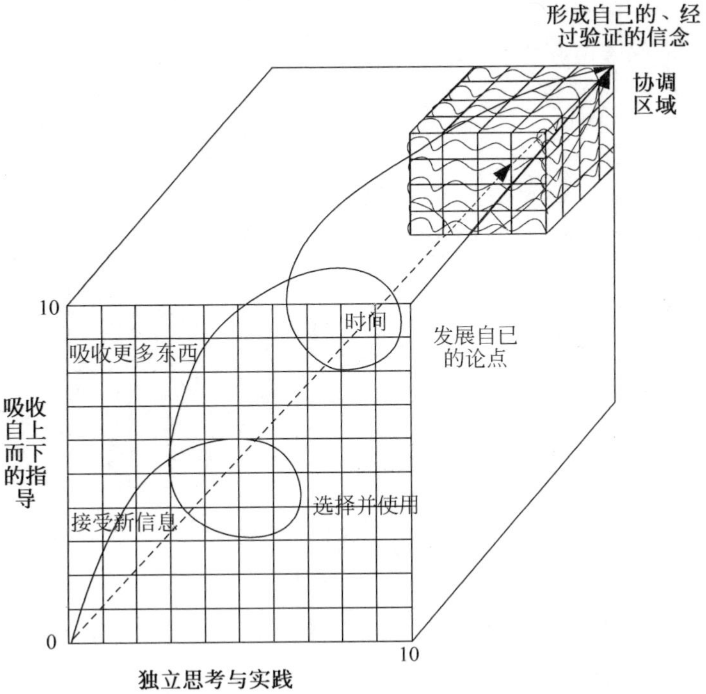

困境 2　自上而下接受信息 vs. 自下而上思考和行动

来说,尽管总会有些"聪明"人因为希望能在某个研究所谋得一职而去研究、验证其导师的观点,但事实上,博士论文写作的初衷恰恰应该遵循这样一个过程——研究初创的想法并检验其正确性。新理论不太容易被接受,对年轻人而言更是如此。

相对于评估学生的独创性,很多老师更在意学生是否接受了自己的指导。事实上,如果一位老师要指导三十多个学生,想要帮所有学生实现独创性可能是个极为艰巨的任务,也鲜有人去尝试。这就是为什么 TIP 课程中学生与帮助者的比例几乎是 1∶1。而在赛伦德拉·维亚卡纳姆教授开设的剑桥创业课程中,师生比例差不多是 1∶2。[3] 如果我们不引导学生"独立思考和行动",则他们很难发展自己的独创性。很多大学的本科课程就出现了这种状况。

第三对创新价值是竞争 vs. 合作。有一些项目参与者属于初级群体(包括小组或团队在内),他们建立起的家庭氛围能够帮助组员们应对“面前”野蛮残酷的竞争。然而,对课程参与者之间的竞争视而不见也很幼稚。竞争有助于自我了解,你会知道自己的优势和不足。这些都属于自我认知,对创新来说至关重要(见困境 3)。

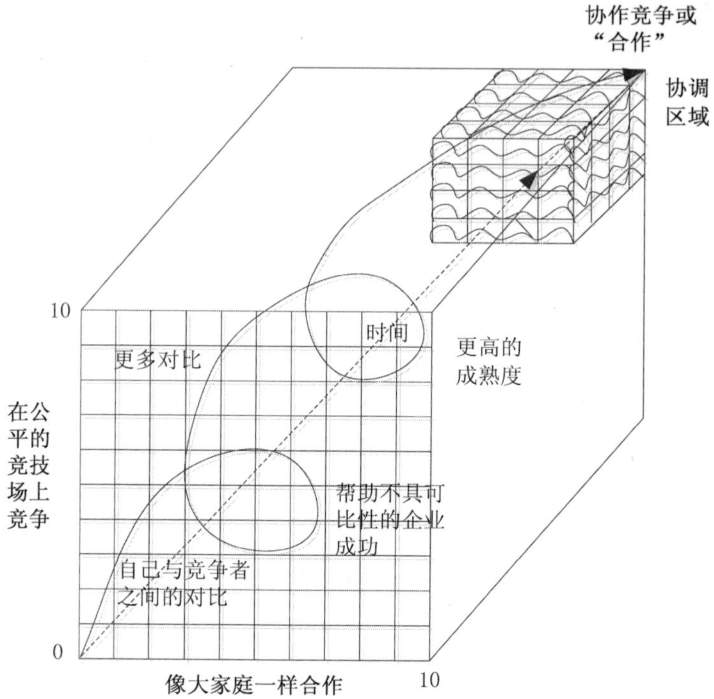

困境 3　在公平的竞技场上竞争 vs. 在大家庭中合作

当学生们初入课堂,还不了解自己的竞争对手时,都会急于比较自己和其他同学的能力。他们急于学会如何进行比较并了解自己的优势和弱势所在。这是非常重要的一课,不能忽略。未来的企业家必须能够选择可以弥补自己不足的搭档。

然而,随着课程的推进,有一个问题变得越来越清晰:大家选择的目标各不相同,其间就不具可比性和竞争性,一个人的成功并不以牺牲他人利益为代价。每个人都有自己的目标,谁都可以帮助自己的同伴争取成功,个人也不会有什么损失。另一方面,对比和竞争也始终存在。也许有人比你口才更好,也许有人能做出更令人信服的商业计划,更能取得风险投资家的信任。企业的优秀之处会被竞相效仿,而整个发展过程在协作竞争或者合作中达到顶点。此时,某个企业最具竞争力的地方会成为一种优势,会有其他企业因此而谋求与之合作。在很多方面,我们的竞争力取决于能否做到有效合作。企业内部合作越好,其外部竞争力越强。

第四对能够形成对比或差异的价值观是高度的严肃性 vs. 高度的游戏性。游戏包括实验、模仿、反复排练和大量运用样品和模型。学生们做游戏时会犯些小错误,这些错误并不严重,而游戏的目的就是从错误中吸取教训。游戏也是严肃的,你能够"看到"灾难性的失败,或者看到你为之付出心血和财富的企业化为乌有。这种情形在困境 4 的模型中能够得以体现。

在这种情形下,游戏性先行于严肃性发生。因此,我们更加确信在这个模型中能够生成沿逆时针方向旋转的螺旋线。当你对一切都不够确定并且仍处于尝试阶段时,一切还都只是游戏。但随着你对自己的创新产品越来越有信心,且即将接受市场测验时,事情就变得严肃起来了。在那之前你必须做好一切准备。然而这并不意味着游戏的终结。当美国国家航空航天局(NASA)发射第一艘宇宙飞船时,计算机模拟早于真正发射 20 至 30 秒启动。一旦发现障碍物,发射就可以取消,这能节约数亿美元的成本。[4]计算机控制的电子试算表可以用于模仿公司收购——谈判者们认为,电子试算表能够清楚表明不同决策带来的不同结果。[5]但无论怎样,能够产生重要后果的"游戏性"都会先行于"严肃性"发生,模拟实验的结果也还远远达不到完美的程度。这个过程被称作"严肃的游戏"。[6]

第五对价值观是职业路径的持续性 vs. 产业转变和自我革新。不可否认,将知识编入学科和职业路径中能够造就独立学科领域的专家。跨学科研究未必受欢迎。你以为你是谁?而且,你对某种职业的精通程度对于了解该领域最前沿的发展动向是一个必要条件。如果你的专业水平

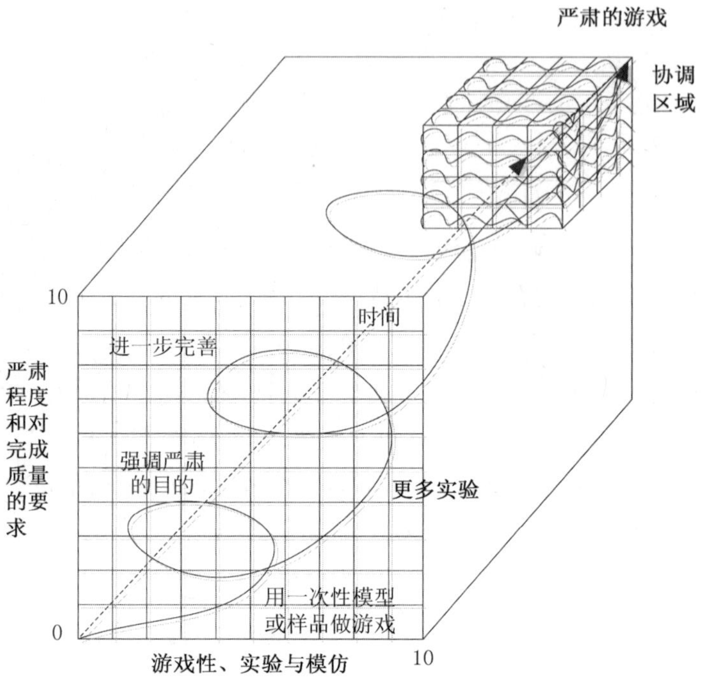

困境 4　严肃认真地工作 vs. 享受游戏的乐趣

不够，那么当信息量越来越大时，你可能就很难驾驭它了。同时也不可否认，有证据表明具有变革性影响的突破往往发生在学科之间。[7]这种情形见困境 5。

想成为音响师的人如果懂音乐自然更好。如果平板印刷术能为制作芯片提供一些帮助，你就最好去了解平板印刷术。如果人类基因组能给内科诊断学带来一场革命，生物和医药学之间架起的桥梁将成为成功的关键。遗传学将成为下一个有力的工具。[8]仔细观察这条螺旋线，我们会发现单一的职业路径可以与新的专业和产业相结合，而这些结合又会开辟出新的领域。这种想法的主旨就是将两个或者更多的连续体结合起来，打破领域界限，让人们重新审视世界。这一次，螺旋线是按顺时针方向旋转上升的，持续的学科积累是发生转变的必要条件。

有时我们会遇到一些令人不快的现实，困境 6 呈现出两种有效面对

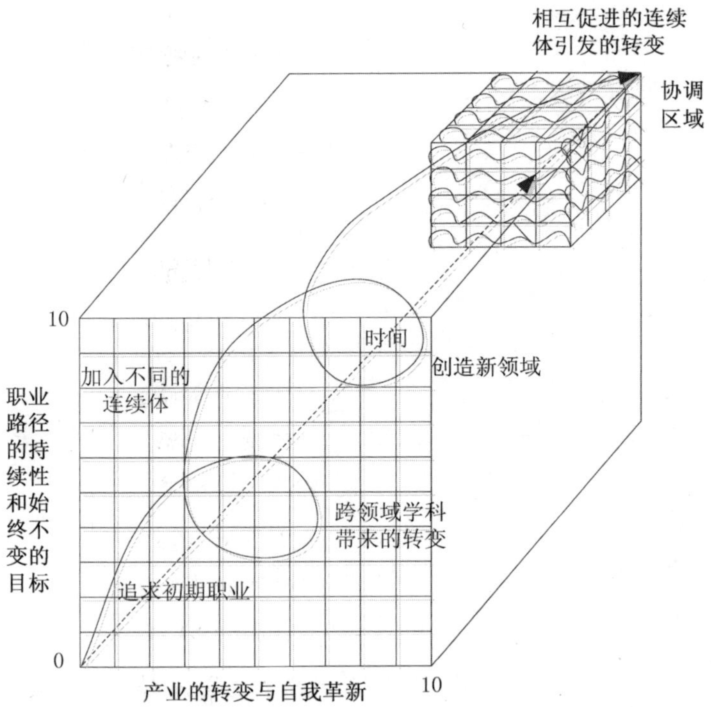

困境5　保持职业持续性和专业性 vs. 自我转变和革新

这些事实的方法。学习者要学会客观公正地对待现实。世界是客观存在的，而非学习者内心所渴望的样子。观察世界时，将自我与现实区分开来十分必要。强烈的欲望会让你的感知失真。

但还有一种方法可以让你了解事实真相——相信你所信任的朋友和同事的敏锐评判。尽管我们都渴望新产品能够取得成功，但失败的可能性也不小。如果时间允许，倾听朋友和同事给你的负面反馈可以有效地帮你完善你的产品。现在面对同事的质疑要比将来面对消费者拒绝购买你的产品好得多。严苛的朋友和同事能在紧急关头拯救你。

客观性很重要，但只有客观性还不够。客观性会抑制个人情感，消极的观察者是无法创造出新事物的。螺旋线越靠近右侧，越说明你需要同事的力量，需要他们那种出于真心和支持的质疑。这能帮助你面对更加

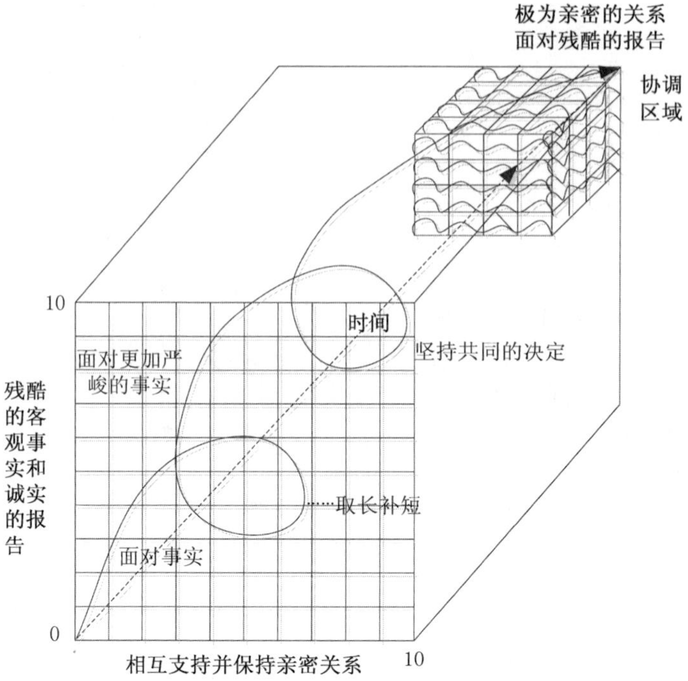

困境 6　严峻的客观性 vs. 亲密关系下的负面反馈

残酷的事实。只有当疑虑被消除、亲密的关系与残酷的报告相遇时，你们才能够下定决心共同面对。[9]

创业和创新经常受到指责。有人认为它们不够“单纯”，作为应用科学却被拖入商业化的“泥沼”。我们要介绍的另一对对立的价值观是对知识的纯粹探索与以实际应用为目的的知识探求（见困境 7）。前者值得尊敬和赞扬。大自然有自己的逻辑，而那并不一定符合我们的逻辑。后者因别有用心而略带粗俗之气。

当然，实用性知识是建立在自然知识的基础之上的。一旦我们了解了自然的秘密，就可以对其加以利用。这就是为什么螺旋线先向纵轴方向移动的原因：人们要先探索深层次的知识，然后再探求知识的实用性。很多时候，与先将知识深化为理论然后再加以利用相比，在实践中犯错并

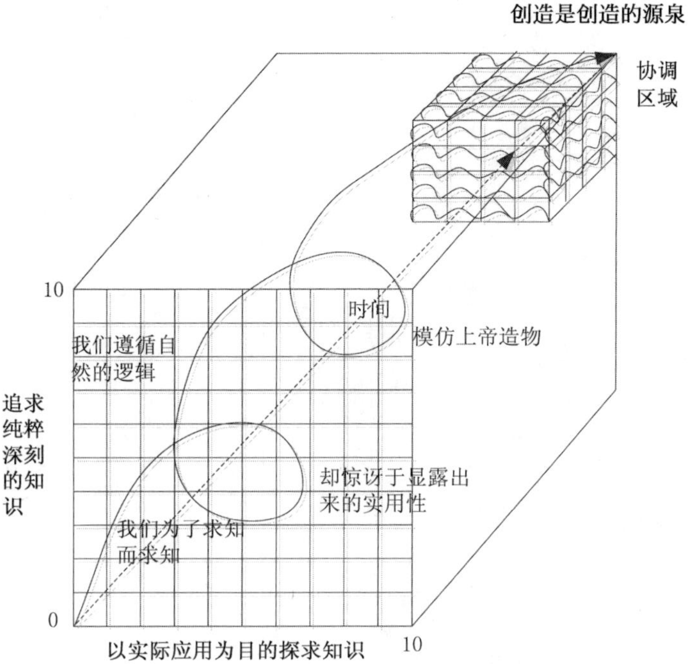

困境 7　对知识的纯粹探索 vs. 以实际应用为目的探求知识

改正错误的渐进法更快、更有效。目前，很多公司在关键领域引领着大学的研究，知识的实用性非常重要。大自然本身就是不断尝试的产物，在进化过程中，最适应环境的生物存活了下来。请注意观察协调区域，你会发现，“创造是提升创造力的源泉”。对此，有许多精彩的策略性生存的例子，它们鼓舞着我们每一个人。

在第八个困境中，我们对比了纵向思考与横向思考。纵向思考的方法包括理性主义、经验主义和实证等，而横向思考是将不同的想法进行有意义的组合。[10]大学教给我们如何验证新发现并对其编码、归类，但我们却并没有领会发现本身的逻辑(见困境 8)。

在学术界，各学科间的信息相对封闭和独立。我们鼓励 TIP 学员进行横向思考，在寻求创新性组合时考虑不同的知识体系。这就是螺旋线先向右侧移动，产生横向连接的原因。然而，这些连接需要从右脑(具有

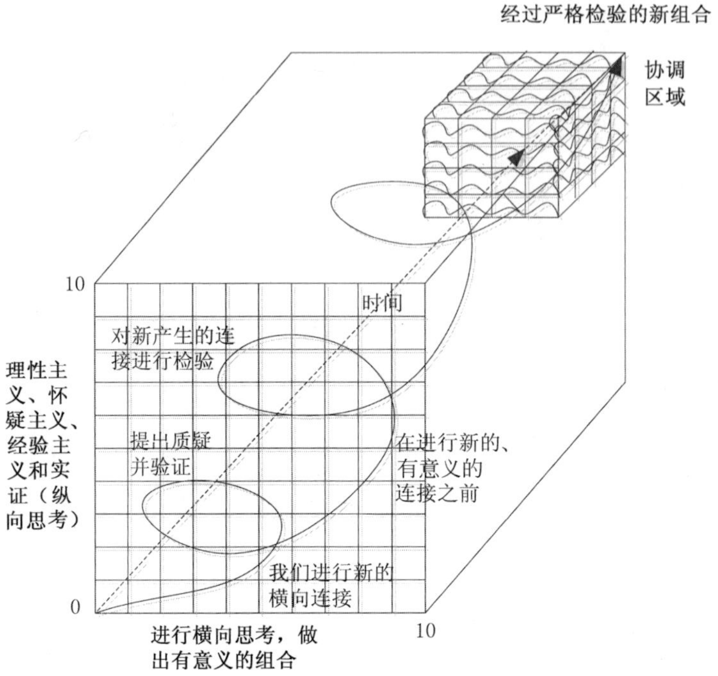

困境 8 理性、纵向思考和实证 vs. 横向思考和跨学科组合

创造力的大脑半球）传递到左脑（具有组织、分析、归类能力的大脑半球）进行验证和编码。此时，螺旋线将向图表左侧移动。我们找到了令人兴奋的新构想，但那需要接受常规学科的系统性检验。我们的创意必须经过严格验证才能进入立方体右后上方的协调区域。

困境 9 比较的是“谦逊地向大自然提问”和“勇敢地干预并改变”这两种不同的思维模式。有人认为，大脑只是一面镜子，映出的是上帝创造的“客观”事实。这种想法是错误的。不断有证据表明，我们所说的大自然实际上是人类的神经系统、测量工具与物质世界和生物界之间相互作用的结果。我们只能“看到”我们的工具所能揭示的现实。

如上所述，人类自己的影子笼罩着探索的领域。尽管我们并不承认自己在塑造发现，但事实上，我们听到的声音、看到的颜色和形状都是内在的自我，而不是单纯的事物本身。这条螺旋线是沿顺时针方向上升的，

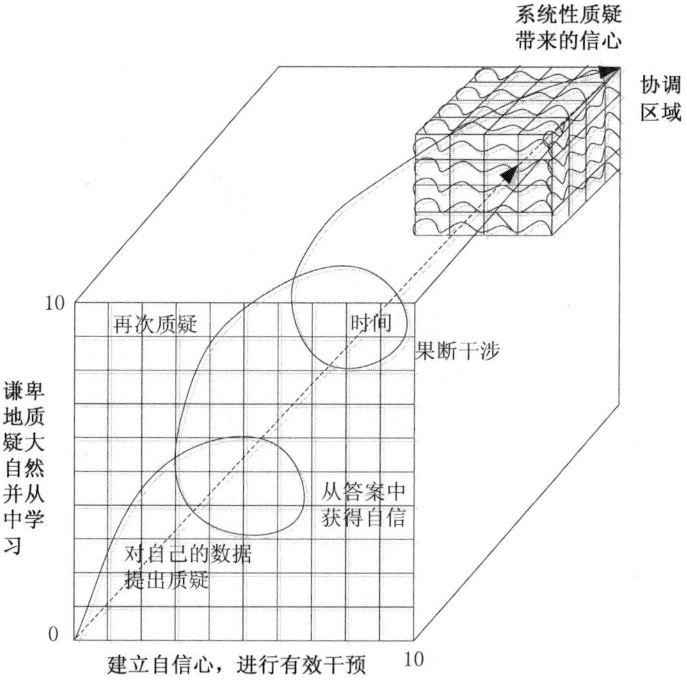

困境 9 谦卑地质疑大自然 vs. 勇敢地干预并改变

因为在冒险进行干预之前先尽可能地了解大自然才是明智之举。我们只有问对了问题，才能得到正确的答案。出于系统性的质疑，我们谦卑地提出问题。我们不停地追问自己是否做错了，但最终我们会树立起信心，因为我们不断地证实了自己的假设，解开了心中的疑惑。因此，该立方体右后上方的协调区域显示的是“系统性质疑带来的信心”。正是因为进行过多次检验，我们才会信心十足。

第十对价值观是个体取得的成就 vs. 个体通过团队取得的成就。如果我们对待创新的态度是认真的，就需要更多人的支持(见困境 10)。创新至少要先生产出样品，然后经历一系列的塑造、评判、组织和生产活动，才能最终完成。所有活动单凭个人的力量很难完成，但有了整个团队的努力，成功就指日可待了。

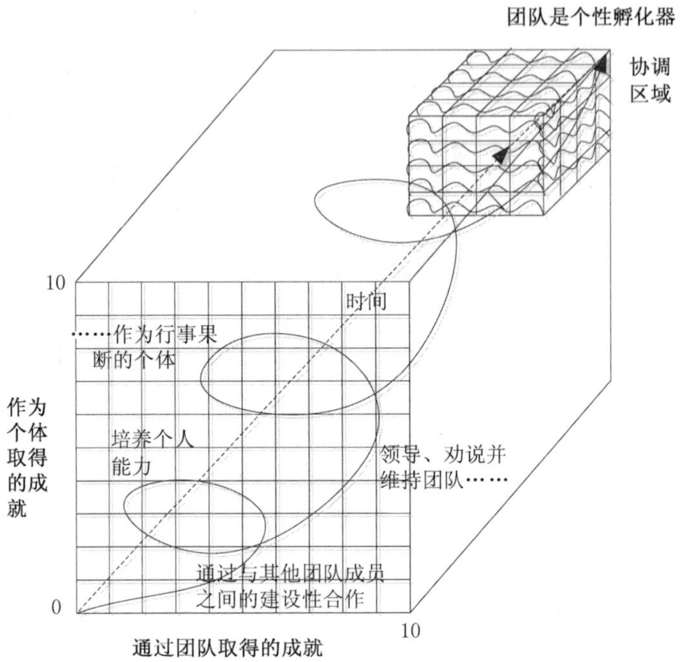

困境 10　作为个体取得的成就 vs. 通过团队取得的成就

想要推进创新项目往往需要创立新公司。原因之一是，有创造才能的个人在原公司里的影响力十分有限。公司的构建取决于当前的项目和客户，公司不会为了其他目标轻易改革重组。除非能得到团队支持，否则个人想要在公司里推动新项目的确困难重重。这就是 TIP 课程强调团队合作的根本原因。

创业也需要团队。鲜有创新者能够仅凭一己之力将新产品发布的所有细节处理得妥妥当当。此外，还需要整合各种重要技术。这就是为什么困境 10 中的螺旋线要先向右侧移动：创新者要与志同道合的人共同创建企业。小团队可以保证成员之间相互尊重，甚至可以支持并扩大这种关系。小团队能够帮助团队成员提高个人的创新能力并推进他们提出的创意。事实上，如果理解恰当的话，个性是在成功的社会交往中产生的。因此，团队可以塑造重要成员的个性并孵化他们的创意（见协调区域）。

创新者必须要拥有一个目标一致的自组织团队。一旦整个团队就位，一切便将有条不紊地开始了。

调查问卷中的最后一个困境是关于如何定义创新价值的。创新价值到底应该由精英体制下的权威者界定，还是由具有创新能力的个体界定？我们认为，只有由个体定义创新价值才是真正的创新，创新者才能真正地表现自我、实现自我。这种模式见困境 11。

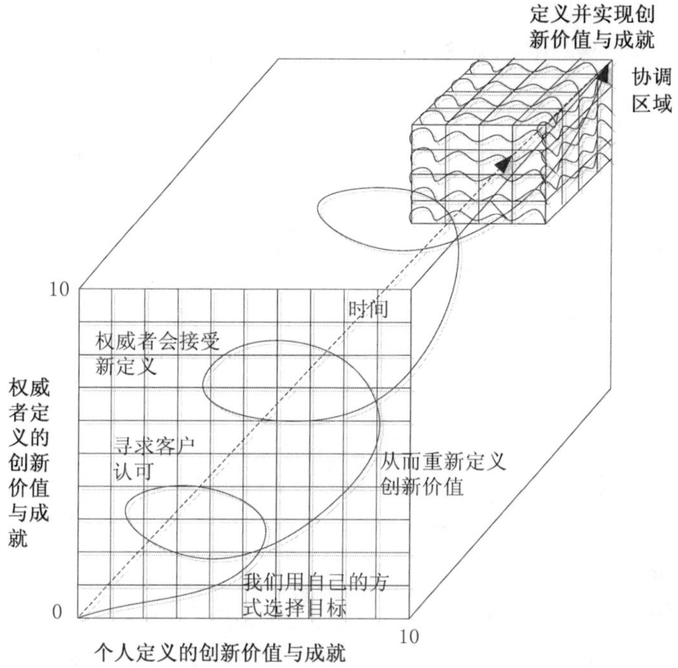

困境 11　权威者定义的创新价值 vs. 个人定义的创新价值

我们认为，追求创新价值和成就之前一定要先进行自我定义。因此，螺旋线会先向图表右侧移动。我们请受访者“讲述自己的梦想”。一旦确定了目标，你必须先赢得消费者的认同，然后才能继续自己的梦想，但随之应该让权威者接受并评判你的定义。定义了创新价值和成就并实现了自己的目标，你就进入了协调区域。你已经赢得了权威者的认可。

到目前为止，我们已经分析了关于理想和抱负的 11 个问题和困境。

本章的内容可以概括为如何实现理想。在起步阶段，如果我们能够看到事情存在的可能性，要比只看到事情表象重要得多。“要思考事物没有表现出来的那一面，并提出疑问‘为什么不可以是那样呢？’”

在困境 12 中，我们从改变现实的最初愿景开始（立方体右下角处），尽可能地从现实主义角度批判这种改变。通过持续的改善和现实检验，我们最终把一个想象中的概念变成一个可以实现的理想。协调区域的波浪形线条提醒我们，种种界限最终都会被打破。波形前进获得建设性干预，在二者共同作用下，创新才能达到顶峰。理想变为实现，我们会由衷地赞美和钦佩。这就是生活。

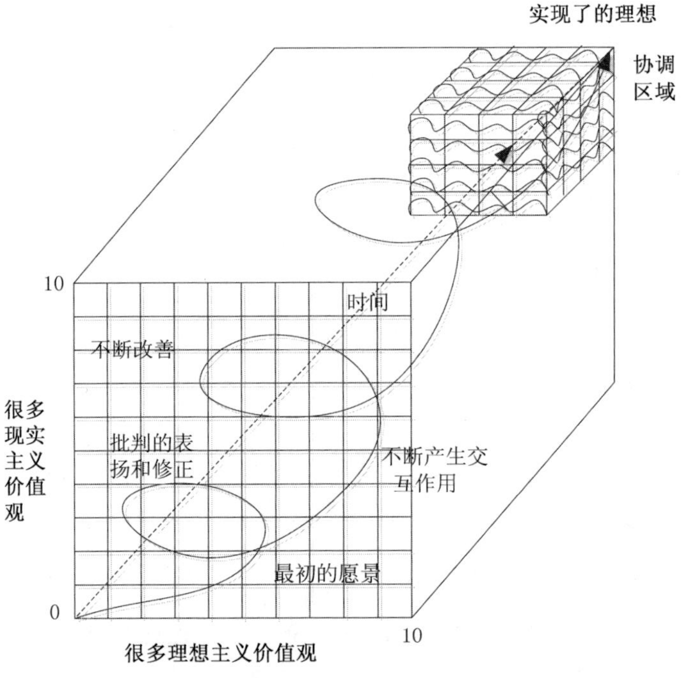

困境 12　实现理想

第八章 “这只是霍桑效应”

人经常被真相困扰，但是大多数人都装作没看见就走了。

温斯顿·丘吉尔

读这本书的人可能会犯丘吉尔所说的那种错误。有些评论家会说这个实验“没有什么，不过是霍桑效应”。[1]这种说法似乎也不无道理。

霍桑在20世纪20年代末进行了一次实验。[2]实验对象是一组工厂女工，她们的工作是装配继电器。实验者假设，环境因素的改变（自变量）会对产量（因变量）产生影响。实验中，照明、桌椅高度、休息时间、食物以及薪资的变化都没有对产量提高产生影响。即使移除了所有自变量，女工的工作产量依然很高。实验的最终结论是，女工们受到了与以往不同的尊重和重视，使得她们对调查者产生了好感。女工们猜测调查者想要得到更高的产量，于是更加努力地工作了。

尽管霍桑在管理研究领域非常具有影响力，并（意外地）发现了提高生产效率的办法。然而这对调查本身并没有太大帮助。就方法论而言，这个实验是个“糟糕的实验”，原因有两个：其一，研究对象逐渐对研究者产生了好感。研究者像对待自己的同事一样对待工厂女工。然而，事实上，移民职业女性和工人在美国很少会受到这样的优待。研究者眼中正常的礼貌交际在当时西方电子工厂里其实“并不正常”。其二，大量移民涌入美国，女工们随时可能会被解雇，职位也可能会被他人顶替。当研究人员发现工头让女工们感到“不安”时，便会让工头离开。

由于研究人员和作为研究对象的女工之间偶然存在的感情因素，女工意识到实验的目的可能就是要提高产量，于是她们努力做到了这一点。研究人员们也许还设想过，工作环境的改善能有助于提高产量。这对工作效率较低的工人来说可能是有帮助的。

有人也许会认为这样的结果是令人高兴的。雇工以高效率的工作报答企业家和管理者对他们的关心，这是多么美好啊！但力求研究纯粹性的人则认为，研究对象不应该知道真正的研究目的。而且，研究对象因为意识到了这一点而设法实现研究目的也是不对的。实际上霍桑实验和新加坡实验存在某些相似之处。女工知道实验目的，而TIP课程的学员们也知道实验目的，这是相似处之一。女工和我们的学员都希望实验成功，所以会积极地促成实验，这是另一个相似之处。正是意识到了这些问题，我们给本书加上了副标题。

我们用于衡量进步状况的11种困境和方格与霍桑实验也有相似之处。霍桑实验选择的场地是经过特别设计的。工程师为了让工人提高"工作效率"，提前设计好了工作环境。装配车间条件单一，没有人情味，在情感上远不能令人满意(见困境1)。研究人员发现自变量的改变并没有什么效果，便向女工询问她们如何才能提高工作效率。女工们给出了自己的看法(见困境2)。在实验环境中创造一种家庭氛围，在这种氛围中举办周年庆祝会让人高兴不已(见困境3)。这虽然是一次实验，却具有试验性和游戏性。每天实验结束时，研究人员会得到当天的生产报告(见困境4)。实验起初试图寻求的是社会工程(social engineering)方面的原因，但最后却发现了人际关系运动(Human Relations Movement)产生的影响(见困境5)。

研究人员只关注事实和产量指标，而女工却建立了与每个人都相关的亲密关系(见困境6)。研究人员用女工实际的工作效率验证自己的假设(见困境7)。研究人员在实验中坚持理智和怀疑的态度，但新条件的结合才是提高工作效率的真正原因(见困境8)。当研究人员不愿走下科学的神坛时，女工却告诉我们自然是可以改造的(见困境9)。

在工厂里，工人的工作是有考核标准的。研究人员将作为研究对象的女工们带离了个体化、冷漠的工厂环境，让她们以团队形式工作，而实验也以全组为单位测量生产力（见困境10）。最后，曾经为女工定义价值标准的研究人员放弃了这种尝试，让女工自己定义价值（见困境11）。

为什么一项“糟糕的实验”会催生出人力资源管理（Human Resource Management）、组织发展学与组织学习（Organization Development and Organizational Learning）等新学科？它又何以让企业设立人力资源部，或是推动诸如塔维斯托克研究所（Tavistock Institute for Human Relations）等研究人际关系的机构呢？而我们又为什么要模仿这项实验？那些对该实验持怀疑和反对态度的主流社会科学的态度和原则又是什么呢？为了理解这种判断，我们需要验证五个问题。[3]

（1）实验心理学的困境。

（2）尝试克服困扰实验对象的困境。

（3）实验心理学的发现选择性地阐明了病理学而不是道德问题。

（4）囚徒困境是问题的一部分，还是给了我们一个反对的理由？

（5）我们要用修正的方法理解创新。

1. 实验心理学的困境

出于寻求社会地位的目的，社会科学试图模仿自然科学，尤其是19世纪的实验物理学。物理学研究的对象是客观存在的无生命体，实验效果都是由实验人员引发的。实验人员代表“自变量”，而研究对象是“因变量”。实验人员对自变量进行单方面的改变，预测并控制自变量的反应。实验在公共空间内进行，其他研究人员可以一起参与实验，也可以复制实验。理性和客观性是科学的态度，客观性（objectivity）就是由“无生命体”（object）一词衍生而来的。

但当你的研究对象不再是无生命的物体，而是能够做出回应的生命体时，问题就出现了。人类行为是受社会准则管控的。如果你实话实说，告诉你的实验对象，“我要掌控你们的行为，剥夺你们的自由，我要让你们的行为完全符合我的预测并受我控制”，那么你得到的即使不是直接的反抗，也可能是非常冷淡的回应。这样，你是无法找出事实真相的。

如果实验对象不喜欢要被验证的假设，他们会想方设法证明它是错误的。例如“犹太人对疼痛的忍受力弱于非犹太人”这一假设被推翻。该结果可能是由于犹太人作为实验对象承受了更多的痛苦，当然也可能是因为非犹太人刻意承受了较少痛苦造成的。这是一个可恶的假设，实验对象必须承受痛苦才能推翻它。反之，如果实验对象喜欢实验假设，就像在霍桑实验和新加坡实验里，实验对象会努力尝试让实验成功。我们可以说，在这两种情形下，实验已经被有生命的实验对象“扭曲”了。因为他们能够猜到实验目的，并根据具体情况做出选择。

那么，在心理实验者看来，他们别无他选，只能对实验对象隐瞒自己的实验目的。人们也通常会这么做，但有几个实验却臭名昭著：阿希—克拉奇菲尔德从众实验（Asch-Crutchfield Conformity experiments）[4]、米尔格拉姆服从实验（Stanley Milgram's Obedience experiments）[5]和津巴多监狱实验（Zimbardo's Prison experiment）[6]。下面我将简要总结并讨论这三个实验。

在从众实验中，实验者假装要帮助接受感知测验的实验对象。实验者向实验对象展示比较线段的长度和（或）比较圆圈的大小并让他们做出判断。实际上房间里的其他人都已经密谋好，一致给出一个早已设计好的答案。只有一个人是真正被试，目的就是看他是否会出于从众心理给出和别人一样的答案。实验的真正目的是想发现，如果没有房间里其他人的帮助，个体到底是会做出诚实的判断，还是为了避免被怀疑或发现自己的判断不正确而勉强遵从其他人的观点。实验结果显示，大多数受试对象做出了从众选择，这使实验者感到震惊。

米尔格拉姆服从实验差不多也是这样的。实验对象自愿报名，然后接受一定的报酬参加一项“学习行为中惩罚效应”的伪实验。一名志愿者（被试）在实验中要对另一名“志愿者”下达命令，如果对方不能完成任务就要对其进行惩罚。实际上，另一名“志愿者”与研究人员事先约定好，故意在记忆测验中犯错。“志愿者”每次一犯错就会被施以“电击”，犯错次数越多，“电击”强度越大。受到“电击”时，“志愿者”假装发出痛苦的喊声。当“受到电击”的人发出痛苦的叫喊和呻吟，并提出自己患有心脏病而无法继续答题时，“志愿者”被告知“实验必须进行”，不作答也视为答题错误。于是，即使受到“电击”的“志愿者”看上去已经陷入昏迷，“电击”也要继续进行。当然，实验的真正目的是发现多少人会遵循命令以科学和权威的名义来惩罚别人。如果实验对象知道事实真相一定会推翻实验假设的。

时隔几年，在加州大学伯克利分校（UC Berkeley）又进行了一个津巴多实验。一个班级的学生通过抽签的方式选择扮演假监狱里的狱警或犯人。“狱警”被告知要惩罚监狱里不合作的“犯人”。几起非常令人震惊的事件发生之后，事件变得非常严重，实验不得不提前终止，以免学校受到牵连。

在上述三项实验里，实验对象都未被告知实验预测和实验目的。前两个案例的设计非常精巧。在津多巴实验中，如果实验人员预先告知学生，该实验的目的是希望发现当人们有操控他人的权力时会变得多坏，那么实验结果会完全不同。实验人员控制着所有人。要注意的是，实验的错误定义与大学的社会准则相符，然而真正的目的却并非如此。在正常的人际交往中，你并不会通过说谎操控他人。在所有的实验，尤其是在从众实验中，实验人员发现，当实验对象的视力或判断力受到一致质疑时，他们的焦虑感会大幅度上升。选择从众会使实验对象的焦虑感有所降低，但他们心里一定会觉得困惑。实验对象发现自己已经遵从了人为的共识，“言论自由是一种特权而非权力，权威也许会剥夺言论自由”。这可能也说中了民主轻易被推翻的原因。

在米尔格拉姆服从实验中也有焦虑报告——研究对象发现自己陷入可怕的两难困境：他们被要求电击那些因为太痛苦而不能作答的“受害者”。他们不想继续执行命令，并请求心理学家停止实验，但心理学家的答复永远是那句简短而冷漠的“实验必须继续”。有人感到焦虑、悲伤并发出抗议，但大部分人还是按照要求做了。在津巴多实验中，“狱警”也会为自己的行为感到深深的不安。

我认为这些研究人员并不是恶毒的人，事实也的确如此。面对自己的实验结果时，他们表现出来的悲伤是发自内心的。他们描述那些拒绝继续实验或讲真话的实验对象身上闪现出来的人性和人格魅力时，那种快乐也是发自内心的。那些“拒不服从者”是英雄。所有的社会科学家都写文章强烈抨击从众、遵循权威和狱警单方面具有权力的状况。在美国调查伊拉克阿布格莱布监狱虐囚丑闻时，津巴多教授提供了证据，他的研究成了虐囚悲剧的预兆。津巴多教授关于人会对他人施暴的假设是真实存在的。很多美国心理学家是犹太人，他们害怕大屠杀会重演，这一点是可以理解的。

2. 尝试克服困扰实验对象的困境

实验者自身要面对这样的困境：实验对象是有生命力、有意识、拥有智慧且有目标的人，而不是物理世界中的无生命体。实验者要应对实验对象的这些特性。实验者认为自己是“自变量”，但事实是实验对象也可能是“自变量”！成年人交往的一个社会准则就是彼此都有意志力。实验者需要移除实验对象的意志力，但却不能告诉他们，否则会遭到反抗！这就是为什么很多实验者选择了欺骗。欺骗是走出困境的唯一办法。如果实验对象知道了实验目的，他们也许会故意违背实验假设，让实验计划落空。只有当实验对象不知道你的真正目的时，你的实验才会更加“科学”。当然，你本不愿也不想对他们说谎，但如果你能让实验对象任凭你单方面操控关键变量，“天真”地按照你的要求“行动”，你的实验就更“客观”。

正如我们所看到的，困境会带来焦虑。实验者想通过模拟自然科学以减少焦虑，但实验者自己的焦虑虽然降低了，这种焦虑却被转嫁到了实验对象身上。实验对象必须面对这样的事实：他们的眼睛会欺骗自己和（或）他们接受的公民教育是错误的。当实验人员告诉他们参与实验对进行“社会科学研究”有帮助时，他们发现自己在折磨他人，或者说他们以为自己在折磨他人。扮演狱警角色的实验对象设法控制并羞辱“犯人”，但这个过程也令他们自己作呕。

几个变量的结合是极权主义系统的特点。像约瑟夫·戈培尔(Joseph Goebbels)所阐释的,“弥天大谎”(the Great Lie)被艺术地伪装成共识。残酷的行为被冠以学习的目的(这个理想该有多么高尚)。还有一个更基本的原则——独立变量。为了防止实验对象控制实验结果,自变量不允许实验对象达成真正共识,实验者和实验对象之间的关系并不对等,陷入困境中的试验对象产生了重度焦虑。这些状况难道不正是我们以前在各种独裁政权中遭遇过的吗?

很少有心理学家能够善意地承认,自己设置的实验条件导致了令人震惊的实验结果。他们似乎并不理解,那些病态行为都是在他们设置的实验条件下发生的。他们也许曾经决定要尽可能严格遵守“科学”的要求,但他们并不了解“科学”的真正含义,也没有意识到自己实际上在诱使实验对象做出这样残忍的行为。当然,实验心理学本身就建立在一个谬论的基础之上:实验者一方面不想引发他们要探究的行为,另一方面又不能避免引发那些行为。这就是他们说谎的原因。但是,如果他们天真地以为自己已经避开了那个自我应验的预言,那就大错特错了。当实验对象极度焦虑,陷入自己的动机和实验者隐秘的动机之中无法自拔时,便会做出一些可怕的事情以减轻自己的痛苦。惩罚或控制他人就是攻击者采取的一种减轻自己痛苦的策略。

在设计实验时保证实验对象的“无知”会妨碍你验证自己的假设,这样的观点有些荒唐。人作为实验对象会对实验者的行为做出回应,并且通常会根据实验者的所作所为做出不同的反应。你是无法把人变成被动、没有思维的物体的。如果你接触他们时态度客观冷静,他们会接受你的方式。你的微笑也会换来他们的微笑。但如果你对他们说谎,他们会陷入困惑和焦虑中。你的谎言也会以一种可怕的方式兜个大圈子,最后回到起点。你并没有意识到你自己就是始作俑者,否则你会发现自己对待实验对象是多么地不人道。我们需要的是能够让人讲真话的实验和真正能够对人们有所帮助的尝试。

实验者写了很多文章，文章中提到了那些反对他们的人，在从众实验中说实话的人，在米尔格拉姆实验中把钱甩到研究人员脸上的人和那些要求释放自己管制的“囚犯”的人。实验者把这些人称为“独立者”，并表达了对他们的钦佩之情。正如我们所预料的，这些人接受人格测试的结果显示他们更具创新精神，更富有同情心，更自信、更公平，同时也更开明。但研究人员却并未停下来认真审视自己，“我的实验到底出了什么问题，让那些品格高尚的人一定要推翻它？”如果你只能在那些发誓要推翻你的实验的人身上寻找人类美德，那能说明什么？是不是你的研究方法出了问题？实验对象的愤怒合乎情理吗？他们发现实验者的意图了吗？

3. 实验心理学的发现选择性地阐明了病理学而不是道德问题

遗憾的是，严肃的实验主义者认为人格测验是“软弱”的。但是实验结果表明，施虐者的表现却是“强硬”的。我们进行了一系列关于从众、服从、屈从残忍和凌驾于弱势群体之上的单边权力的“科学”实验，但却没有真正进行过研究同情、理解、游戏性、幽默、转变和创新的实验。原因显而易见，这些特征是无法通过实验者的操控和欺骗表现出来的。它们是感情和关爱的结果，而不是冷漠或残忍的产物；是思想的产物，而不是消极的、他人设计好的实验结果。

但是，这种选择性地揭示不端行为造成的伤害还只是问题的一部分。有人宣称这是“人的本性”，而非“科学”干涉的结果。我们应该继续追问，是否还有这些实验没有揭示的东西。你并不知道也无法了解如果实验对象被告知实情会发生什么，如果他们彼此间产生亲密关系后会发生什么，当他们身处令人兴奋的生态系统中会发生什么，当他们本身成为自变量时会发生什么，如果他们发现这个实验是自己和研究人员共同完成的任务时会发生什么，或者当他们发现实验结果会牵涉所有人时又会发生什么。

统计“碎片”比思考整个文化范式总是要容易些。“科学”方法论把现象分解成碎片，这样易于将各个因素罗列出来。但是，没有人能把打碎的鸡蛋(Humpty-Dumpty)恢复原貌。想重新拼起破碎的瓦砾都很难,更不用说是破碎的生命体了。我们总是探讨数据(得到的东西),但实际上这些都是被捕捉或持有的东西。难怪弗兰肯斯坦博士用“碎片”拼凑出来的人看上去会是那么可怕的一个怪物。

4. 囚徒困境是问题的一部分,还是给了我们一个反对的理由?

到目前为止,我们尚未提及实验心理学对反对声音做出的“回应”,比如囚徒困境。[7]这个博弈之所以备受瞩目是因为两位实验对象在同一个“游戏”中相互竞争。他们同意这样做,也没有人欺骗他们。他们之间的相互作用是平等的,没有受到实验者的直接操控。毫不夸张地说,在过去的半个世纪里,与这个实验有关的文章数以万计。

具体情境是这样的:两个共谋犯罪的嫌疑人被逮捕了,该州的首席检察官对他们进行了隔离审讯。他们两个人都可以做出“选择”。无论是谁,只要先揭发对方,就会立刻获释,而另一个人则会受到严厉惩处。如果两个人都不肯揭发对方,则会因控诉证据不足,二人的量刑都得以减轻。简单地说,可能发生三种情况:

(1) 你的同伙仍然相信你,但是你背叛了他。

(2) 你拒绝背叛,并且你相信你的同伙也不会背叛你。

(3) 你拒绝背叛,却被同伙出卖。

到目前为止,“最好的”结果是第一种情况,当然还有第二种情况,而最糟糕的结果是“你拒绝背叛,却被同伙出卖”。

本书始终贯穿着困境的概念。前面提到的那些困境是有可能找到协调办法的,而且和谐还会创造财富。但在囚徒困境中,精心设计的困境很难得到化解。实验对象无法逃出牢狱,也不能逃离这个“游戏”,他们必须在赢、输或者妥协中做出选择。你信任同伙却依然可能会坐牢,因为他可能会出卖你。我们也许会问,为什么这个困境不能像书中其他困境那样被化解呢?答案是,首席检察官和犯人之间的权利是不平等的。检察官故意使用揭发、被揭发和妥协等策略迷惑、击垮犯人,诱使他们认罪。实验对象是真正的罪犯，对他们来说最沉重的打击就是被自己信任的人出卖。阻碍化解困境的原因是州检察官手中的权力。我们回顾一下《1984》一书中的高潮部分，当温斯顿和茱莉亚这对情侣被关进监狱时，温斯顿祈求道，"对茱莉亚用刑！不要对我用刑！"而茱莉亚祈求的也是，"不要对我用刑，对别人用刑，对（温斯顿）用刑吧"。他们两人后来回忆道，"在那棵巨大的栗树下，我出卖了你，你也出卖了我"。[8]

也许有人会说，实验心理学家设计出这样的实验也是煞费苦心的。犯人不打自招，互相揭发，而审讯者则可坐收渔人之利。也许心理学家是在帮助我们面对世界，但即便如此，又能有几人眼中的世界像个牢笼，而人们只有通过出卖同伴才能逃脱呢？资本主义宣称：要么剥削他人，要么被他人剥削。囚徒困境似乎是同样的情形。如果经济学是沉闷的科学（Dismal Science），那这又是什么呢？

5. 我们要用修正的方法理解创新

无可否认，本书中使用的方法是非正统的，但是我们没有设计、监禁或胁迫任何人。我们多次告诉受访者我们想要得到的结论，他们对此已经非常清楚了。他们本可以对我们说谎，让我们安心。但我们认为受访者是不会这样做的，因为此前我们曾反复告诉他们"虚假安慰"的危险性。"外面"的市场给他们的惩罚会比我们的惩罚严重得多。虚假安慰是创新的敌人。他们对待彼此必须严肃认真，那么他们是否也会这样对待我们？如果受访者已经了解及时批评的益处，却还不对我们讲实话，那真是太不可思议了。

课程对于学员、南洋理工大学、新加坡和中国都非常重要，受访者是不会说谎的。任何错误带来的后果都会在后继课程中显现出来。正如我们在第五章开篇指出的，受访者在收到调查问卷之前已经在这个严酷的创新世界里奋斗了几个月甚至几年之久。即使我们没有向他们强调那些事情可能带来的严重后果，他们也会明确地提醒我们的！考虑到较高的创业失败率，一旦事情进展得不够顺利，我们一定会受责备的。因此，不仅受访者不够积极，我们也可能受到那些由于失败而倍感失望的人的斥责。如果受访者不能实事求是，就是在浪费他们自己和我们的时间。

无论怎样，调查结果都不可能是完美的。这对我们而言意味着还有很大的提升空间。只有不到半数的新加坡和中国受访者的评分进入了协调区域，即网格右上角有波浪线标识的方格。也就是说有50%至60%的人没有进入协调区域。我们要做的还很多，我们已经深刻地认识到了问题所在。显然，半数以上的受访者虽然知道我们想要得到什么样的答案，但仍然实事求是地回答了调查问卷。

无论受访者给出的答案多么令人失望，但如果你怀疑他们的诚实性，那么诸如创新、创造力、创业和心理社会发展等研究主题就是社会科学永远无法涉足的。美德是一种综合体，而谎言、强迫、监禁和困境无法化解使得愤怒的反抗者坚持着道德的行为。也许这就是20世纪60年代末和70年代初，社会科学学科的学生最具反叛精神的原因之一。

第九章　课程不能停滞不前

如果你教授的是创新与创业课程，那么你永远不会对目前的课程感到满意。因为你需要模拟授课内容，亲身体验相似的风险，探索相似的新领域。如果你自己没有进行实验，就不要指望学生迈出这一步。就像舞台上的节目要经常推陈出新一样，我们在先前努力的基础上一定要进行新的尝试。只有这样，你才会超越自己，学到新的东西。如果学生感到紧张，老师就应该去模拟尝试同类的冒险。让我们回想一下，TIP 课程从某种程度上讲是学生要共同完成的任务，他们必须付出努力获取成功。如果课程不具有真正的实验性，学生为什么会那么兴奋呢？

课程中一个重要主题是引入数字媒体，让它发挥重要作用。我将会对此进行讨论。

(1) 以电影的形式记录

(2) 数字案例交流中心

(3) 数字和其他模型

(4) 数字梦想之城

(5) 整个系统的改变和不一样的未来

(6) 超越零和博弈(zero-sum game)

我提出上述主题的背景是，过去十年中，数字媒体技术有了飞速发展。正如个人计算机释放了个人指尖的力量，这种力量在几年前还只被大公司垄断；以前个人很难获取好莱坞的资源，而现在只要你掌握了获取资源的技能，它们就可以为你所用。南洋理工大学聘请了一位好莱坞前导演雷·阿贝林(Ray Abelin)担任副院长，他已经开始着手研究数字媒体在创新与创业教育中的作用了。

1. 以电影的形式记录

在第八章关于霍桑试验的探讨中，女工工作效率得到提升的原因之一是，她们发现自己就像身处于一个受人关注的电影故事里一样。随着产量的提高，她们的受关注程度也会提高，越来越多的大人物也开始关注这场戏。这让女工们觉得她们正在做的事非常有意义，于是一个长篇叙事剧就此展开了。

在任何领域中，真正的创新者都处于知识前沿，他们完全有资格体验戏剧表演和兴奋的感觉。这种感觉可能比最佳电影给观众带来的兴奋感更加真实。娱乐活动带来的兴奋感通常是人为的或特别策划的，而由真正的新事物（包括拍摄电影在内）激发的兴奋是创新过程的一部分。于是出现了这样的结果：拍摄记录这些成就的叙事电影向观众传达了最前沿的变化、最真实的差别，让人们看到了单调生活中的意义。用数码设备记录下自我尝试、磨练与成功的过程，可以向其他创新者讲述创业的征途。叙事电影和探索纪录片一样，有一条丰富多彩的故事线，主人公要经历一系列危机和挫折，必要时也需要付出勇气和汗水。

为此，雷·阿贝林拍摄了一部关于"学习之旅"的电影。影片内容包括学生接受的拓展性训练和他们在西雅图、华盛顿、旧金山湾区和斯坦福大学等地的学习之旅。这部影片在我们招收下一批学员时派上了不小的用场。但更重要的是，它能向人们展示"舞台"上的感觉并帮助人们创造历史。经历了学习之旅你会有所改变。用电影的方式将它记录下来更突出了这段旅程的重要性，令人难忘。

把创新的组织过程比作拍电影很有趣。真正成功的导演不会直接告诉演员要演什么。团队成员都是专业演员和专业技术人员。影星费雯·丽（Vivien Leigh）本人就是一个非常有魅力的女人，她可能比导演更能读懂斯佳丽·奥哈拉（Scarlett O'Hara）这个角色，更了解当斯佳丽想从男人身上得到些什么时会有怎样的举止，做出何种表现。演员需要解读要饰演的角色并轻松随意地进行即兴表演。而好导演要做的事情就是讲故事。电影的拍摄过程并不能完全按照故事发生的顺序进行，所以导演要不断提醒剧组成员故事进展到哪里了，并且引导演员进入状态。从真正意义上讲，导演要对背景文化负责，对整体的电影意识负责，要保证所有演员演好自己的角色。正确理解了这种创新文化后，团队就可以围绕着叙事主题进行自组织了。

《学习之旅》这部电影从专业角度讲水平一般。虽然播出的画质还不是很高，但你完全可以把它用于课堂教学，也可以展示给你的朋友看。雷·阿贝林最近以笔者的作品为剧本，耗资200万美元，用最新的索尼高清摄像机拍摄了一部名为《创新与国家命运》的纪录片。这部纪录片追述了约翰·哈佛(John Harvard)先生从剑桥大学到马萨诸塞州(Massachusetts)(美国哈佛大学所在地)一路所经历的心路历程。约翰·哈佛毕业于剑桥大学，是他把高等教育带进了新英格兰地区。这部影片还记录了新加坡前总理李光耀从在剑桥大学攻读法律学位，到创立新加坡宪法，成为新加坡领导人的整个人生历程。这部电影，当然也包括未来的许多影片，都将创造一种叙事情境，这很适合TIP课程。为什么国家没有创新就会衰退？TIP这样的课程中最重要的东西到底是什么？东西方的创新之路有何不同？科学和思想对于一个国家文化的发展起着什么样的作用？像TIP这样的课程有用吗？你会得到什么启示？

电影片头展现的是创新之始。埃及法老和中国古代帝王自视为神灵的化身，相信生命轮回。他们在自己的墓穴中摆满了精美绝伦的随葬品，供他们来世享用。电影共追溯了两次革命，其一是艾萨克·牛顿(Isaac Newton)爵士的绝对怀疑主义。怀疑主义者对一切不能由感官直接体验的东西都不屑一顾。另一次革命是清教徒主张的清除天主教残留的改革。他们在书中寻找真理，不盲目崇拜偶像或伪神，他们通过著书立传证明自己。学生们如果能秉承前人的精神，这部电影就是有意义的。

电影还描绘了东亚国家采用的“追赶型经济策略”。东亚国家采用这种策略，起初是分包西方跨国公司的工作，然后不断扩展业务，逐渐挖空这家跨国公司。例如，新加坡伟创力公司开始只是为惠普公司制作电路板。这给惠普公司带来了利润，也提升了惠普的资产利润转化率。后来，伟创力要求承担更为复杂的制作母板的工作。惠普公司同意了伟创力的请求，而且自己的公司利润也再次提高了。现在比较重要的问题都已经解决了，惠普公司还需要担心供应链管理和物流问题吗？伟创力公司也完全能解决这些问题。最后伟创力公司开始自己生产打印机和计算机的智能部分。这就是东亚国家的"合作"竞争策略——在确保客户获得利润的同时，一边学习一边攀登知识的阶梯。对西方跨国公司来说，这种模式是有弊端的。虽然公司的财政状况看上去更好，但是他们的核心能力正在受到侵蚀。如果为了追求利润率而牺牲生存技能，那么利润率岂不是成了邪恶的炎魔摩洛克(Moloch)了吗？

影片试图把创新搬上世界舞台，用人们对创新的迫切需求打动观众。如果真如牛顿所言，他是因为"站在巨人的肩膀上"而看得更远，那我们也拥有这样的条件。TIP课程的学员们不仅要感谢华裔企业家做出的重要贡献，还更应该感谢知识信息全球化，以及使这种全球化得以实现的技术。

2. 数字案例交流中心

案例学习法是商科和法学的基本学习方法之一。这种学习法证明了创造财富的过程中，每一个案例的成功都是独一无二的。它提醒了我们，没有哪两个案例是完全相同的，任何时候我们都可能灵光一现想出好点子。它让我们学会一边谨慎地总结规律，一边留心观察新出现的状况。它也教会我们保持谦逊。与其说创新是学生在商学院学到的技能，不如说它是实践者在真正的商业环境中实践创新艺术时学会的东西。

哈佛案例交流中心(Harvard Case Clearing House)能够提供某个案例近几个月的动向，教师可以由此跟进相关案例。案例研究也是英美普通法传统的一部分，每个个案都可以成为先例，而法官可以依据先前发生的相似案例对新案件做出判决。创新层次越高，案例研究就越重要，因为可以作为参考的先例太少了。但是前一晚刚刚研读的成文案例第二天就拿到课堂上讨论,能行得通吗?案例研究的好处是,你不必亲身经历整个事件,这就大大避免了真实事件可能带来的压力。它太抽象、太理性,真的有些难以触及。尝试创新的案例本身富有戏剧性,有时甚至会很夸张。企业家用他(她)的家庭、名誉、朋友、亲人、事业、判断力和未来做赌注,但总是输多赢少。结果可能是孩子们失去受教育的机会,或者父母多年的积蓄被掏空。

这真是件令人头痛的事。人们会流泪,这也许是幸福的泪水,也有可能是失望的泪水。所以需要有一种媒介,让你置身剧情当中,深入地感受所有事件。电影就是这样一种媒介,将创业故事拍摄成电影非常有效。科技创业者在追逐自己的梦想时一定要做好准备迎接痛苦和不安。但被现实唤醒时,他们能迅速做出思考吗?每当电影中出现新的危机,你都可以按下暂停键,问问自己"现在我该怎么办?"

如此说来,模拟非常重要。很多企业家都会面临一系列失败。那个过程令人感到痛苦,很多人会中途放弃。但电影如果能更多地展现失败,分析出常见的失败原因,那么创新者就不必亲身经历痛苦,却能更快地领悟个中道理。有了电影情节的预警,未来的创业者可以避免很多错误。这是古希腊经典戏剧的要义所在——你在想象中而不是现实里面对人类面临的危机时刻。观众看到美狄亚杀死自己孩子们那一幕时,心里无比悲伤,但他们的精神却得到了净化。他们发誓,绝不让夫妻矛盾激化到无法控制的程度。在想象中承受痛苦,也许可以让你在现实中免受痛苦。人们从负面反馈和那些令他们感到震惊与困惑的事件中学到的东西最多,那些事件会深深地印在人们的脑海中。但是,在舞台上或模拟训练中体验负面反馈是不是会好一些?那一定比无依无靠、被真正的商业失败击垮要好得多。如果同样的错误我们不会犯第二次,那么就让第一次发生在虚拟世界中吧。

新加坡实验的重要性在更大的项目范围中显现了出来,电影制作本身也成了创业尝试的"案例"。所有课程学员都能够看到制作出来的电影。这部电影是否能产生预期效果，应该怎样对它进行营销，它能赚多少钱，等等，都是每届课程学员要讨论的问题。拍电影也许是最具创业精神的冒险，因为它要在很短的时间内记叙繁华或衰败，高唱颂歌或低吟苦难。这绝不是件容易的事，所以主创人员需要有很大的勇气。在电影《浴血金沙》(*The Treasure of the Sierra Madre*)中，淘金者对财富的渴望引发了"淘金"热潮，却也最终毁灭了自己。在创新学习中，让学生通过电影预见事情发生的可能性，要比让他们在实际生活中接受残酷的教训好得多。在电影里，他们可以亲眼看到满腔的希望和热情被怀疑和绝望湮没的情景。

除了被拍成电影的案例具有一定的指导意义之外，电影本身作为一种娱乐形式也值得人们关注。文化需要英雄，也会拥有自己的英雄。如果关于创业的电影能够获得大众的喜爱，说明它们得到了一种文化的认可，而得到文化认可的梦想一定会实现。我们需要真实的科技创业者做示范。我们需要整个文化推崇的价值典范，描绘这些价值典范对创业活动是一种有力的刺激。

南洋理工大学和哈佛商学院出版社正在就制作创新案例电影一事进行协商，因为近期的确有些创业案例非常具有戏剧潜力。并且，这些电影也可以用于远程教育。他们做了许多访谈，访问对象中不乏克莱顿·克里斯廷森教授、哈佛商学院出版社社长霍华德·史蒂文森(Howard Stevenson)、特蕾莎·阿马比尔(Theresa Amabile)、皇后学院(Queens' College)院长伊特维尔爵士这些杰出学者；还有一些发明家，比如，喷墨打印机的发明者赫尔曼·豪瑟和氢燃料电池的发明者戈登·埃奇。这些访谈都被一一拍摄记录下来，人们希望共享这些资料并从中发现关于创新问题的新鲜视角。

3. 数字样品与其他样品

样品是开发者初步设计制造的产品形象，对于真正的产品生产非常重要。客户描述自己的需求时往往过于简单，对具体产品并没有清晰准确的概念。直到设计者把样品摆在他们面前，[1]双方共同研究样品，然后设计者改进产品设计，最终双方达成一致意见。因而样品非常重要。企业融资是否能够成功，关键取决于产品能否激发人们的热情。尽管商业计划是最基本的条件，但商业计划在吸引客户和传达产品魅力方面的作用有限。商业计划就像一份书面报告，太过乏味且毫无吸引力可言。

南洋理工大学正在实施一批计划。按照计划，工程学院要提供软塑料并制成设计的产品样式，然后进行加工，使其变硬保持形状。计划中还有一个样品实验室，计算机模拟和计算机辅助设计可以用于样品测试。这有助于设计者发现产品存在的问题，或者说，便于利益相关者找到产品的缺陷。

制作数字样品可能是最好的办法。开发者准备好数字化的设计样品并将其投射到大屏幕上，大家可以从任意角度和方向观察到栩栩如生的、动态的产品模型。创新者能够将大脑中的图像传达给出资方。制作数字图像的费用只占产品成本的一部分。在很多情况下，人们利用计算机生成并修正图像。反复修正得出的结果最终得到多方认可。这种做法大大降低了生产成本。

然而这还只是开始。产品也许需要修理、维护和保养，这些售后服务也可以通过演示说明。产品也许会改变客户的消费模式和消费行为，这也同样需要形象的展示。如果产品本身也是一种模件，用于构造更大的体系也是需要加以说明的。产品也许能给使用者创造条件，让他们继续进行新的生产活动。这些需求数字媒体都可以满足。但是数字影像就像一部未成型的电影，还并不能算是真正的产品。它更像是个跳板，能够大幅度提升产品系统。难怪新加坡政府建起了启汇城（Fusionopolis），将从事不同类别数字媒体的专业商业人士汇聚在一起。[2]这些志同道合的人经常在咖啡馆或街边餐馆见面，因而也产生了类似硅谷的“咖啡馆创新”现象。研究同样问题的人能够发现共同的兴趣点。集群不仅为志趣相投的人相互交流创造了便利条件，还可能会带来意外的结合和收获。数字样品成为此种集群的催化剂，展示着人们的种种创意。

4. 数字梦想之城

资本主义长期渴望实现的理想之一就是"创意市场",在这里我们能欣赏到最佳创意之间的竞争。通过这种方式,人类的独创性将会得到回报。但很多时候,事情不像我们想象的那么美好。好的创意也许会因为资源不足被搁置,而最丰富的资源也会因为缺少好创意而被荒废。口口相传的创意很容易被窃取,真正的天才经常会出局。当然你可以为自己的创意申请专利,但那是一个艰辛的过程。百分之九十的专利都不能盈利,申请专利的目的是阻止其他人涉足某个研究领域。日本拥有最多的专利记录,但人们却并不认为它是世界上最具创新能力的国家。

有了数字媒体,人们可以对创意进行戏剧性的模拟,创意市场也就有可能变成现实。我们可以建造未来博物馆,展出未来事物的模型并向参观者收取一定的费用,然后利用这笔收入进行市场试销。而产品说明书,尤其是专利申请书往往是书面形式的。除此之外,电影也是大家很容易接触到的载体,可以对产品进行动态展示。拥有启汇城的新加坡也许非常适合被打造成数字梦想之城。

陈丁琦教授指出,这个创意不仅能展示新加坡业已取得的成就,还能为它打开世界市场。有创新能力的人如果在新加坡全球信息交流中心展示自己的创意,他们也许就能够邂逅在那里观看创意影片的风险投资家。在历史上,新加坡是世界上最早的自由贸易区和开放市场之一。商品在新加坡港"卸货",再卖给亚洲各国的商人和消费者。感谢斯坦福·莱佛士爵士,新加坡不再只是一个连接中国和印度的战略港口城市。为想象中的未来产品建立一个市场是真实可能的。

5. 系统的改变和不一样的未来

我们也许应该把注意力从强调产品——或者说从以产品为基础转向以体系为基础。越来越多的"产品"成了更大系统里的基本元素,需要仔细检测。甚至汽车都通过全球定位系统与环绕地球飞行的卫星产生了系统联系。系统的终点究竟在哪里真的是越来越难判断了。我们目前关于创新的观点很像一场德比车赛。一辆新赛车进入赛道，撞毁其他所有赛车即为赢得了比赛的胜利。破坏性或者干扰性创新是一个非常流行的术语。[3]人们不得不问，这是否是激发改变的最佳方式？我们正从一个产品竞争的环境走向一个系统竞争的环境。我们要从更宽阔的视角选择自己喜欢的体系。如果我们想要设计并运作某个系统，在描述该系统框架以及运作原理时，是离不开数字影像的帮助的。我们在探讨的是不一样的未来。

以氢动力汽车为例，它能够减少我们对石油的过度依赖。如果我们把它看作另一种产品，它几乎没有任何竞争力可言。这种车的燃料箱在哪里？该如何维护、维修和保养？司机需要重新考取驾照吗？如果把它开进车库，它能与家用公共设施相连补充燃料吗？即使这可以实现，那这能节约什么呢？很显然，这样一辆汽车需要整个系统的改变，我们购买的将不只是一辆汽车，而是不一样的未来能源和运输系统。我们已经在毗邻上海的一个生态城市中进行了这样的尝试。美国现在的交通系统不够环保，产品之间相互倾轧。洛杉矶的轻轨系统由于汽车和轮胎制造业的游说关闭了。但这对洛杉矶并没有好处，洛杉矶仍然是美国交通最阻塞、污染最严重的城市之一。如果未来公共交通工具和私人交通工具能达到最优化组合，那么情况会变得好许多。

我们需要为许多未来的东西制作数码影像，估算各项收益，还要用一系列场景展现未来世界的样子。我们必须先看到这些才能做出更明智的选择。我们必须做好准备，同时改变多个变量，才能看到它们的组合方式。例如，无石油环境能够给老年人的呼吸系统疾病、幼儿哮喘的发病率、旅游业的增长、建筑和砖石的寿命以及人们是否选择进行户外运动带来什么影响？计算方法很多，但是无论选择哪种方法，你都应该同时虑到整体场景和相互关联的各个系统。利用数字信息对上述问题进行模拟，会让我们的理解更加透彻。数字媒体本身就是朝阳产业，它也使创新过程更有活力。

6. 超越零和博弈

《非零和时代》[4](*NonZero*)是一本非常不错的书,作者罗伯特·赖特(Robert Wright)认为人类的道德意识关键依靠超越零和博弈。在零和博弈中,人们非赢即输,因为他们竞争的是稀缺资源。足球、棒球和几乎其他所有观赏性体育运动都是零和博弈,胜败令人激动万分。计算机游戏本应是无极限的数字行业,但游戏设计几乎毫无例外地都是零和博弈。当你驾驶着模拟汽车扫杀劣等人时,游戏更是充满了暴力色彩。我们花费了大量的时间和金钱,却只是为了教会我们的孩子争夺稀有资源或者清除假想敌。

我们为什么不能做些"协同"游戏呢?在协同游戏里,玩家为了有更好的表现可以相互交换资源。我们为什么不模拟出一个那样的世界?在那个世界里,玩家特意创造出足够的资源,我们在下文中将其称为"无尽的游戏"(an Infinite Game)。乐高玩具(Lego)和老牌英国游戏麦卡诺(Mechano)对于有创造力的孩子来说都是无尽游戏。当然数字化也可以做到这一点,它的娱乐价值可能是最高的。拥有创造力就是最大的资本。

我们模拟的东西也好,做的游戏也罢,可能都是我们最终真正要做的事。威廉·詹姆斯(William James)曾经说过,人类尚未发现"战争的道德等价物"。那是一种顽固的战争理想主义,剔除了战争带来的令人恐惧的破坏、浪费和痛苦。创新需要勇气、决心、坚持、顺应力、想象力、平等和投入。最重要的是,创新是建设性的而非毁灭性的。所有的游戏都是练习,改变你的游戏模式,改变你自己,然后改变这个世界。

本章小结

数字媒体是一个讲故事的新载体。如果我们给大家讲述创新的故事,未来就可能激励数以千计的创新者。我们可以创造一种新的文化方法论。把具有戏剧性的商业案例拍成电影,让更多人了解它们,这就是一个不错的开端。所有的创新过程都具有真实的戏剧性。在创新过程中,如果我们能想一想目前的高失败率，就不要再犯同样的错误。大多数新产品都会经历样品阶段。数字样品可以用于检验新产品，同时也是一种非常好的描述创意的方式。我们甚至可以打造一座数字梦想之城，人们聚集在这里互相激励。产品体系越大越全面，就越需要生产新事物从而激发系统的改变。我们需要超越零和博弈，要为自己拥有建设性的能力而感到高兴，进而去创造财富。我们可以通过数字化游戏和数字化模拟未来培养这种建设能力。

第十章　大学的创新与未来

正在修建的哈佛大学新校区位于波士顿市郊的奥斯顿(Allston)区。它屹立于查尔斯河岸靠波士顿一侧,毗邻哈佛商学院。按照计划,新校区面积将媲美整个加州理工学院(Caltech)。新校区的建设对我们理解学校的创新与未来有很大的启示。假如这些计划都能实现,哈佛大学在创新经济领域的前沿就会占据十分有利的地位。奥斯顿校区将会成为一个以项目为基础、鼓励跨学科研究的校区。它将由两个或两个以上哈佛大学研究院组成跨学科联盟,在更多的研究领域中寻找新的结合点。例如,研究人类基因的研究院可以与医学院合作,以寻求传统医学诊疗方面的突破;研究电子学的研究院可以与研究机械工程的研究院合作;研究纳米技术的研究院可以寻找与研究化学及生命科学的研究院合作的可能性。目前,校方已经收到70份合作提案,但提案的评审工作尚未进行,其办公楼仍在修建中。

在奥斯顿校区还将建设两个研究所,一个是教育学院,另一个是公共卫生学院。按照定义,二者都是跨学科学院。当然,哈佛商学院也在附近。这些学院能够拓展学习范围,整合以及利用身边的一切资源。如果我们将哈佛大学奥斯顿校区视为未来大学的发展模式,并且许多其他大学也将相继采取这种办学模式,那么这意味着什么?那会与第五章和第六章的研究结果一致吗?我将就以下问题阐述我的观点:

(1) 创新型大学需要通过建立以问题为中心的跨学科项目来完成重大的制度改革。

(2) 有人认为,只要你愿意出高价,就能在开放的市场上“购买”创新成果，但这只是一个普遍存在的误解。

(3) 跨学科专家组成的初级群体虽然既无权力又缺乏资金，但却是创新的孵化器。

(4) 商学院也许并不是最适合推动创新的机构。

(5) 创新者是最后得到彻底解放的少数群体。

1. 创新型大学需要通过建立以问题为中心的跨学科项目来完成重大的制度改革

毫不夸张地说，大多数现代大学的构建方式阻碍了创新性突破的发生，这甚至会妨碍人们解决某些社会问题。在当代大学中，政治权力通常都握在各个学院的院长手中。每个研究院都像一块封地，或者一个功能性的“筒仓”，专门研究某一具体（有时研究范围很小）学科，并且热衷于扩大本领域研究的规模和影响。当然，各研究院在本学科领域内常有新的发现，尤其是像物理、化学和生物这样的自然科学。但是，相对于隐藏在学科间的那些未知领域，[1]这些发现可能只能算得上冰山一角。然而，具备跨学科研究能力的研究人员却是凤毛麟角。

也许当我们看到复杂的社会问题并试图寻求解决办法时，能更容易理解上述观点。举个例子来说，我们应该如何解决毒品来源问题？我们可能需要化学家来寻找毒品的替代品，需要医学博士来控制病人的毒瘾并帮他们戒毒，需要人类学家就亚文化和生活方式问题给出建议，需要心理学家针对慢性依赖症给出建议，需要社会学家解释吸毒者的失范行为，需要经济学家追查毒枭的利益链条。我们还需要犯罪学家调查有组织的犯罪团体，需要法律界人士及政府相关部门判断新立法的效度，需要政治学家和国际关系专家调查哥伦比亚和阿富汗这样控毒失效的国家以追溯毒品来源，需要植物学家就植物根除问题给出建议，需要历史学家讲述人类曾经经受的惨痛教训。没有上述各行业专家的协同努力，要彻底解决毒品问题就是无稽之谈。众所周知，警方的缉毒行动往往会令毒品价格上涨。这会刺激毒贩，让他们变得愈加猖狂。我们需要做的是，让众多学科在某一个体系中同时派上用场。

然而，在当今的制度结构下，让所有的研究院在这样一个复合行动中都给予技术支持不太可能。研究院希望所有的研究都只“属于”自己。它们会奖励那些推进本学科建设的研究人员，却并不重视那些对世界问题做出部分贡献的人，“偏离”学科轨道的人会受到惩罚。跨越学科界限的研究人员前景堪忧。由于热衷于创新，笔者一生都致力于高校的跨学科研究项目。这些项目起源于哈佛大学、斯坦福大学、加州大学伯克利分校和新加坡南洋理工大学。[2]本次新加坡创新课程实验就是一个跨学科研究的产物。

以往此类项目的研究结果曾经令我感到悲伤，但我也越来越熟悉项目的推进过程。商家为高校提供科研资金，以资助两个或两个以上学科的研究人员在同一个工作中心进行合作研究。工作中心由最初给该项目提供工作人员的学院负责进行评估。评估的结果“不错”，但还“不够好”，因为这个结果已经“混入”了其他学科。这些研究院要求平分赞助资金或者要求其中某个研究院兼并该中心。于是，各研究院之间建起的临时桥梁就此崩塌了。笔者迄今见证过四次类似的状况。这基本上扼杀了学科间对话和解决世界问题的希望，甚至扼杀了学生领悟更广泛意义的可能。

哈佛大学社会学家乔治·霍曼斯(George Homans)哀叹道，“社会科学还没有发挥实际效应就已经官僚化了”。所谓“实用性”就在于，它不会强加社会分工模式，而进行社会分工却正是官僚机构所擅长的事。笔者上次拜访美国心理协会时发现，这个协会竟然有67个部门！而且该机构现在可能已经有了更多的分支部门。

许多研究院对跨学科的研究人员很感兴趣，但却并不认可跨学科研究的必要性。当某研究院对研究人员进行评估时，只看重其在本学科范围内取得的成就，其他都是次要的。而跨学科研究人员只被看作兼职人员，他们取得的成绩充其量被划为“应用科学”，缺少学科纯粹性。本文所描述的新加坡实验也存在同样的问题，其成果可能被破坏。目前，这项实验也面临着巨大的压力。陈丁琦教授曾工作过的南洋理工大学商学院想要将这一项目收回。当陈丁琦教授启动该项目时，中心几乎没有给予他帮助，所以他离开了研究中心。但是现在这个项目得到了赞誉，商学院就想把它收回来，因为科技创业中心是南洋理工大学商学院的一个分支。在本章后半部分，我将讨论这一观点的优势。

考虑到跨学科项目通常的命运，哈佛大学决定建一个新校区，专门用于跨学科研究。这个决策很英明，可能会彻底改变大学的格局。大学终究还是要解决人们面临的危机的。亚利桑那州州立大学（Arizona State University）在校长迈克尔·M. 克罗（Michael M. Crow）的积极推动下也采取了相同的举措。

2. 有人认为，只要你愿意出高价，就能在开放的市场上“购买”到创新成果，但这只是一个普遍存在的误解

要理解哈佛大学建立新校区的举措，我们需要纠正一种普遍的错误认识，即几乎任何事物，包括创新成果都可以在开放的市场上购买到。按照这个理论，每种事物都有价格，谁肯出的钱更多，谁就能得到它。美国肯定是世界上最“慷慨”的国家，顶级高管的年薪高达数百万美元。那么，按理说美国应该拥有世界上所有的顶级人才，而且应该在竞争经济中处于领先地位。然而，事实真的如此吗？事实真相有些令人不安，薪资水平远低于美国的国家经济体正在赶超美国。

认为创新成果是可以“购买”的，这一观点在现实中遇到了一些问题。那些领着数百万美元年薪的首席执行官会有时间消费吗？如果他们真那样做的话，难道不会影响他们“前行”的速度吗？加薪的次数越多，每一次加薪的价值就越小，这就是所谓“边际效用”，而事实真是如此吗？我们真的需要更多拿着赚来的钱去买几百双鞋子的人吗？这些钱如果用来聘请雇员，难道不更能激发他们的工作积极性吗？什么样的文化才会让人们把钱用到那些最没有需求、最不可能发挥作用的地方呢？

误解还不止于此。1958 年，大卫·麦克利兰（David McClelland）在《成就社会》（*The Achieving Society*）一书中指出，取得非凡成就的人并不是为了钱财，而是单纯地为了获得成就。[3]当雇主给员工发工资时，业绩

最突出的往往是那些对成绩最不感兴趣的人。能获得高成就的员工并不受薪资水平高低的影响。高成就者成功的原因在于,他们乐于接受挑战并且想要发现自己的潜力。某位首席执行官先出售了公司总部大楼,再将大楼租回使用。如此一来,当他退休时,资产负债表中能增长几百万美元的业绩。显然,这类人是只关心个人利益,但并不能真正创造财富的低成就者。

根据麦克利兰的理论,高成就者对金钱感兴趣是因为那象征着他们获取财富之后体验到的成就感,并且他们能将这笔钱作为继续前行的资本。能够造就高成就者的是"成就梦",是一种在人们的赞赏声中取得成功的愿景。也正是这种梦想驱使很多人参与到我们的实验中来。那些能基本"维持"大公司平稳发展的、最优秀的首席执行官很少采取创新举措。大量证据表明,真正的创新往往来自中小型企业。其中许多企业就分布在诸如哈佛大学、麻省理工学院、斯坦福大学、剑桥大学以及位于奥斯汀的得克萨斯大学这样的高校周围。这些小公司无法给自己的创始员工实际的物质利益,只能给他们描绘成功的梦想,并承诺他们日后会拥有一部分公司股份。但是,如果创业者想要通过这样的办法实现利润最大化,那么他们可能是世界上最愚笨的经营者了。大多数这样的项目都没能成功。

我们只需看看世界五百强企业的营业额和相关指数,就会发现许多像福特和通用汽车这样大公司的发展重心都在南移,而十年前名不见经传的小公司正在取代它们。大多数公司的寿命都短于人类的寿命。当世界在改变的时候,它们不能跟着改变,它们是注定要失败的巨人。克莱顿·克里斯廷森教授在哈佛大学做的研究[4]表明,以光驱技术为基础创建的 129 家电脑公司中,有 109 家由于不能适应光盘驱动器体积越来越小的趋势而倒闭。顾客也参与到这场优胜劣汰的竞争中来了!一家公司无论规模有多大,即使它有足够的财富和能力去"网罗"有才之士,缺乏灵活性也是它的致命伤。当创新加速时,会有更多的商业帝国坍塌下去。

并不是大公司不想创新,事实上这些大公司无时无刻不在强调"创新精神”。它们的确发掘和雇用了大量人才，但这也正是问题的源头。威廉·肖克利(William Shockley)在贝尔实验室研发了晶体管，但他不得不自己建立公司才能继续开发这个项目。而后来，他的六名雇员为了建立仙童半导体公司(Fairchild Corporation)也不得不离开了肖克利半导体公司(Shockley Semiconductor)。然而，这些人也没有吸取教训。从仙童半导体公司又走出了更多“仙童的孩子”(the Fair Children)，也就是包括英特尔公司(Intel)在内的几家新公司。这些人“出走”的原因就是他们的创新概念并没有得到仙童半导体公司的支持。还有后来离开英特尔并创立了著名风险投资公司——KPCB公司的尤金·克莱纳(Eugene Kleiner)。这样的例子不胜枚举。[5]施乐帕克研究中心(Xerox PARC)也聚集了一批天才，史蒂夫·乔布斯(Steve Jobs)便是其中之一。但是，这些人想要真正进行创新也不得不另辟蹊径。这些创新者自立门户、从头开始的代价，几乎无一例外都是要接受比原来低的薪资。

现在，一些大公司已经意识到，公司规模过大可能会成为创新的绊脚石。所以，丹麦的乐高玩具公司制定了一条原则，即新建立的玩具公司要与总部保持一定距离，以减少来自总部的干扰。[6]荷兰皇家壳牌公司(Royal Dutch Shell)不得不叫停一些“非传统业务”。因为高级主管如果“事无巨细”地关注这些事情，就需要投入更多的时间，这会让他们不堪重负。理查德·布兰森(Richard Branson)的维珍集团(Virgin)也有一条基本原则：每个公司的员工不得超过100人。因为公司规模如果过大，就很难灵活地适应社会变化。当公司员工超过100人时，该公司就会被拆分为两个竞争单位。创新需要的是相对较小的环境，成员之间彼此熟悉且关系亲密。而这正是新加坡实验所具备的条件。

3. 跨学科专家组成的初级群体虽然既无权力又缺乏资金，但却是创新的孵化器

理查德·布兰森的决策触及了一个重要原则。创新源于初级群体(primary group)，这个群体就是一个大家庭，成员熟知并且能激发彼此

的才能。[7]这就解释了在我们的研究中，TIP 课程在“家庭”这个维度上得分很高的原因。马克斯·韦伯（Max Weber）将其称为礼俗社会（gemeinschaft）。与培养儿童的群体类似，这个群体培育着创新。在这里，大家彼此熟悉，信息分享充分，情感氛围浓厚。

与礼俗社会相对的是法理社会（gesellschaft）。法理社会是一种次级群体（secondary group）。在这里，人人都有自己的官职、角色、明确的任务、责任以及职能。任何超过 150 人的群体都可以被称为法理社会。大学里的研究院，包括商学院，都属于法理社会。如果这次的 TIP 课程归属了商学院，那么它也将成为一个法理社会，要像其他部门一样遵守相同的规章制度。在这样的社会里，几乎一切都是模式化的。谁如果不按规则出牌就可能会触犯到那个模式，甚至危及官职。

初级群体目前受到的待遇普遍不高。如果从其规模、能力和资源的角度考虑，这些都是小群体，甚至显得有些无足重轻。但它们作为一个整体却可以成为大型组织的一个组成部分。汤姆·彼得斯（Tom Peters）将其称为“臭鼬小组”，意为即使听起来名声不佳，但正是在这样的群体中，成员思想相互交融，好点子不断涌现。[8]随着团队互动的进行，成员之间的关系变得紧密，初级群体中逐渐形成了“家庭”的氛围。

我们开始理解为什么学习 TIP 课程对学员来说是如此享受，为什么仅在以英语授课的班级里，学员们就建立了 46 家新公司。TIP 课程不仅是个大家庭或者初级群体，在整个课程期间，团队工作时间占到了一半，每个小团队都有六七名成员。为期四个月的课程时间足够学员之间互相了解彼此掌握的信息及才能。但如果这种共处的时间过长，就会有重复的风险，甚至会妨碍学员与团队以外的人进行交流。

哈佛大学建立新校区的英明之处在于，它为跨学科的初级群体设立了保护墙。这些初级群体是自发性组织，成员们有着共同的“成就梦”。这些项目团体的创造力是惊人的。在查尔斯河的“庇护”下，它们脱离了所在研究院的管控，有了自主权。单一的学科发展并不是这些新团体进步的推动力，“牵引”着它们前行的是那个通过创新性结合取得成就的愿景。这些团体的努力会得到回报，可行性创新会吸引越来越多的投资。

4. 商学院也许并不是最适合推动创新的机构

创业中心到底应该“归属”南洋理工大学科技创业中心还是南洋理工大学商学院？其间的紧张态势给我们提供了一个机会，得以一窥这些创新性实验。TIP 课程旨在帮助整个学校，包括各个学院和部门寻找商业应用的途径。正如我们所了解的，创新者的主要动机并不是金钱，他们更希望看到的是自己的发明创造能够提高人民的生活水平。

大学里的研究院，或在各研究院基础上建立的跨学科初级群体需要进入市场。但是，由商学院这种官方机构推动其市场化进程，效果显然不够理想。哈佛大学商学院、南洋理工大学商学院以及剑桥大学嘉治商学院在这方面做得很不错。那么它们的工作是什么呢？答案是，这些商学院要为那些给自己提供赞助的大公司服务。有些商学院甚至模仿大公司的部门设置，设有营销部、生产部、财务管理部、人力资源部、战略与国际关系部等。所有刚刚起步的或小型的创业团体还都停留在初级群体阶段。在这些团体中，上述劳动分工尚未扎根。例如，对一家初创公司来说，并不需要配备人力资源方面的专家。因为在这个阶段，人与人之间的关系是自发且非正式的。但当这家公司的规模发展到几百人甚至几千人时，聘请商学院出身的专业人士就非常必要了。

由此我们可以得出结论：创业教育和初级群体行为既没有对商学院的众多部门产生冲击，也没有进一步推动发展这些院系的职业和专业水平。在商学院的各院系看来，初创公司是简单原始的，是一颗橡子，而非橡树。教授创业教育的“老师”并非专业人士，所以创业教育与商学院其他院系的关系并不十分密切。创业者在创业初期实在拿不出钱聘请商学院的专家，而一旦公司规模扩大，他们就需要专家的帮助，不能只是重述昔日的荣光。

此外还有一个问题，大多数商学院主要培养的是工商管理硕士人才（MBAs），但毕业生们自己是否有创业的意愿？商学院的培养目标之一是向公司中、上层输送人才，而不是让自己的毕业生像大多数创业者一样从基层做起。如果一位工商管理硕士只能在一家存活率仅为10%的公司里领着一份临时工资，他应该会很失望吧。而这却正是创业者不得不面对的现实。

确实，一所商学院越成功，其毕业生创业可能遭受的损失可能也越大。最近，我们采访了哈佛大学商学院研究创新问题的专家克莱顿·克里斯廷森教授。[9]他告诉我们，在经济危机爆发之前，2008 年毕业的应届工商管理硕士的入职薪酬是 15 万美元，外加一份几乎相同额度的签约奖金。谁会拒绝一份 30 万美元的入职薪酬，去尝试创业可能带来的种种风险和困窘呢？只有那些心怀强烈信念，甚至可以为此放弃追求利益最大化的人才会那样做。

那么，出现下面这种情形也就不足为奇了：尽管距 128 号公路只有几英里之遥，初创公司和创业者也不会大量聘用哈佛大学的工商管理硕士毕业生。同样地，硅谷也不会聘用太多斯坦福大学的工商管理硕士。想要创业的"技术专家"倾向于带着自己的创意直接去找风险投资人，而不会雇用商学院的毕业生。这种情况在剑桥大学周围也屡见不鲜。剑桥大学校园周边聚集了大量的高科技公司，人们称之为"剑桥现象"。但据我所知，这些公司并不会聘用嘉治商学院的工商管理硕士。一方面是因为公司负担不起毕业生高昂的薪金，另一方面似乎是因为这些公司和毕业生对彼此都不太感兴趣。

嘉治商学院实际上设有创业学习中心，主任是一位印度人，赛伦德拉·维亚卡纳姆教授。维亚卡纳姆教授在一栋独立于嘉治商学院的教学楼里授课，他的课程深受赞誉，有 140 多名研究生选修他的课程。值得注意的是，这些学生中只有 25 名——约占学生总数的 16%，是嘉治商学院本院的学生。其他学生来自剑桥大学的化学、生物、物理、工程学院以及整个研究生学院。[10]毫无疑问，这些数据表明创新和创业原则上并不是商科生的专长，任何有创造力、想用自己的学识为人类造福的学生都有机会大胆尝试。

难怪南洋理工大学的科技创业中心不仅独立于南洋理工大学商学院，而且当该中心在美国做研究时，也没有并入华盛顿大学商学院。它的理想目标是华盛顿大学工程学院的生物工程系。在那里，想实现自己的想法，将研究成果商业化的不乏其人。南洋理工大学科技创业中心的目标不是要成为商学院附属的二级专业，而是要服务于整个南洋理工大学。创新较之商学更广泛、更基本。设计奥斯顿校区的人似乎明白这一点，跨学科的初级群体应该直接进入市场。除非有特别需要，否则商业专家是不需要介入的。

因此，陈丁琦教授认为，对个人创业者来说，拥有充足的资金并不是首要条件。陈丁琦教授的课程更重视利他主义而不是利己主义。成就创业者的并不是他们个人获得的利益，而是他们能够给予社会和他人的东西。我们的课程项目从华裔馆开始，最后又回到这里，也体现出了这个主题。这就好像南洋理工大学科技创业中心是中国华侨企业家带来的“礼物”，参与科技中心项目的人也应当将这份礼物传递出去。如果有一天他们创业成功了，那么还有什么比捐助教育事业更好的回馈方式呢？

中国移民和中华人民共和国崛起，秘密就在于经济的发展，尤其是创新经济的发展，被看作是一门学问，需要代代相传。有些让人胃口大开的产品广告，比如麦当劳（McDonald's）、肯德基（KFC）、邓肯甜甜圈（Dunkin' Donuts）、我可舒适（Alka-Seltzer），在西方大受欢迎，但在中国却受到了冷遇。只有英美国家的主流经济才会把价值100万美元的薯片看得跟价值100万美元的微芯片一样重要。东亚人更有头脑，他们非常清楚价格和价值之间的区别。微芯片对文化教育大有裨益：它们是“工业的粮食”，是千万种不同产品的“大脑”。

我们可以得出结论，我们了解的商学院并没有站在创新的最前线。商学院在经济方面与那些已经很强大且颇具财力的公司关系更为紧密，但这些公司往往很难做到自我创新。创新者虽然处于劣势地位，但他们应该得到所有人的尊重和关怀。我们接下来就要论述这个问题。

5. 创新者是最后得到彻底解放的少数群体

几百年来，我们一直在试图解放少数群体。首先是无产者，然后是妇女、美国黑人，再然后是虽然在工作却享受不到福利的“非法”移民。然而，还有一些人也属于少数群体，常常身处困境。因为这些人的行为极富挑战性而且是完全自发的，所以他们遇到的问题就更多。这一类人就是有创造力的少数群体。许多人将这些人视为“危险分子”“非美国人”和“社会秩序的叛徒”，无法容忍他们对社会现状提出异议并提出不同的想法。

想要做到与众不同，具体的方式有两种：一种是无意识的差别，另一种是主观选择的差别，二者有时会有交集。一个人如果出生在贵格会教徒或不信奉国教的教徒家庭，他知道自己必然与众不同，他的行为也就自然与众不同了。创业者中有许多人是移民。与普通民众不同，他们会有意识地选择成为心目中那个自己。正如我们先前看到的，英国有50%的创业者来自占英国民众7%—8%的非国教徒。我们真的应该感谢那些有勇气提出独特见解并敢于实践的人。他们没有把自己的学识当作在企业中谋求高职的阶梯，而是将其视为调和困境的契机。

我们要考虑追求经济理性和利益最大化。当实现理想的概率只有一成时，大概只能有极少数人愿意去冒险吧。比起金钱，这些人更加注重人生理想。因此，与那些大亨和百万富翁不同，这些人可能是我们当中最无私的。当然，有些人变得富有后，为了保护自己的财富加入了政党。麦克利兰发现，这些创业者的后代会变得趋于保守。[11]然而，如果我们赶上了这些企业家创业的年代，我们会发现他们是有史以来最令人钦佩的少数群体。

看重创新的民族文化一定要发现并支持这类人才。因为缺少社会的帮助，这些由满腔热忱的梦想家组成的初级群体很容易受人剥削。他们为了实现理想埋头苦干会让别人有机可乘，剥削他们所创造的利润。但是，欺骗这些人是要付出代价的，因为他们是我们文化中最有价值的资源。越来越多的证据显示，我们应该格外重视这些学生。而且如果我们对这些人慷慨以待，他们一定会加倍地回报我们。如果我们细数所有愿意给 TIP 课程学员提供义务帮助的人——风险投资人、导师、先于学员们发展起来的创业者、乐于向学员敞开大门的创新公司、每天工作 14 个小时的陈丁琦教授、做义务服务的校友、只领取象征性薪资的教员以及所有相关人员——那么我们的师生比例几乎达到了 1∶1，而且大多数提供帮助的人是不收取报酬的。

嘉治商学院的赛伦德拉·维亚卡纳姆教授估计，中心的教师数量是学生数量的两倍。他有 140 名学生，而志愿者却将近 300 名。他很少提及自己与嘉治商学院的关系，以免志愿者们犹豫是否应该捐助一个境遇已然优渥的机构。他更愿意强调这些学生来自大学里的不同专业，他们胸怀壮志、求知若渴。维亚卡纳姆教授需要大量志愿者的原因是，学员们已经被按照各自的专业背景分成了不同的小组，这样电子工程师就能与同一领域的研究人员交流，从事生物制药研究的学员也能得到该领域创业者的指导。那些愿意花时间给学员们上课、帮助培养学员创造力的志愿者们让维亚卡纳姆教授深受感动。

新加坡实验和哈佛大学奥斯顿校区的愿景让我们明白了这样的道理：培养创新人才和科技创业者最需要的莫过于爱和奉献精神。就像这些创新者执着于自己的梦想一样，那些帮助他们的人也需要全身心地帮助这些未来的创新人才。建立一个以友谊为基础、人际关系网分布面广的生态系统是非常有必要的。我们目前处于瓶颈的尴尬位置，并不是因为缺少有雄心壮志的人，而是缺少愿意倾听、批评、鼓励以及培养创新人才的人。有什么样的文化土壤，就会培养出什么样的人才。只有崇尚创新的文化才能孕育出真正的创新者。

第十一章　创新教育的内涵

在本章中，我将简要介绍一些当今世界最亟待解决的问题，而解决之道就是在青年一代中掀起一股创新风潮。我们不仅需要通过创新的方法解决那些具体问题，更需要建立一种强调创新意识的民族文化。我将探究本研究涉及的创新人才和教学方法的特质。倘若没有这些特质，我们是否还能成功？创新教育是一种道德教育吗？创新社会就是理想的社会吗？

我们先来看看这些亟待解决的问题。工业污染已经严重地影响了气候，但人类对此认识不足，还在不断挑战它的极限。印度和中国的崛起可能会使许多商品价格攀高。如果这些人口密度较大的新兴国家像美国那样使用能源，那么其国民将没有足够可供呼吸的空气或干净的水源。为了避免灾难的发生，它们必须小心翼翼地节约能源。我们现在开的车太大、太重了，80%的油耗是用来牵引汽车本身的，而只有20%的能耗是用来拉载乘员的。[1]而同时，机动车行驶还需要数百万吨反射大量热能的沥青路面。因为石油产地往往是那些局势最不稳定的国家和地区，人们的过度浪费会造成严重的后果：石油供给变得紧张，人们开始争夺原油市场，进而导致石油价格上涨、投机倒把盛行。世界各国都要尽力保证本国工业发展所需的稀缺资源，以至于某些以石油出口为主要经济依托的国家会依附于主要的石油购买国。这些政权互相勾结，大范围地迫害和压迫民众。“黑金”把我们变成了无情的竞争对手。

艾滋病现在影响了近四分之一的非洲人口。那里人均每日生活支出不足一美元，这显然无法维持人们的医药费用，甚至不能保证人们合理的营养摄入。艾滋病使非洲经济腾飞成了一个不可能实现的幻影。营养不良严重破坏了非洲人民的免疫系统,艾滋病成了众多肆虐非洲的传染病之一。发达国家生产的药品面向的是他们本国的中产阶级。而对非洲人民来说,药品价格太昂贵,并且数量也远远满足不了实际需求。塞缪尔·P. 亨廷顿(Samuel P. Huntington)在其著作[2]中表示,贫富差距日益扩大可能会演变为文明的冲突,越来越严重的不平等会导致许多劣势群体采取极端的自杀式报复。有极少数人想在普通民众中间制造自杀事件以表达自己的不满,民主制度能挽救他们吗?假如那些人要以这种方式胁迫我们陪葬,怎样才能让他们打消这可怕的念头?有人可能认为,就算是最具创新能力的人面对如此可怕的问题也会束手无策。但我们是否应该尝试一下呢?

本书中描述的创新人才的学习之路有何特点?是什么样的生态系统和教学方法启迪了他们?假设大多数人能通过学习获得创新能力,这对一个国家发展自己的文化特色会产生何种影响?我将简要地讨论以下几点内容:

(1) 拥有面对世界难题的勇气

(2) 能够最大限度地接受平等关系中的多样性

(3) 能够调解、协调资源并构建更广泛的意义

(4) 能够克服资源匮乏的问题

(5) 这是一场无限的游戏

(6) 创新时代常常受到阻碍

(7) 以“软实力”取代“硬实力”

(8) 最适应环境与最和谐者才能生存

(9) 经济要以知识性与复杂性为基础

(10) 让创新成为民族文化

1. 拥有面对世界难题的勇气

创新学习的特点之一就是对现状保持批判态度。[3]如果学习者看不到当前做法中存在的问题,就应该努力去发现问题。如果现有产品已经令

人满意了，那么提出新构想还有什么必要呢？因此，创业者和创新者都在不断寻找"痛点"，想要找出当前制度中需要解决的问题。[4]

那么，前文中描述的种种危机可能会激发真正的创新者的斗志。许多问题都与石油污染和石油价格有关。因此，使用诸如风能、太阳能、热能、波浪能以及氢能等可再生能源也许能够阻止中东地区、格鲁吉亚、苏丹、尼日利亚等国家的战争，并解救那些因资源极度匮乏而滋生仇恨和强权政治的国家。碳排放不仅污染了我们所生存的这个星球，对资源的争夺也十分容易导致战争的爆发。另一个解决办法是制造内燃机的替代品，这对创新者来说是一个巨大的挑战。我们真的需要那些重型内燃机车吗？我们真的需要能够承担重型机车重量的沥青马路吗？如果生存主要依赖于资源效率，我们为什么还要去追求机械效率？为什么汽车厂商不生产和销售能满足消费者需求的塑料或玻璃纤维汽车呢？当然，问题和障碍层出不穷。困难始终都有，我们的想像力也正在接受挑战！

印度制药业的发展向我们证明：需求是发明创造之母。印度有 3 亿贫困人口，国家必须防止贫困地区爆发流行病。西方国家生产的多功效复合型抗艾滋病毒的药物价格十分昂贵，而印度自主研发的同类药剂现在正在帮助发展中国家抵御这场致命的疫情。我们需要集中一切智慧来抵御这样的危机。

2. 能够最大限度地接受平等关系中的多样性

有创新精神的人发现，在没有充分考虑到每一个人、每一只动物、每一个想法、每一个现象或是每一种可能性的情况下，开展工作会遇到诸多困难。既然创造需要综合两个或更多的元素，而这些元素先前又处于不同领域互不相关，那么我们就需要跨越所有界限，探索所有文化，了解所有的相关学科。然而，像征服者那样突然闯入南美洲大肆屠杀土著民的方法是行不通的。植根于掠夺自然资源的殖民体系是没有发展的。你只有在平等关系下才能理解他人的想法。当你认为某种观念远不如另一种观念时，你是不可能将这两种观念结合在一起的。平等是学习他人所长的前提条件。如果你不能严肃认真地思考他人的观点，你就很难从中受益。

参加南洋理工大学科技创业中心TIP课程学习的学员来自二十多个国家。这些人中有穆斯林、基督徒、佛教徒，也有犹太教徒、印度教徒和儒家门徒。我们在下一章中将会看到，在美国，有创新力的群体更具包容性。他们能够接受同性恋的生活方式，主张女性和少数群体也能拥有平等的机会。[5]笔者在韩国成均馆大学（Sungkyunkwan University）教授创新课程时，学员来自35个不同的国家。我们并不是说女性或者同性恋在创新活动中一定扮演了重要角色，而是强调存在这种可能性。我们要养成习惯，积极思考任何可能解决问题的方法。有时候解决问题的确需要另辟蹊径，如果你总是质疑那些方法，可能会变得畏首畏尾，限制了自己的视野。

3. 能够调解、协调资源并构建更广泛的意义

想要创造性地整合资源，首先需要“包容”各种资源，平等对待所有的资源提供者，同时还要整合各种信息，使之相互融合、协调一致。我们需要构建更广泛的意义，不是进行信息拆分，而是进行整体构建和设计。对话是整个过程的起点，而最终要实现的是更具包容性的综合体。比如，我们的实验主题融合了智力能力与情感、接受信息与自我思考和选择、彼此竞争与相互间亲人般的支持，也融合了游戏与严肃性。我们将这种不同价值观的相互融合称为“整合性”，即借助精神力量使一系列价值观相互作用并融合，而非彼此割裂与独立。这种黏着的整体性是“神圣的”。因此，要想创新必须保证整合性，让其中包含的价值观足以解决你所面对的问题。

4. 能够克服资源匮乏的问题

资源匮乏是经济领域中的一个基本概念，事实上它就是这门学科的基石：人类的欲望是无限的，而资金和资源却是有限的。经济学家对创新

总是不无担心，他们时常引用奥地利经济学家熊彼特的名言：创新是“一种创造性的破坏过程”。但之后他们就把创新的问题放在一边，不再向前推进了。

他们的警惕不无道理，因为创新撼动了经济学发展的基石。当然，资金匮乏是不可避免的，但是创意、知识、愿景以及创造的尝试却是无限的。如果我卖给别人的是香蕉，我就只能在香蕉和卖香蕉的钱中选择一样，二者不可兼得。但是，如果我出售的是知识，那我就能在得到金钱的同时仍然保留知识。我与购买者共享知识，资源匮乏的问题就不复存在了。因此，如果某种经济体是以知识分享为基础的，情况就大不一样了。罗密欧对朱丽叶说，“我给予你的越多，我自己得到的就越多”。这并不仅是恋人之间的情话，其实它也适用于两个人或整个团队。大家聚在一起集思广益，会迸发出更多知识的火花。优秀教师对此也应深有体会。

故步自封，不懂得与人分享，只将知识作为个人前进的手段，这样的做法是肤浅的。然而，知识若能与人分享并被重新整合，人们看问题的角度会更多，而视野也将会得到进一步的扩展。创新在这个过程中一定起到了催化作用。创新能使 2 加 2 等于 5，甚至等于 500（如果没有电子芯片，硅砂本身又会有多大价值呢？）。新组合会产生协同效应，创造出无限大的价值。如果我们能够消除工作关系中“匮乏”的问题，可能会发生难以想象的改变。民营企业的工作之所以比政府工作更令人感到兴奋，是因为在那里人们可以凝聚各种想法和资源，并从中创造出剩余价值。人们的收获往往大于预期，那样的经历一定会令人怦然心动的。[6]

5. 这是一场无限的游戏

我们可以将商业竞争比作遵循一定规则的运动或游戏。你要取得“比赛”的胜利并将竞争对手挤出市场。最终，你可能会接管竞争对手的管理层人员和普通员工，然后进行人员的优化配置。这样，员工在更好的培训指导下能够更加出色地完成工作，而扩大了经营规模的经济体也会因此受益。然而，这些都是有限的游戏，是一系列短时的激烈竞争。在资源匮乏的环境下竞争，一个公司的胜利就意味着另一个公司的失败，一个公司得到的就是另一个公司失去或放弃的。詹姆斯·卡斯对有限游戏和无限游戏进行了比较。[7]以下就是它们的差别：

有限游戏	无限游戏
以胜利为目的	以提升游戏本身为目的
以适者生存的方式进行	以开发游戏的方式进行
赢家排斥失败者	赢家帮助失败者取得进步
赢家得到一切	大家共同分享胜利果实
目标一致	目标多样
彼此间是相对简单的竞争关系	彼此间的关系相对复杂
规则是预先设定的	规则可以随时调整
规则类似于辩论比赛的规则	规则类似于语言的语法规则

并不是说有限游戏是不好的，这恰恰是许多企业选择的竞争方式。问题在于：这种方式是否还有改进的空间？东亚地区的国家，至少是部分国家，是否已经开始尝试无限游戏了？无限游戏方式更加新颖、更加具有教育意义、更加符合当前社会的创新价值。为何不来玩一场无限游戏呢？胜利只是目标之一。更深层次的目标是通过观察赢家的表现提高游戏本身的水准。游戏的规则并非适者生存，参与者要将整个游戏的创新性和优势提升到一个新的水平。

排斥输家，认为他们是失败者，这样的做法是否有必要？企业家历经失败后能涅槃重生，是因为他们在这个过程中学会了游戏规则。如果有足够的勇气坚持下去，他们会玩一场无限游戏。如果我们在分享胜利果实的同时也分享信息和机会，最终的结果是否会更好？在有限游戏中，所有人的目标都是相同的，这导致了资源匮乏。每个人都想"达到目的"、获得更多的利润、交出最好的"答卷"，并夺取竞争对手所拥有的一切。而在新加坡实验中，参与者有着不同的目标。正是因为这种目标的多样性，他们不必以削弱对方为目的。进而，参与者之间产生了一种家庭式氛围。也正是因此，所有人都能拥有充足的资源。

有限游戏很简单——要么输，要么赢，会有很多人关注你的成败。然而，无限游戏却是微妙而复杂的。它并不是一种观赏性的体育运动，而是一种需要所有参与者共同创造的更为复杂的运动，一种综合过去所有成功因素的运动。在有限游戏中，规则是预先设定的，“裁判”按规则判罚犯规的“队员”。在无限游戏中，为了让所有参与者都能得到附加值，规则是可以修改和逐渐完善的。有限游戏就像辩论赛，有专人计算辩论双方的“得分”。无限游戏就像语法规则，参与者在规则允许的前提下自由发挥，清楚地表达自己的想法。拥有创新精神使我们能够不断提升和改进无限游戏，并且在分享知识和追求各自目标的过程中互相帮助。只要我们意见一致，认可创新的产品和产品系统，我们就能制定或重新制定规则。

6. 创新时代常常受到阻碍

人类发展史中出现过几个“黄金时代”，它们悄无声息地来又悄无声息地走了。我们列出了这些年代，但还没有详细阐述其短暂性。离我们最近的一个例子就是，中国正在以惊人的速度崛起。中国作为一个社会主义国家，崛起速度却很快超过了几十年前的日本。这些黄金时代绝不只是传奇故事。因为，无论在过去还是现在，它们都受到了重重阻碍。瘟疫和战争结束了雅典的黄金时代。中国古代的唐朝也在外族的大举入侵中灭亡了。萨伏那洛拉(Savonarola)甚至劝说米开朗基罗(Michelangelo)，要他将画作扔进虚荣的篝火里。多样性和由此产生的包容性，甚至新产品的出现都会让民众感到担忧，也会让邻国嫉妒不已。困阻无时不在。富有创造力的少数人过于脆弱，容易轻信他人。他们太容易接受无序的事物，也太容易激动了。

在这样的时代里，业界的大师们相互理解、相互欣赏，还有像美第奇家族那样的赞助者，同时也不乏评论家和有鉴赏力的普通大众。在那些年代里，一小群人创造了大量美好的事物并且相互激励，但那样的时代却往往是昙花一现。我们必须努力让这种状态持续下去。如果能有更多人更快地分享和利用知识，这些知识就不会无声无息地消失在人类历史的长河中。[8]

7. 以"软实力"取代"硬实力"

弗朗西斯·培根(Francis Bacon)说过,"知识就是力量"。[9]他所说的知识应该是"硬实力",是人们不屈服于自然并且要征服自然的能力。人们要战胜海啸、滑坡、饥荒、干旱、火灾以及风暴等自然灾害。如今,我们的"硬实力"很强,以至于有许多硬实力已经转变成了其他形态。我们的破坏行为已经威胁到了地球的安全。布什执政时期的美国政府拒绝签订《京都议定书》。而且在对伊拉克、阿富汗战争及其他战争中,美国政府也始终坚持先发制人的信条。这些行为都退回了到了靠"硬实力"说话的状态。

哈佛大学的政治学者约瑟夫·奈(Joseph Nye)写过关于知识是"软实力"[10]的文章,认为知识是启迪、教授、建议、促进、创造与创新的力量。伯特兰·罗素(Bertrand Russell)认为,知识是经由人民体现的一种力量,而绝不是用来控制人民的。20世纪晚期,拥有强大软实力的美国成为了世界典范,给整个世界带来了巨大影响。成千上万的外国留学生前来求学,将美国大学变成了既包容多样性又推崇创新性的世界性飞地。可惜,这样的时代也已不复存在了。美国大学招生数量在减少,大多数学生选择了其他更具吸引力的地方。理查德·弗罗里达(Richard Florida)在《创意阶层的迁徙》(*The Flight of the Creative Class*)一书中提到了这个现象。[11]当"硬实力"仍处于上行发展的态势时,"软实力"却开始走下坡路了。显然,创新和创新教育通过实现大量的知识共享,成为了提高软实力和相互促进的最热切、最令人激动的方式。

8. 最适应环境与最和谐者才能生存

达尔文进化论强调"适者生存"。牛津大学动物学家理查德·道金斯(Richard Dawkins)认为,动物在自然界中相互竞争,弱肉强食,只有最凶猛的捕食者才能得以生存。[12]但这只是现实世界中的一个小场景。凶猛的捕食者相对来说数量极少。达尔文生活在维多利亚时代，相对于性，他对帝国征服更加熟悉。他只是勉强承认，进化与性有关。越是具有吸引力的动物，其繁殖率也越是惊人。事实上，动物要彼此依存，同时也要融入生态环境，就像树袋熊必须生活在高高的桉树上一样。

单纯将动物看作一个生存单位是一种谬误。生存单位应该包括动物以及动物生存的环境或栖息地。缺少任何一样，这种生物都会消亡。或许在自然界里，物种之间有很多协同进化的方式，然而最重要的法则并不是弱肉强食，而是适者生存。只有那些最能有效且和谐地适应环境的生物才能存活。[13]这些"适应"当中有许多都是辉煌的"创新"行为，是千百万次进化的产物。这些进化最终因为适应了环境而变得永恒。

创新是不同事物间的和谐组合。它不仅存在于创意和资源之间，也存在于供应商和合伙人、供应商和消费者、机会和冒险之间。成功的产品会成为环境的一部分，维持我们赖以生存的生命系统，并像磁石一样吸引其他产品进一步促进这些系统的发展。在中国和日本文化中，有一个难以估量的经济优势：和谐。在日语中这个词读作"wā"，而汉语中则有"中和"、"关系"等表述；这些都是最重要的经商之道。[14]然而，西方文化似乎更推崇青少年拥有霸王龙或大白鲨那样的欲望。在中国文化中，老子将水看作灵动的象征。我们在前几章中使用过网格图和立方体图，其中协调区域体现出来的波形走向和水逻辑与老子的比喻不谋而合。中国商业作家朱津宁(Chin-Ning Chu)解释道："在亚洲文化中，商业、精神、人际关系以及斗争的艺术之间并不是孤立的。生活的方方面面都息息相关。"[15]创新具有毁灭性，新产品会淘汰旧产品。因此，企业要寻求与其他企业联手，以建立更加持久、和谐、适宜并新颖的合作关系。亚洲商业作家似乎对这一领域十分感兴趣。[16]

9. 经济要以知识性与复杂性为基础

我们已经看到，跨领域知识的结合和不同思维之间的结合能够解决资源匮乏的问题，同时也能创造财富。虽然如此，一旦某种商品被生产出来并投入市场，它或多或少都会变得稀缺。创新是使产品具有稀缺性的主要途径。此外，如果该商品生产过程复杂，且需要十分专业的知识，那么这种稀缺性就会一直持续。这种稀缺性会持续到它的专利权到期，或者是有了其他替代产品问世。竞争者的确会竞相推出升级替代产品。但至少有那么一段时间，你会获益于“蓝海战略”，身处于一个几乎没有竞争对手的探索环境中。[17]

综上所述，知识的密集性、复杂性和创造性共同导致了产品的稀缺性，而稀缺性又能提高产品的价值。新加坡、中国以及大多数东亚国家都在不懈地追求知识密集型产业。消费者、使用者、供应商以及零售商接受的也是这种教育。我们要在新加坡的文化环境中看待这次新加坡实验。新加坡文化要求国人比以往更有学识、更加智慧、具备综合能力，还要充分挖掘经济的教育潜力。过去，欧美国家并未重视在经济发展中探求学习动态的方法，因而研究发展缓慢。当年，威尔士发展局派笔者参加韩国在威尔士设厂的招标会时，只是为了获得一些制造业的工作。没有人关心这些工作的质量和复杂性。

事实上，公司就像一个查询系统，每一个投入市场的新产品都是一个命题。顾客是否购买这个商品就是对该命题的验证。公司如果能更快地融入周围环境中，就能学到更有用的东西。复杂性、知识密集性和创新性是相互关联的。如果你能站在知识领域的前沿，你就会拥有更多的机会，而能与你竞争的人就越少。在日本有这样一个家喻户晓的比喻：知识就像树干、枝桠和嫩枝一样，会不断向外伸展。[18]

想要走在知识的最前沿，你会遇到许多可能性和新组合。你必须主动创造那样的知识，你要比任何人都了解自己的产品该如何升级换代。一家公司一旦开始自主创造知识，它在行业中的领先地位就不可撼动了。世界秩序如今出现了新景象。如果将世界看作一棵巨大的知识树，树干和树根部分相对简单，但越往上树枝生长却越复杂。很多国家都在攀爬这棵知识树。具体地说，是整个国家在共同努力——不仅仅是各国的高等学府，还有许多公司，而有些公司就设在大学周围。位于知识树顶端的公司把简单的工作交给在知识树上位置相对较低的公司去做，或者从那些贫穷、教育水平落后的国家大量购买制造业产品，从而帮助它们发展。因为新产品和复杂产品具有稀缺性，发达国家能够靠知识赚取利润，然后再把赚到的钱投入到继续学习中。新加坡这座智慧岛和这次新加坡实验会成为这一新秩序的先行者吗？

10. 让创新成为民族文化——本章小结

创新需要的是一种伦理文化。这么说并不夸张，因为那是对待创新者的一种方式，一种倾听的方式，也许能激发创造者的潜能。在本章中我们看到，创新者会积极寻找需要解决的问题，世界性危机会激起他们的斗志。创新的过程就是接受挑战和做出回应的过程。新加坡实验本身就是对挑战的回应。但这个国家的创业记录并不十分理想。

创新需要广泛多样的兴趣和好奇心，我们对一切无害的事物——每一个种族、每一个人、每一个创意以及获取知识和经验的每一条曲径——都要有一种包容的态度。我们面前的选择越多，我们就越有可能发现珍贵、有价值的结合点。所有伟大的创新时代都是大同的、多样的。我们必须平等地看待那些对立的观点。否则，我们就无法合理地内化它们。

然而，我们需要做的不仅仅是包容他人。我们必须协调各方，找出不同人群的共同之处。我们不仅要尊重不同人的不同观点，更需要将它们整合起来。这也正是本项目参与者需要学习的——使原本高度对立的价值观相互融合。如果学生能做到这一点，那么教育者所采用的教学方法就兼具了现实性和理想性。

解决稀缺性问题会给文化带来短暂的快乐和喜悦：知识分享变成了知识传播，人们将自己视为新意义和新满足感的来源。创造出来的财富能使人们继续扩大发展规模。我们在组织知识、实现梦想的过程中获得了个人满足感。这真的是一场永不停止的“游戏”，一场无限游戏。笔者在此自然想到一些国家，这些国家将经济发展看作整个社区内部的一种关系性学习。如果我们参加一系列非输即赢的有限游戏，一定会从中发现更重要的东西，我们可以共同制定更有效的规则，创造出更有效的游戏。也许这本身就是“创新规则”吧？

人类历史上出现过几个充满创新与创造力的时代。然而，这些时代的创新者都处在风口浪尖，那些对改变、包容以及表面混乱心存疑虑的人会对创新者提出种种质疑。理解创新的关键在于理解“软实力”这个概念。这是一种启发、娱乐、教育以及激发他人创新的能力。最富创新精神的人在探索精神的感召下会纷至沓来。创新文化的秘诀就是适者生存。只有最能够适应大环境中那种紧密共生关系的人才能生存，而能够引领他们实现理想的秘诀就是和谐。

这种经济将先于竞争对手的学习能力置于价值体系的顶端。经济发展就像一场攀爬比赛，看谁能最先攀上知识树的顶端。现代企业生成的知识植根于高等教育。支持这一理念的国家会发现，它们之前遇到的问题能够得到缓解。如果创意和可能性能让人感到兴奋，还会有人用吸毒的方法追求刺激和快感吗？如果人们知道如何获得自我满足感，又有谁会去剥削他人？如果资源可以生成，人们还会去争夺世界资源吗？我们开始理解，创新的生态系统是文化中比较脆弱的部分。

第十二章　新的创意阶层在崛起吗？

证据表明，新加坡实验并不是孤立的。地理学家理查德·弗罗里达认为，这是一个世界性问题，并提出了“创意阶层崛起”的观点。他的观点也得到了另外几位学者的认同。[1]如果这样的阶层不仅在美国，同时也在欧洲和东亚崛起，那么本书所阐述的内容对培养新型创新人才和具有创造力的员工将非常具有实用价值。本研究的意义也由此变得更加深远。

在弗罗里达的描述中，有一位时间旅行者从 1900 年穿越到 1950 年，然后又从 1950 年穿越到 2000 年再到未来。大多数世界性变革，如汽车、联邦公路系统、飞机和喷气发动机、航空系统、无线电和电视、电话，甚至第一台电脑，都出现在 1900 年到 1950 年这半个世纪里。如果站在 20 世纪 50 年代曼哈顿的摩天大楼上向下俯瞰，你很难想象出这个世界 50 年前的样子。

然而，从 1950 年穿越到 2000 年，时间旅行者见证最多的却是技术的发展。不可否认，电脑逐渐进入了普通人的生活，固定电话发展成了手机，人们都已经离不开网络，但所有这些事物发展的总原则却是相通的。从 1950 年穿越到 2000 年的时间旅行者不必再花时间适应没有马车和沙石房屋的生活。他的困惑依然会有，但肯定会少一些。让时间旅行者感到困惑的原因发生了变化。在 20 世纪的前半叶，发生改变的是基础设施建设；而在 20 世纪的后半叶，发生改变的是规范、观念和生活方式。弗罗里达描述道：

> 在工作中，他看到了新的着装要求、新的日程表和新的规则。他

> 发现，办公室职员的穿着就像人们周末在家休息时的穿着。员工们穿着牛仔裤，上衣的领口也敞开着。让他感到惊奇的是，这家公司管理人员的穿着居然也是如此。办公室职员可以随意走动。女性和有色人种也可以担任管理人员。个性化和多样性胜过了单一的组织规范……但当他讲起种族笑话时仍会尴尬收场。停车场依然禁止吸烟，如果午餐的时候喝两杯马提尼也会有员工为他担心。在新的时代里，会有不同种族间甚至是同性间的婚姻，而女子俱乐部(Ladies Clubs)、麋鹿小屋(Moose Lodges)以及保龄球联盟(bowling leagues)又会有怎样的变化呢？[2]

弗罗里达认为创新"阶层"是一个不同寻常的阶层。首先它缺乏阶级意识，甚至似乎没有意识到自己的存在。它并没有影响社会政治力量，也许是因为这个阶层的人太专注于创新而无暇顾及政治吧。创新与政治的步调并不协调一致。然而，无论是对创新领域还是对整个国家来说，这都是一个巨大的优势。科学与艺术的结合会催生全新的产业，比如计算机绘图、数字电影和音乐、液晶显示器及动画片，等等。我将从以下几个方面来介绍弗罗里达关于新兴创意阶层的看法：

(1) 创意阶层的集群特征
(2) 经济和区域背景
(3) 主流的价值体系
(4) 理想的职场条件
(5) "如果你能把无情的时间填满……"
(6) 经验消费
(7) 社会与文化活动的融合造就了创意阶层
(8) 创意阶层是否正在离开美国？

1. 创意阶层的集群特征

创新人群常常会聚集在一起。如今，他们聚集在美国、欧洲及亚洲的重要地区。尽管时间短暂，创新者们曾聚集在雅典、罗马、佛罗伦萨、硅谷、波士顿128号公路等地区。他们分享着某一特定地区的文化，同时也给这一地区带来了发展机遇。今天，美国的创新群体主要聚集在旧金山、西雅图、波士顿—剑桥大学城，以及得克萨斯州的奥斯汀市、科罗拉多州的博尔德市、大纽约区、洛杉矶、俄勒冈州的波特兰市。美国的创意阶层大概有4000万人，但这些人仅仅聚集在几个城市区域。创意阶层聚集的地区只占人口密集的城市面积的15%—20%，却创造了全国80%以上的创新产值。弗罗里达认为，“超级创新核心”的人数远远少于4000万人，但在这些核心人才周围汇聚了许多有创造力的专业人士，其中不乏代理商、出版商、风险投资家以及知识产权律师。

这不仅仅是后工业化，不仅仅是低收入的服务经济，也不仅仅是罗伯特·赖克(Robert Reich)所定义的知识经济或者符号分析。[3]创意阶层将原有的想法重新整合，做出新创意。弗罗里达是一位地理学家，他按照具体工作给雇员分类。据他计算，1980年创意阶层约有300万人。到了2000年，这个数字增加到了3000万。尽管布什总统执政时期，一些反对少数民族的观点导致了外国人口大量减少。而时至今日，创意阶层已有近4000万人了。创意阶层的人均收入是服务业和制造业阶层的两倍以上。无论是从规模、影响还是从人均收入来看，创意阶层都处于上升的态势。[4]创新阶层也是制定规范和引领潮流的阶层。创新者代表的是新追求、新事业、新趋势和新的生活方式。弗罗里达认为，“艺术家、音乐家、教授和科学家会自己安排时间。他们穿着休闲随意，工作环境也让人兴奋”。“无领”的工作环境虽然看似比旧式的工作环境随意，但它用新的自我管理、同行认可、同辈压力及内在激励的制度代替了传统的等级制度。这一阶层也要遵循“权威”的指挥，但这里的权威指的是科学、亟待解决的问题和创新者所专注的高级目标。为此，创新者汇聚到一起，倾注自己的全部心血。[5]

2. 经济和区域背景

这个阶层通过整合多门学科的前沿问题实现创新。用保罗·罗默(Paul Romer)的话说,创新的关键在于"改善烹饪方法,而不是反反复复地做同样的膳食"。[6]知识通常来源于周边的高校,但是知识整合却是由周围上千家初创公司完成的。爱因斯坦将这个过程称为"组合游戏"。整个过程既严肃又具有游戏性。"创新会破坏一个完全形态,但那是为了创造一个更好的形态。"弗罗里达引用乔尔·莫克(Joel Mokyr)的话,"经济学家和历史学家们都意识到,经济人(homo economicus)和创造者(homo creativus)之间有很大的不同。前者尽量利用大自然所给予的资源,而后者却违反自然的旨意。与其他创新一样,科技创新也是一种反叛行为"。[7]就其本身而言,创新是脆弱的,通常令人兴奋却也太容易受到阻碍。

并不是专利、秘诀或公式创造了财富,财富来源于创造者。与其他资源不同,好的创意会带来收益递增。创造似乎源于街头的喧嚣,源于自发的相互作用,是偶然的碰撞和令人兴奋的交互作用的产物。简·雅各布斯(Jane Jacobs)在《美国大城市的死与生》(*The Death and Life of Great American Cities*)一书中对此有所描述。格林威治村就是其中一个典型的例子。[8]弗罗里达认为,"推动美国20世纪90年代繁荣的不是贪婪,也不是甚嚣尘上的风险投资和高科技创业,而是创造力的解放"。[9]

这些形式的发展速度和强度正在经历爆炸式的增长。信息越多,信息之间可能产生的联系就越多。信息结合的过程也越来越快。创新行业创造的经济产值占了北美和西欧财富创造的很大一部分。创新行业有3900万员工,约占所有行业员工总数的30%,却给美国创造了2万亿美元的财富,占总财富的47%。相比之下,服务业有5600万员工,约占员工总数的44%,却只创造了30%的财富,约为1.3万亿美元。弗兰克·利维(Frank Levy)和理查德·莫内姆(Richard Murname)研究了美国几年前经济低谷时期增长最快的职业。这些职业强调专业思维、复杂的沟通能力、认知任务和非常规的工作。[10]如果我们观察过去20年的工资收入便会发现，创意阶层的收入有显著提升，而服务业、制造业以及农业阶层却没有起色。

经济增长还与读写能力有关。国民的读写能力每提高 1%，劳动生产率就会上升 2.5%，人均国内生产总值则会增长 1.5%。[11]创新性的高科技区域与弗罗里达的同性恋包容指数（Gays Toleration Index）也有密切关系。当然这并不是说同性恋人群更具创新性，事实上也没有证据表明这种关系。笔者在此想要说明的是，对同性恋群体的宽容可以泛化为对所有兴趣或生活方式的宽容，因为同性恋也是生活方式之一。[12]

3. 主流的价值体系

我们对创意阶层的价值观尤其感兴趣，其中包括极强的个人主义和精英体制。这可能要求有能之士掌控财力并且能够接受问题的多样性，因为创新者需要在人们广泛的兴趣和喜好中寻找商机。这一阶层对外来者怀有天生的同情心，因为许多创新人才都将自己摆在外来者的位置上。这些人身上体现的是"平等的精英主义"。他们寻找有才之士，本着平等的原则尽可能多地从这些人身上获取信息。阶级和这种平等的精英主义有所不同，前者往往将不同阶级的品位和喜好划分开来，而后者恰恰将这些融合到了一起。一位受访者是这样描述他工作的地方的："这里除了没有黑人以外，就像一个小联合国。"

在采访中，创意阶层表示他们具有"后稀缺性"。比起生存、稳定、薪资甚至是认股权，他们对创意和自我表达更加感兴趣。他们也试图积极地担当起更大的责任，成为改变之源。他们工作的目的是学习、自我完善和分享经验。他们沉浸在工作中，感受并尝试表达自我。他们想要的是一种能够产生多维刺激的生活。大卫·布鲁克斯（David Brooks）在《天堂里的波波族》（*Bobos in Paradise*）一书中称，创意阶层的价值观是"资产阶级"和"波西米亚"价值观的结合体。[13]但是从弗罗里达的采访中，我们可以看出创意阶层并不喜欢这些标签，他们认为自己已经超越了固定模式。或者，他们根本不想被归类到任何一种模式，并且不屑于刻意炫耀自我意识和创新。他们想要做的只是解决问题和发现新的结合点。

创意阶层的成员也有很强的“地点”和位置感。他们特意寻找兼具多样性和世界性的城市环境。他们愿意参与当地活动，追求充实的人生。他们不太爱出席如芭蕾舞剧、交响乐和歌剧这一类偏正式的文化场合；他们更喜欢参加当地的展会和非正式会议，去有民族特色的风味餐厅，参加舞会或是街头活动，因为他们可以完全参与其中。

4. 理想的职场条件

仔细观察创意阶层喜欢的工作方式和他们选择的雇员类型，我们可以更好地了解这个阶层。在对信息技术（IT）从业者进行的延展性调查中，弗罗里达和斯托拉里克（Stolarick）[14]发现，在评价职场条件的11个因素里，任务难度这一项产生的影响明显大于其他因素。有67%的受访者认为任务难度对他们来说最重要。排在第二位的因素是工作方式的灵活性，持这一观点的受访者占到了31.4%。25.3%的受访者认为基本工资最重要。而只有9.7%的受访者提到了福利问题，提到这个因素的人数最少。弗罗里达表示，创意阶层真正想要的是一种和谐的状态。打个比方来说，这种和谐状态就像要把“美发沙龙”的趣味性、交际性和艺术性，与“机械车间”的专注、动力和科学性结合在一起。他们更喜欢灵活的时间安排，因为他们可能还有其他工作，或者要参加其他活动。智慧是他们的工作资本，而工作所需的数据就存储在小小的U盘里，可以随身携带。因此，他们可以在不同的地点“工作”，非常灵活。

他们喜欢开放式的办公室设计和布局，因为这样他们可以看见其他员工，可以互相分享。他们喜欢在公共场合见面、聊天和消遣，喜欢在半私人的角落里聚会商议。他们喜欢灯光柔和、墙上挂着艺术品的氛围。他们并不要求雇员就座于各自的办公桌前工作，也不会因为员工四处走动而责问他们。相反，他们鼓励员工与负责不同工作的人沟通。最有价值员工的办公室往往被安排在楼层的中央区域以便于进出，而不是某个能看到更美的窗外景色的专属角落。[15]

管理创意阶层有许多独特的方式，微软公司的管理规则就是一个有趣的例子。当年这种管理模式被称为“惠普之道”（HP Way），但现在这种模式几乎已经被更结构化的管理取代了。面试官在面试时会向求职者提出一些奇怪的问题，然后雇用那些思考方式与众不同的聪明人。在追求创新的过程中，公司允许员工失败，但是会要求他们改正错误且不再重犯。公司还时时鼓励员工为了实现目标不懈努力。这似乎保持了创新者创业时的心态，延续了“车库”（garage）和“后室”（backroom）的神话。公司之所以要给员工提供像家一样的办公室环境，是为了营造一种初级群体和家庭式的氛围。在惠普公司早期提倡的“走动式管理”模式中，领导者就会在研究员中间走动，并随时汇集他们的想法。[16]

创意阶层的成员不愿机械地按照预定要求工作，他们要丰富自己的工作，接受新的挑战并重新“塑造”自己的工作模式。彼得·德鲁克（Peter Drucker）将创新者描述为脚踏实地的志愿者，他们专心致志地做着自己最爱的工作。[17]当然，创新阶层也会受到一些限制，但这些都是“软控制”，主要是指他们所从事的科学研究、共同的目标和追求、对同伴的承诺以及按照计划对并行工作进行聚合处理，等等。

威廉·怀特（William Whyte）在《有组织的人》（*The Organization Man*）一书中描述了旧式的雇用方式。以 IBM 公司和通用汽车公司为例，高管们把自己的工作看作是换取金钱、地位、稳定和身份的工具。[18]这使得人员组织变得松散，员工在同一企业就职的时间短，平均大约只有三年。同时还造成了这样的问题：工作的延续性主要依靠个人或团队，而并非公司。员工跳槽的频率非常高。因为他们要用自己的创意和精力换取工作，所以一旦他们觉得这种“交换”不够公平，就会拿着一纸“个别协议”跳槽到另一家公司，希望在那里能得到更好、更大胆的任用。

看似无意识的创新是有自我组织的特质的，而开放源代码运动就是证明这种特质的一个最好的例子。这个运动是围绕着一位芬兰人开发的 Linux 操作系统和后来的 Apache 网络服务器开展的。开放源代码是指向购买者开放软件编程所用的源码。这与微软公司出售的闭源的专用软件恰好相反，后者只出售使用权而不出售逻辑操作。两种模式强调的重点不同，前者看重的是创新带来的快乐，而后者强调获得的销售利润。如果购买者有定制代码或转换编码的能力，开放源码就会大大加快信息分享的速度并且有助于提升创新能力。相反，由于公司需要通过闭源软件系列创造利润，那么它在获得足够利润前，是不会开放源码的。但那可能会使创新的脚步放慢。[19]这对西方经济来说是个不祥的预兆，因为中国已经选择了开放源码软件，这可能会加快其创新速度。

包括新加坡城在内的许多公司和城市，至少在经济繁荣期，都在努力吸引创意阶层。公司会给员工的子女提供幼儿园，给同性恋夫妇提供福利，给员工提供健康食品补贴以及当地活动和设施的门票，等等。这些举动会让公司看起来更像一个大家庭。公司帮助员工解决他们的日常琐事，让他们能够腾出时间思考和创新。而作为交换，员工们可能要加班加点地工作，没有周末也没有休息。

考虑到员工的工作强度，让他们保持工作热情就变得极为重要。公司需要在工作场所里安装能够补充体力或缓解疲劳的便利设施，以保证员工能够精神饱满地工作。特蕾莎·阿马比尔在哈佛大学做的研究[20]表明，最后期限、威胁、危机以及人为压力都是阻碍创造力发挥的不利因素。就像有些时候金钱奖励并不利于任务完成一样，我们需要具体情况具体分析。约翰·克里斯(John Cleese)指出[21]，创造型人才会自己掌握节奏。他们的灵感大都是在晚上或者休息的时候突然迸发出来的，所以向他们施压会适得其反。但如果在工作中为这些人提供便利，允许他们有放松和恢复的时间，反而会对创新更有利。

这里有一个隐性规则。你为公司做的贡献越大，公司给你的回报就越多。如果你在公司上班的时间越长，待在家里的时间越短，公司就会越像你的家。工作与游戏的差异将会变小，因为轻松、不拘束的工作是人生中最能令人感到满足，往往也是最有生命力的东西。然而，弗罗里达谴责那些做表面文章的行为：摆一张奇怪的乒乓球台或者一台浓缩咖啡机是没有用的。IDEO 设计公司[22]的工作环境是真正能够激发员工创新性的。

IDEO设计公司坐落在斯坦福大学旁边，是一家全球顶尖的设计咨询公司。陈丁琦教授的女儿苏珊便供职于这家公司，她也曾经是父亲开设的TIP课程的学员。

5. “如果你能把无情的时间填满……”

创意阶层有一个相当大的优势，他们对于处理高负荷、高强度的工作有着惊人的能力。他们的生活总是安排得满满的。这也许能够解释他们在政治上并不占优的原因：他们没有时间参加政治活动。但是我们有这种体会，当你能驾轻就熟地完成某项工作时，你就不会再感到工作有多辛苦了。问题得以解决会给人带来巨大的满足感，这与心理学家米哈里·契克森米哈赖描述的“时间的瓦解”和“心流经验”类似。[23]我们也发现参加TIP课程学习的学员在深夜和周末都会工作，他们似乎忘记了时间。

20世纪90年代，当人们都以为日本经济要赶超美国时，美国却迎来了经济复苏。原因之一就是美国人，尤其是创意阶层的员工们，比其他国家的人工作更努力，工作时间也更长。当大多数欧洲人仍然认为加班就是雇主对员工的过度剥削和压迫时，美国人已经突破这个“痛阈”，去追求奥林匹克风格的卓越了。长时间工作的并不是蓝领工人，而是创意阶层的成员。他们不想停止工作，即使回到家也会思考工作上的事。2001年，美国员工的年平均工作时间比日本长137个小时，比英国长260个小时，比德国长500个小时。美国员工的工作天数也更多，相对而言休假更少。但那主要是指高级雇员，而不是工会组织的小时工。[24]创意阶层最在意的是他们的尝试是否能成功，而不是盯着时钟看是否已经到了下班时间。

如果你想过创造者的生活，时间是最稀缺也是最珍贵的东西。其他也许还好，但时间往往不够用。创意阶层的人需要通过与朋友、爱人以及孩子们交谈的“黄金时光”来建立亲密关系，即使这可能是徒劳的。那么这段时间必须有质量，因为它实在是太短暂了。时间如此稀缺，如果比尔·盖茨掉了5美元，弯腰捡钱对他来说都会是浪费时间。解决时间稀缺的方法很多:同步处理多重任务,将工作带回家,将家里的轻松氛围带到工作中,在星巴克一边喝咖啡一边用电脑、听电话,一边开车一边接听蓝牙电话,在工作中进行并行处理,即同时研究产品的各项特征然后再将它们综合起来。

6. 经验消费

相比物质、物品和产品,创意阶层对"经验"的兴趣更为浓厚——见第五章中第一个测量维度。经验的价值在于,它可以使你成为阿尔文·托夫勒在其著述中描述的"产消合一者"(prosumer)[25],即消费是为了更好地生产。就像开源代码一样,这种软件被内化之后能够转换生成新的程序。创意阶层的成员需要有激烈、难忘、多维度的经历来丰富自己的人生。也正是出于这样的原因,他们更喜欢参与体育活动而不只是坐在场外观看。他们喜欢跑步、游泳、帆船、攀岩和自行车运动。因为,即使他们做这些运动不够专业,但至少都能参与其中。他们追寻的是一种富有想象力的享乐主义。经验的优势在于,它们大多存在于人们的身体和头脑中,并不会消耗自然资源。人们对炫耀性消费嗤之以鼻,认为那不过是种消遣。配有宜家家居的林中小屋就足够了。虽然财富对某些人来说意味着坐拥雄厚资产,但对创意阶层的人来说,拥有高质量的人生经历才算是拥有财富。

以波士顿马拉松赛为例,1964 年该项赛事只有 225 名参赛者,而如今每年的参赛者已经达到了两万人。同样,健康俱乐部的会员从 20 世纪 80 年代的 1500 万增加到了现在的 3000 万。[26]因开除史蒂夫·乔布斯而声名狼藉的约翰·斯库利(John Sculley)曾经坚持每天上班之前跑 5 英里,因为他需要长时间坐在办公桌前工作。运动能帮助人们减轻压力,并且让思维变得更加敏捷。

人们选择这些运动并不是为了与他人竞争或者战胜对手,纯粹是为了运动而运动,追寻一种体验。这样的运动常常是自发的,人们自己制定规则,按照自己的节奏运动。这类人中很少有足球迷或是观赏运动的追随者，因为那些运动会让人痴迷于比赛结果。他们会为比赛胜利而痴狂，由于比赛失利而暴怒。很多人用二分法看待事物，笛卡尔的身心二元论也是一种二分法。身体是一件艺术品，需要调理和保养。一本名为《男性健康》（*Men's Fitness*）的健身类杂志报道了美国民众健身的状况。调查结果显示，美国民众健身的地域分布竟然与创意阶层的居住区域是一致的。[27]在像圣地亚哥那样一年四季都有灿烂阳光的地方，进行身体锻炼的自然条件得天独厚。但同时，在那些地区，"健康创新"的趋势也很明显。

7. 社会与文化活动的融合造就了创意阶层

创意阶层到底源于哪里？卡尔·古斯塔夫·荣格认为，创造力源自对立的巧合（coincidentia oppositorum）——曾经的对立偶然形成了新的组合。[28]弗罗里达认为，硅谷的起源可以追溯到 1964 年的伯克利言论自由运动。那次运动发生在加州大学伯克利分校，是美国校园里第一次大规模的学生反抗运动，旨在反抗学术一致的呆滞文化。这与之后越南战争和民权运动导致的反抗运动截然不同。伯克利运动旨在争取言论自由，诉求允许学生在校园集会的权利以及要求增设学校原有课程设置之外的课程。反抗运动最先出现在旧金山湾区知识分子的聚集区，这也许并不是一个巧合。

伯克利言论自由运动和其他学生运动、文化运动都是由他们中的批评者发起的。丹尼尔·贝尔（Daniel Bell）在《资本主义文化矛盾》[29]（*The Cultural Contradictions of Capitalism*）一书中提出，如果所有产品都用于销售和消费的话，生产理念和传统商业的"计算模式"就一定遵循着一个相应的消费伦理。在过去十年甚至更长的时间里，网络电视使上百万的家庭沉迷于其中。消费伦理如此强大，以至于要吞噬生产伦理了。其结果与其说是一种反正统文化，不如说是一种"伪"文化。那些大多来自富庶家庭、像寄生虫一样生活的孩子炫耀着"和平与友爱"的伦理道德。这使得他们的生活看上去充满感官体验。这些感官体验很时尚，但却与计算模式格格不入。如果正统文化强调的是计划、勤勉、巧妙、刻意和节约，那么反正统文化强调的就是反逻辑、自发、闲散、朴实、随意和自我放纵。如果正统文化抑制性欲并且推迟享受，那么反正统文化就大肆宣扬性解放和及时行乐。反正统文化是一种对享乐主义进行的改革，但这样的改革并不成熟。它留下了一堆垃圾，几乎没有产生任何积极影响。[30]

这样的指责在一定程度上是有道理的。反正统文化活动和学生反抗运动与他们所反对的文化一样是单一维度的。但至少他们提到了事物的对立面，提到了《有组织的人》一书中缺失的要素，也提到了那些因为误信共产主义会带来厄运的说法而造成250万越南人死亡的“神童”们。媒体试图粉饰这样的冲突，人们至今还记得枪管中插着鲜花的海报。截然对立的情况很容易被识别，而细微与混合的综合体则不能。“资产阶级”和“波西米亚”一旦融合，它们各自曾经的竞争对手便识别不出它们了。弗罗里达评论道：

> 60年代留下的文化遗产不是伍德斯托克音乐节(Woodstock)，而是一些新事物。位于旧金山湾区中心的硅谷，变成了创新伦理的试验场。在那里，工作必须是“美”的、具有体验性的……要有富有诗意的精神和“实用性”，而不只是责任使然。[31]

硅谷刚好弥补了言论自由运动在这层意义上的缺失。它提供了经济基础，还提供了能转变传统商业模式并把权力交还给个人的电子工具。人们认为个人电脑是一种具有解放意义的工具。苹果公司将企业计算机拟人化。在屏幕上，企业计算机以“老大哥”(Big Brother)的形象出现，但这位“老大哥”很快就被一位女链球运动员击打得粉碎。其中的用意很明显，即“锁步”(lock-step)阻止了IBM公司员工的发展。保罗·弗赖伯格(Paul Freiberger)和迈克尔·斯温(Michael Swaine)在《硅谷之火》(*Fire in the Valley*:*The Making of the Personal Computer*)一书中详细阐述了这个故事。[32]弗雷德里克·穆尔(Frederick Moore)最近告别了《伯克利芒刺报》(*Berkeley Barb*)与和平运动，转而去经营家酿计算机俱乐部(Homebrew Club)。这个俱乐部是早期的计算机爱好者策划"革命"的地方。当时苹果公司的T恤上印着"每周工作90小时并享受其中"。一场新的运动正在酝酿中。

尽管参与言论自由运动的工程学学生寥寥无几，这一学科却突然变得时尚起来。原因之一是，工程学为流行音乐提供了一种新的扩音和调音方式。音乐合成器合成的不仅仅是音乐，它将硬技能融入软技能，将科学与艺术和编码相结合。"极客"(geek)已经成了文化偶像。年轻的一代也找到了更得心应手的工具，比如黑客能将秘密数据库公之于众。

多年之后我们可以看出，60年代大多数的反抗运动都很特别，这些运动更多关注的是文化层面而非政治层面的问题。1968年5月在巴黎爆发的法国学生反抗运动是半娱乐式的，表达的是一种娱乐艺术的态度。"我是一个格劳乔(Groucho)式的马克思主义者""人行道下的海滩"，这样的话语向人们描述了一个社会，在那里青少年得到了自我满足和欢乐，想要享受自我。当弗罗里达采访创意阶层的成员时，他们拒绝被贴上诸如"资产阶级"和"波西米亚"、正统文化或反正统文化、保守或激进的标签。他们并不否认这些东西过去对他们曾经产生过影响，只是觉得这样的标签显得他们太过平庸。他们已经超越了这些，拥有了强大的综合实力，而那才是他们想要的。

8. 创意阶层是否正在离开美国?

继《创意阶层的崛起》(*The Rise of the Creative Class*)一书后，弗罗里达出版了它的姊妹篇《创意阶层的迁徙》。[33]这一阶层的影响在乔治·沃克·布什执政期间开始衰退，因为布什总统发自内心地讨厌一切创新和不熟悉的事物。国会众议院的共和党领导人汤姆·戴利(Tom Daley)将诺贝尔奖获得者称为"一群自由主义者"。当然，在美国创意阶层聚集的区域，反对布什政府领导的呼声是压倒性的。布什内阁缺少电子、生物或计算机领域的新企业代表。布什有两场选举宣传活动，主题是反对无宗教信仰、反对创造性生活方式的“阶级战争”。

弗罗里达给出的数据表明了一个严峻趋势：其他国家与美国之间的差距正在缩小，美国正在丧失之前的优势地位。伦敦、巴黎、法兰克福、悉尼、多伦多、苏黎世和首尔成了创意阶层聚集的地方。阿姆斯特丹、加拉加斯、斯德哥尔摩、日内瓦、雅加达、大阪、台北、蒙特利尔、曼谷、北京、赫尔辛基、吉隆坡、班加罗尔和上海等城市对创意阶层的吸引力也在迅速提升。新加坡有意在“生物科技园”和“启汇城”周边建设街道文化，并允许同性恋者在政府部门供职。还有许多国家也有类似举措。首都都柏林使爱尔兰成为了世界第二大软件出口国。[34]

美国最大的弱点就是严重的两极化，几乎所有事物都要分得非黑即白。德博拉·坦嫩（Deborah Tannen）在《辩争的文化》（*The Argument Culture*）[35]一书中将其描述为非赢即输的两个极端。意识形态两极化的问题就在于思想意识的贫瘠性。创造性往往存在于两个极端之间，原本对立的双方能够各自做出某种程度的让步。确实，许多反正统文化宣扬的都是虚假的东西，但是创新是需要梦想的，我们需要想象事物未来的样子。弗罗里达担心美国正在将自己与世界隔离开来。美国没有将经济发展看作是一场“学习竞赛”，否则它不会这么轻易地将廉价的制造业外包给全球供应链，甚至将知识阶梯中的关键部分也外包出去，而自己的公民却无法使用这个阶梯。外国企业迫切地想要攀爬那些梯级。正如我们之前所见，它们正在“挖空”跨国企业的核心竞争力。随着不断的学习，外国企业能够提供的服务越来越多。

美国的传统优势是包容事物的多样性，它愿意接纳来自不同国家的留学生。到 2001 年，美国四分之一的理工科毕业生都是外国留学生。近半数的计算机科学、生命科学和物理科学博士都是外国人。从 1985 年到 1999 年，美国大学获得的诺贝尔奖中，有三分之一是外国科学家获得的。

然而，这一切使美国变得十分脆弱。美国如此依赖外国人的原因之一是，美国的初等教育和中等教育落后于其他国家。美国大学接收国外硕士和博士研究生是因为本国学生数量不足，并且国外学生的水平更高。

如果出于某种原因，外国人不再到美国求学，导致的技能饥荒对美国经济来说可能是一个灾难，并且会严重削弱创意阶层的力量。但这就是继"9·11"恐怖袭击事件和美国在伊拉克和阿富汗发动"先发制人"的战争后的实际情况。美国面临着严重的人才流失，不仅是外国人不再来，就是那些已经来到美国的外国人也被自己国家蓬勃发展的经济趋势吸引回国。比如中国、印度以及环太平洋地区国家的研究人员。既然本国家的经济发展如此迅速，许多人都决定要留在自己的国家了。

弗罗里达的文章令读者感到担忧。在 2002 年到 2003 年间，来美国访问的学者人数出现了十年来首次下降的情况。在美国国立卫生研究院（The National Institutes for Health）工作的外国研究者的人数也在减少。根据国家科学委员会的数据，美国给外国科学家签发的签证数降低了 55%，并且没有回升的迹象。从 2001 年到 2003 年，申请到美国读书的留学人员减少了 74000 人，下降了近 20 个百分点，而高技能签证申请人数则减少了 20%以上。到 2003 年，美国颁发的签证总数下降了 40%，从 630 万下降到了 370 万，而提出签证申请的人数下降了十万。尽管申请签证的人数在减少，但拒签的比例却变大了。仅申请"高技能"签证的拒签率就从 9.5%上升到了 17.8%。[36]

一份 2004 年对美国高等教育机构进行的研究表明，申请就读美国大学的外国研究生人数下降了 47%，本科生人数下降了 36%。美国人在修读学士和硕士学位时选择的学科也发生了变化，且这种变化不容乐观。学生们不愿意选择物理、化学、生物、数学甚至是计算机科学这样的"硬学科"，而倾向于选择那些不那么难、要求不那么高的学科。在自然科学学科中，需要学习的越来越多，通往知识前沿的路也越来越难走。东亚国家的学生更倾向于选择这些学科，因为非错即对的答案能使他们避免遭受西方老师的偏见，同时还因为他们自己的国家也非常重视这些基础学科。然而美国学生也许更想躲避这些繁重的学科吧。[37]

本章小结　创意阶层与不同价值观间的协调

我们在创意阶层崛起的过程中发现，不同的价值观或是两难问题已经得到调和并且出现了新的组合。这也是贯穿本书的基本逻辑。20世纪下半叶，世界发生了很大变化。在不断融合的过程中，规范与人们的价值观也发生了巨大的改变。

创新源于颇具个体性的人群，新组合的创意是创新的驱动力。大部分创新者都是自我管理型人才。他们崇尚自由也遵守秩序，科学和美学在他们心中都非常重要。创新是一种严肃的组合游戏。创造者既顺从自然，又是自然的反叛者。当我们受到收益递减这一经济法则的困扰时，创意和创新为我们带来了收益递增的可能。

创意阶层对经济做出的贡献最大，远远超过了这个阶层的人数应该创造的财富。创意阶层让匮乏的资源变得丰富，而他们的产品一旦问世就具备了稀缺性，也因此具有很高的价值。创意阶层的成员虽然拥有许多特权，但他们仍然同情外来者和被剥夺了权利的人。这个阶层的人奉行平等的精英主义，相信人人平等。他们是“产消合一者”，消费经验并制造新经验。尽管不喜欢“资产阶级”和“波西米亚”这样的标签，这个人群还是经常被看作二者的结合体。

在工作中，最吸引他们的不是金钱而是挑战，他们会在高技能活动中获得自我满足感。他们喜欢“机械车间”与“美发沙龙”的结合，在做好工作的同时也乐于参与交际活动。他们执着地解决问题，同时也希望自己的工作有灵活性。而正是穿梭于不同工作之间的这种流动性使得他们能够发现新的结合点。在办公室中，他们喜欢有自己的办公区域，也想要足够的开放空间。

创意阶层的老板希望员工们能够从失败中接受教训，在改正错误的同时不断进步。员工的办公室要模仿家的设置，能让他们在家时有种身在公司的感觉，在工作时又感觉轻松自在，就像在家里一样。这也保持了初级群体中人与人之间的亲密关系，让人们在两种环境中都能够进行创造。管理者穿梭于员工之间，获取好的创意。为了迎接新的挑战，员工需要转换角色。虽然一方面他们是为了薪资而工作，但在另一个层面，他们真心愿意发现问题并解决问题，因为在这个过程中他们能够获得快乐。他们服从于朋辈压力和自我承诺这些软性控制。他们能够保持高涨的工作热情，因为工作条件会让他们精神振作。

他们长时间工作，并不在意时间的流逝，因为他们享受这种类别消融带来的心流经验。当他们享受工作时，工作就不再是负担。为了省时间，他们并行处理工作，然后找到融合点。他们也通过体育锻炼和运动的方式让大脑与身体结合。他们更愿意自己设定规则，对他们来说，游戏是无限的而不是对抗性的。

创意阶层的概念可能起源于 1964 年的伯克利言论自由运动和后续的学生反抗运动。这些运动将反抗与学术研究相结合，将反抗自然与尊重自然相结合。反正统文化先获取正统文化的价值观，然后将其一一否定。消费者对制造商的反对也是如此吗？也许吧，但实际上是综合因素造就了与音乐产业相关的艺术工程师，也是综合因素促使个人电脑取代了企业电脑。这在很大程度上是一种对生活方式的反抗，人们反对那些仍然强调顺从性的教育机构。顺从教育导致的结果在越南战争中就可见一斑。

美国有失去竞争优势的危险，因为减少多样性就意味着要牺牲在多样性基础上建立新组合的可能。美国保守派的反对和高度两极化的“辩争文化”显现出了这种思想意识的贫瘠性。然而，美国出现的问题对世界其他地区来说却是机遇。创意阶层正在走向世界。

注释

引言

1 Kaplan, Abraham(1964), *The Conduct of Inquiry*, San Francisco: Chandler.

2 Koestler, Arthur (1964), *The Act of Creation*, New York: Macmillan, has an excellent discussion on creativity in general.

3 Gordon, William J. J. (1961), *Synectics: The Development of Creative Capacity*, New York: Harper and Row.

4 Watson, James D. (2001), *The Double Helix: A Personal Account of the Discovery of DNA*, New York: Touchstone.

5 Hagen, Everett(1962), *On the Theory of Social Change: How Economic Growth Begins*, Homewood, IL: Dorsey Press.

6 Hurst, David K. (1995), *Crisis and Renewal*, Boston, MA: Harvard Business School Publishing.

7 Saxenian, Anna Lee(1999), *Silicon Valley's New Immigrant Entrepreneurs*, San Francisco: Public Policy Institute of California.

8 See especially attempts by the British Government's School Inspectorate to close down Summerhill which failed in the court.

第一章

1 Kian, Teo Ming (2008), "Empowering Technopreneurs", *The World in 2008: Economist Year Book*, pp. 113-22.

2 Kao, John(2007), *Innovation Nation*, New York: Free Press, pp. 55-8.

3 Koh, Buck Song (ed.) (2004), *Heartwork*, Singapore: EDB, and personal communication with Teo Ming Kian.

4 GEM Studies are available from Babson College, Massachusetts and from The London Business School.

5 Koh(2004).

6 Hampden-Turner, C. M., and Tan Teng-Kee(2002), "Six Dilemmas of Entrepreneurship", *Singapore Nanyang Business Review* 1:2(December 2002), pp. 78-96.

7 Saxenian, Anna Lee (1999), *Silicon Valley's New Immigrant Entrepreneurs*, San Francisco: Public Policy Institute of California.

8 Early and late developers are discussed in most psychological texts e. g. Gross, Richard D. (1992), *Psychology: The Science of Mind and Behaviour*, London: Hodder and Stoughton, Chapters 19 and 23.

9 Kian(2008).

10 Schön, Donald A. (1985), *The Reflective Practitioner*, New York: Harper Torchbooks.

第二章

1 Guilford, J. P. (1959), *Creativity and Its Cultivation*, New York, Harper and Row. See also Paul E. Plsek(1997), *Creativity, Innovation, and Quality*, Milwaukee, WI: ASQC Quality Press.

2 Bateson, Gregory (2000), *Steps to an Ecology of Mind*, Chicago: University of Chicago Press, pp. 14-20.

3 Huizinga, John(1970), *Homo Ludens: A Study of the Play Element in Culture*, New York: Harper. This is the classic exposition of the civilizing role of playing. It permits cultures to simulate non-injuriously tragedy, comedy or drama in general: if you cannot laugh at yourself you will shortly weep!

4 Quoted by Kelley, Tom (2002), in *The Art of Innovation*, New York: Random House.

5 See Gordon(1961).

6 Personal communication.

7 Kao(2007).

8 Saxenian(1999).

9 Florida, Richard(2002), *The Rise of the Creative Class*, New York: Basic Books.

10 Slywotzky, Adrian, and Richard Wise(2003), *How to Grow When Markets Don't*, New York: Warner Business Books.

11 Toffler, Alvin(1980), *The Third Wave*, New York: Bantam Books.

12 Trompenaars, Fons, and Charles Hampden-Turner(2001), *21 Leaders for the 21st Century*, Oxford: Capstone, pp. 125-40.

13 Christiansen, Clayton (1999), *The Innovator's Dilemma*, Boston, MA: Harvard Business School Press.

第三章

1 Koestler, Arthur(1964), *The Act of Creation*, New York: Macmillan.

2 Gordon(1961).

3 Maslow, Abraham(1954), *Motivation and Personality*, New York: Harper.

4 *Ibid.*, p. 121.
5 Campbell, Joseph, (ed.) (1971), *The Portable Jung*, New York: Viking.
6 Rogers, Carl (1961), *On Becoming a Person*, Boston: Houghton Mifflin.
7 Buber, Martin (1970), *I and Thou*, New York: Charles Scribner.
8 Csikszentmihalyi, Mihaly (1990), *Flow: The Psychology of Optimal Experience*, New York: Harper.
9 Maslow, Abraham (1962), *Towards a Psychology of Being*, New York: Van Nostrand.
10 de Bono, Edward (1994), *Water Logic*, London: Penguin.
11 Pribram, Karl (1971), *Languages of the Brain*, Englewood Cliffs, NJ: Prentice Hall.
12 Maslow (1962).
13 Blake, William (1794), "The Poison Tree", from *Songs of Experience*.
14 Capra, Fritjof (2002), *The Hidden Connections*, New York: Doubleday. The author is a physicist by training and is enlightening on the social scientific implications of the new physics.
15 Bogen, J. E. (1975), one of the pioneer surgeons in splitting the brain, is particularly interesting on the educational implications; see "Some Educational Aspects of Hemispheric Specialization", *UCLA Educator 17* (Spring 1975), pp. 24-32.

第四章

1 Goleman, Daniel (1995), *Emotional Intelligence*, London: Bloomsbury.
2 Diven, K. (1937), "Certain Determinants in the Conditioning of Anxiety Reactions", *Journal of Abnormal and Social Psychology 3* (1937), pp. 291-305, quoted and discussed by White, Robert (1982), *The Abnormal Personality*, New York: Basic Books, p. 200.
3 Ebrey, Patricia Buckley (1996), *The Cambridge Illustrated History of China*, Cambridge: Cambridge University Press.
4 Barron, Frank (1968), *Creativity and Personal Freedom*, New York: Van Nostrand, pp. 31-2.
5 Adshead, S. A. M. (2004), *T'ang China*, New York: Palgrave Macmillan. See also Kynge, James (2006), *China Shakes the World*, London: Weidenfeld and Nicolson, pp. 37-9.
6 Johansson, Frans (2004), *The Medici Effect*, Boston, MA: Harvard Business School Publishing.
7 Hurst (1995), Chapter 1.
8 Schrage, Michael (2000), *Serious Play*, Boston, MA: Harvard Business School

Publishing.

9 Huizinga(1970),p. 231.

10 Csikszentmihalyi(1990),p. 33.

11 Toffler(1980),p. 66.

12 Kaplan(1964),Chapter 1.

13 Quoted by Matson,Floyd(1964),*The Broken Image*,New York:Braziller,p. 46.

第五章

1 Ebrey(1996),p. 233.

2 Barron,Frank, Alfonso Montuori, and Anthea Barron(eds.)(1997),*Creators on Creating*,New York:Jeremy Tarcher/Putnam.

3 Kelley(2002).

4 Schrage(2000).

5 Quoted *ibid.*,p. 11.

6 Kuhn,Thomas(1970),*The Structure of Scientific Revolutions*,Chicago:University of Chicago Press.

7 de Bono,Edward(1982),*Lateral Thinking*,Harmondsworth:Penguin.

8 Russell,Bertrand(1947),*New Ideas in a Changing World*,London:Heinemann.

第六章

1 Kynge,James(2006),*China Shakes the World*,London:Weidenfeld and Nicolson, pp. 209-11.

2 Kuhn(1970).

3 Yinke,Deng(2005), *Ancient Chinese Inventions*, Beijing: China Intercontinental Press.

第七章

1 Bateson(2000),pp. 61-88.

2 Kolb,David(1985),*Learning Style Inventory*. Boston,MA:McBer and Co.

3 Personal communication.

4 Groen,Bram,and Charles Hampden-Turner(2005),*The Titans of Saturn*,London: Cyan Communications.

5 Schrage(2000),Chapter 4.

6 *Ibid.*

7 Toffler(1980),Chapter 3.

8 Enriquez,Juan(2001),*As the Future Catches You*,New York:Three Rivers Press, pp. 88-102.

9 Tannen,Deborah(1990),*You Just Don't Understand*, New York:Ballantine.

10 de Bono(1982).

第八章

1 Trompenaars, Fons, and Charles Hampden-Turner(2004), *Managing People Across Cultures*, Chichester: Capstone. pp. 6-15.

2 Roethlisberger, Fritz, and William Dixon (1939), *Management and the Worker*, Cambridge, MA: Harvard University Press.

3 See Hampden-Turner, Charles(1973), *Radical Man: Towards a Theory of Psycho-Social Development*, London: Duckworth, especially Chapter 1, "The Borrowed Toolbox and Conservative Man".

4 A good description of this experiment can be found in Kretch, David, R. S. Crutchfield, and E. L. Ballachey(1962), *Individual in Society*, New York: McGraw-Hill.

5 Milgram, Stanley(1963), "Behavioural Study of Obedience", *Journal of Abnormal and Social Psychology* 67:4, pp. 371-8.

6 Zimbardo, Philip (2007), *The Lucifer Effect: How Good People Turn Evil*, London: Rider.

7 Rapaport, Anatol(1964), *Strategy and Conscience*, New York: Harper. The author argues that strategy and human conscience belong to different worlds.

8 Orwell, George(1949), *Nineteen Eighty-Four*, London: Secker & Warburg, Part 3, Chapters 5 and 6.

第九章

1 Kelley(2002).

2 Kao(2007).

3 Christiansen(1999).

4 Wright, Robert (2000), *NonZero: The Logic of Human Destiny*, New York: Pantheon Books.

第十章

1 Toffler(1980), Chapter 1.

2 More specifically the Harvard Program on Technology and Society, the Wright Institute(at one time a centre in Stanford), Strawberry Creek College, an inter-disciplinary programme at UC Berkeley, and Nanyang Technopreneurship Center at NTU.

3 McClelland, David (1961), *The Achieving Society*, Princeton, NJ: Van Nostrand, p. 603.

4 Christiansen(1999), p. 26.

5 Florida(2002), pp. 48-55.

6 Trompenaars, Fons, and Charles Hampden-Turner(2001), *21 Leaders for the 21st*

Century, Oxford: Capstone, pp. 125-40.
7 Dearlove, Desmond(1998), *The Richard Branson Way*, Oxford: Capstone.
8 Peters, Tom, and R. H. Waterman (1982), *In Search of Excellence*, New York: Harper and Row.
9 Personal communication at Harvard Business School.
10 Personal communication at Judge Business School.
11 McClelland(1961), p. 212.

第十一章

1 Hawken, Paul, Amory Lovins and L. Hunter Lovins (1999), *Natural Capitalism*, Boston: Little Brown. See in particular Chapter 2, "Re-inventing the Wheels". See also Hawken, Paul(1993), *The Ecology of Commerce*, New York: Harper Business, pp. 37-57.
2 Huntington, Samuel P. (1996), *The Clash of Civilizations and the Remaking of World Order*, New York: Simon & Schuster.
3 Trompenaars, Fons (2008), *Riding the Whirlwind*, Oxford: Infinite Ideas Co., pp. 10-21.
4 Slywotzky and Wise(2003).
5 Florida(2002), pp. 255-8.
6 Maslow, Abraham(1998), *Maslow on Management*, New York: John Wiley, p. 231.
7 Carse, James P. (1986), *Finite and Infinite Games*, New York: Ballantine; see also Hampden-Turner, Charles, and Fons Trompenaars (1997), *Mastering the Infinite Game*, Oxford: Capstone.
8 Johansson(2004).
9 Bacon, Francis, *The Great Instauration*, quoted by Jonas, Hans (1959), in "The Practical Uses of Theory", *Social Research* 26:2.
10 Nye, Joseph S. (2004), *Soft Power: The Means to Success in World Politics*, New York: Public Affairs.
11 Florida, Richard (2005), *The Flight of the Creative Class*, New York: Harper Business.
12 Dawkins, Richard(2008), *The God Delusion*, London: Black Swan.
13 Bateson(2000), pp. 346-63.
14 Chen, Ming-Jer(2001), *Inside Chinese Business*, Boston: Harvard Business School Press, pp. 92-8.
15 Quoted by Chen(2001), p. 201.
16 Prahalad, C. K., and Venkat Ramswamy(2004), *The Future of Competition: Co-creating Unique Value with Customers*, Boston: Harvard Business School Press, is a good example.

17 Kim, Chan W., and Renée Mauborgne(2005), *Blue Ocean Strategy*, Boston, MA: Harvard Business School Press.

18 Tatsuno, Sheridan(1990), *Created in Japan*, New York: Harper and Row.

第十二章

1 Florida(2002).

2*Ibid.*, pp. 4-5.

3 Reich, Robert B. (1991), *The Work of Nations*, New York: Alfred Knopf.

4 Florida(2002), p. 6.

5 *Ibid.*, pp. 8-12.

6 See Cortright, Joseph(2000), *New Growth Theory*, Washington, DC: US Economic Development Administation.

7 Quoted in Florida(2002), p. 32.

8 Jacobs, Jane(1961), *Death and Life of Great American Cities*, New York: Random House.

9 Florida(2002), p. 33.

10 *Ibid.*, p. 46.

11 *Ibid.*, p. 51.

12 *Ibid.*, pp. 255-8.

13 Brooks, David(2001), *Bobos in Paradise*, New York: Simon & Schuster.

14 Florida(2002), p. 89.

15 *Ibid.*, pp. 125-6.

16 Peters and Waterman(1982).

17 Drucker, Peter (1993), *Post-Capitalist Society*, New York: Harper Business, pp. 7-11.

18 Whyte, William(1956), *The Organization Man*, New York: Simon & Schuster.

19 Weber, Steve (2004), *The Success of Open Source*, Cambridge, MA: Harvard University Press.

20 Amabile, Theresa(1996), *Creativity in Context*, Boulder, CO: Westview Press.

21 Personal communication.

22 Kelley(2002).

23 Csikszentmihalyi(1990), p. 123.

24 Florida(2002), pp. 110-32.

25 Toffler(1980), p. 26.

26 Florida(2002), pp. 170-8.

27 *Men's Fitness*(Jan. 2001) quoted in Florida(2002), p. 177.

28 Jung, Carl Gustav(1971), *Collected Works*, Princeton: Princeton University Press.

29 Bell, Daniel(1976), *The Cultural Contradictions of Capitalism*, New York: Basic

Books.
30 *Ibid.* ,pp. 86-95.
31 Florida(2002),pp. 201-9.
32 Freiberger,Paul,and Michael Swaine(1986),*Fire in the Valley*:*The Making of the Personal Computer*,Berkeley,CA:Osborne/McGraw-Hill,pp. 17-19.
33 Florida,Richard(2005),*The Flight of the Creative Class*,New York:Harper Business.
34 Kao(2007),pp. 55-8.
35 Tannen,Deborah(1998),*The Argument Culture*,New York:Random House.
36 Florida(2005),pp. 110-32.
37 Christiansen,Clayton,personal communication.

参考文献

Adshead, S. A. M. (2004), *T'ang China*, New York: Palgrave Macmillan.

Amabile, Theresa (1996), *Creativity in Context*, Boulder, CO: Westview Press.

Argyris, C. (1980), *The Concept of Rigorous Research*, New York: Academic Press.

(1986), "Skilled Incompetence", *Harvard Business Review*, September/October.

Barron, Frank (1968), *Creativity and Personal Freedom*, New York: Van Nostrand.

Barron, Frank, Alfonso Montiori, and Anthea Barron (1997), *Creators on Creating*, New York: Jeremy Tarcher/Putnam.

Bartlett, Christopher A., and Sumantra Ghoshal (1991), *Managing Across Borders*, Boston, MA: Harvard Business School Press.

Bateson, Gregory (2000), *Steps to an Ecology of Mind*, Chicago: University of Chicago Press.

Bateson, M. C. (1991), *Our Own Metaphor*, Washington, DC: Smithsonian Institution Press.

Becker, Ernest (1973), *The Denial of Death*, New York: Free Press.

Bell, D. (1976), *The Cultural Contradictions of Capitalism*, New York: Basic Books.

Benedict, R. (1934), *Patterns of Culture*, Boston: Houghton Mifflin.

Blake, William (1794), "The Poison Tree", in *Songs of Experience*.

Bogen, J. E. (1975), "Some Educational Aspects of Hemispheric Specialization", *UCLA Educator* 17 (Spring 1975), pp. 24-32.

de Bono, Edward (1982), *Lateral Thinking*, London: Penguin.

(1994), *Water Logic*, London: Penguin.

Brandenburger, A., and B. J. Nalebuff (1996), *Coopetition*, New York: Doubleday.

Brooks, David (2001), *Bobos in Pardise*, New York: Simon & Schuster.

Buber, Martin (1970), *I and Thou*, New York: Charles Scribner.

Campbell, Joseph, (ed.) (1971), *The Portable Jung*, New York: Viking.

Capra, Fritjof (2002), *The Hidden Connections*, New York: Doubleday.

Carse, James P. (1986), *Finite and Infinite Games*, New York: Ballantine.

Chen, Ming-Jer (2001), *Inside Chinese Business*, Boston, MA: Harvard Business School

Press.
Christiansen, Clayton (1999), *The Innovator's Dilemma*, Boston, MA: Harvard Business School Press.
Cortright, Joseph (2000), *New Growth Theory*, Washington, DC: US Economic Development Administration.
Csikszentmihalyi, Mihaly(1990), *Flow: The Psychology of Optimal Experience*, New York: Harper.
Dawkins, Richard(2008), *The God Delusion*, London: Black Swan.
Dearlove, Desmond(1998), *The Richard Branson Way*, Oxford: Capstone.
Diven, K. (1937), "Certain Determinants in the Conditioning of Anxiety Reactions", *Journal of Abnormal and Social Psychology* 3, pp. 291-305.
Drucker, Peter(1993), *Post-Capitalist Society*, New York: Harper Business.
(1999), "Knowledge Worker Productivity: The Biggest Challenge", *California Management Review* 41:2, pp. 79-94.
Ebrey, Patricia Buckley (1996), *The Cambridge Illustrated History of China*, Cambridge: Cambridge University Press.
Enriquez, Juan(2001), *As the Future Catches You*, New York: Three Rivers Press.
Evans, Paul, Y. Doz and A. Laurent(eds.)(1989), *Human Resource Management in International Firms*, New York: Macmillan Press.
Florida, Richard(2002), *The Rise of the Creative Class and How It's Transforming Work, Life, Community, and Everyday Life*, New York: Basic Books.
(2005), *The Flight of the Creative Class*, New York: Harper Business.
Freiberger, Paul, and Michael Swaine(1986), *Fire in the Valley: The Making of the Personal Computer*, Berkeley, CA: Osborne/McGraw-Hill.
Getzels, J. W., and P. W. Jackson(1962), *Creativity and Intelligence: Explorations with Gifted Students*, New York: Wiley.
Goleman, Daniel(1995), *Emotional Intelligence*, London: Bloomsbury.
Gordon, William J. J. (1961), *Synectics: The Development of Creative Capacity*, New York: Harper and Row.
Groen, Bram, and Charles Hampden-Turner(2005), *The Titans of Saturn*, London: Cyan Communications.
Gross, Richard D. (1992), *Psychology: The Science of Mind and Behaviour*, London: Hodder & Stoughton.
Guilford, J. P. (1959), *Creativity and Its Cultivation*, New York: Harper and Row.
Hagen, Everett (1962), *On the Theory of Social Change: How Economic Growth Begins*, Homewood, IL: Dorsey Press.
Hampden-Turner, Charles M. (1973), *Radical Man: Towards a Theory of Psycho-*

Social Development, London: DuckwortAh.

(1974), *Sane Asylum: Inside the Delancey Street Foundation*, New York: William Morrow.

(1981), *Maps of the Mind*, New York: Macmillan.

(1984), *Gentlemen and Tradesmen*, London: Routledge and Kegan Paul.

(1985), "Approaching Dilemmas", *Shell Guides to Planning*, no. 3.

(1992), *Creating Corporate Culture*, Reading, MA: Addison-Wesley.

(1994), *Charting the Corporate Mind: From Dilemma to Strategy*, Oxford: Basil Blackwell.

Hampden-Turner, C. M., and Fons Trompenaars (1997), *Mastering the Infinite Game*, Oxford: Capstone.

Hampden-Turner, C. M., and Tan Teng-Kee (2002), "Six Dilemmas of Entrepreneurship: Can Singapore Transform Itself to Become an Innovative Economy?", *Nanyang Business Review* 1:2(July-December), pp. 78-96.

Handy, C. (1984), *The Age of Paradox*, Boston, MA: Harvard Business School Press.

Hawken, Paul(1993), *The Ecology of Commerce*, New York: Harper Business.

Hawken, Paul, Amory Lovins and L. Hunter Lovins (1999), *Natural Capitalism*, Boston, MA: Little Brown.

Huizinga, J. (1970), *Homo Ludens: A Study of the Play Element in Culture*, New York: Harper.

Hurst, D. K. (1984), "Of Boxes, Bubbles and Effective Management", *Harvard Business Review*, May/June.

(1995), *Crisis and Renewal*, Boston, MA: Harvard Business School Press.

Huntington, Samuel P. (1996), *The Clash of Civilizations and the Remaking of World Order*, New York: Simon & Schuster.

Jacobi, J. (1973), *The Psychology of C. G. Jung*, New Haven: Yale University Press.

Jacobs, Jane (1961), *The Death and Life of Great American Cities*, New York: Random House.

Johansson, Frans (2004), *The Medici Effect*, Boston, MA: Harvard Business School Publishing.

Jonas, Hans(1959), "The Practical Uses of Theory", *Social Research* 26:2.

Jung, Carl Gustav(1971), *Collected Works*, Princeton, NJ: Princeton University Press.

Kao, John (1996), *Jamming: The Art and Discipline of Business Creativity*, New York: Harper Business.

(2007), *Innovation Nation*, New York: Free Press.

Kaplan, Abraham(1964), *The Conduct of Inquiry*, San Francisco, CA: Chandler.

Kelley, Tom(2002), *The Art of Innovation*, New York: Random House.

Kim, Chan W., and Renée Mauborgne(2005), *Blue Ocean Strategy*, Boston, MA: Harvard Business School Press.

King, Martin Luther(1963), *Why We Can't Wait*, New York: Harper and Row.

Koestler, Arthur(1964), *The Act of Creation*, New York: Macmillan.

Koh, Buck Song, (ed.)(2004), *Heartwork*, Singapore: EDB.

Kolb, D. (1985), *Learning Style Inventory*, Boston, MA: McBer Co.

Kretch, David, Robert Crutchfield, and E. L. Ballachey(1962), *Individual in Society*, New York: McGraw-Hill.

Kuhn, Thomas(1970), *The Structure of Scientific Revolutions*, Chicago: University of Chicago Press.

Kynge, James(2006), *China Shakes the World*, London: Weidenfeld and Nicolson.

Lévi-Strauss, Claude(1955), "The Structural Study of Myth", *Journal of American Folklore* 68:20, pp. 428-44.

(1979), *Structural Anthropology*, New York: Penguin.

Lewin, Kurt(1951), *Field Theory in Social Science*, New York: Harper.

Marrow, Alfred(1969), *The Practical Theorist: The Psychology of Kurt Lewin*, New York: Basic Books.

Maslow, Abraham(1954), *Motivation and Personality*, New York: Harper.

(1962), *Towards a Psychology of Being*, New York: Van Nostrand.

(1998), *Maslow on Management*, New York: John Wiley.

Matson, Floyd(1964), *The Broken Image*, New York: Braziller.

McClelland, David(1961), *The Achieving Society*, Princeton, NJ: Van Nostrand.

Milgram, Stanley(1963), "Behavioural Study of Obedience", *Journal of Abnormal and Social Psychology* 67:4, pp. 371-8.

Mintzberg, H. (1989), "Crafting Strategy", *Harvard Business Review*, March/April, pp. 66-75.

Nonaka, I., and H. Takeuchi(1995), *The Knowledge-Creating Company*, New York: Oxford University Press.

Nye, Joseph S. (2004), *Soft Power: The Means to Success in World Politics*, New York: Public Affairs.

Peters, Tom, and R. H. Waterman(1982), *In Search of Excellence*, New York: Harper and Row.

Pine, Joseph P. (1993), *Mass Customization*, Boston, MA: Harvard Business School Press.

Plsek, Paul E. (1997), *Creativity, Innovation and Quality*, Milwaukee, WI: ASQC Press.

Prahalad, C. K., and Venkat Ramaswamy (2004), *The Future of Competition: Co-creating Unique Value with Customers*, Boston, MA: Harvard Business School Press.

Pribram, Karl (1971), *Languages of the Brain*, Englewood Cliffs, NJ: Prentice Hall.

Rapaport, Anatol (1964), *Strategy and Conscience*, New York: Harper.

Reich, Robert B. (1991), *The Work of Nations*, New York: Alfred Knopf.

Roethlisberger, Fritz, and William Dixon (1939), *Management and the Worker*, Cambridge, MA: Harvard University Press.

Rogers, Carl (1961), *On Becoming a Person*, Boston: Houghton Mifflin.

Russell, Bertrand (1947), *New Ideas in a Changing World*, London: Heinemann.

Saxenian, Anna Lee (1999), *Silicon Valley's New Immigrant Entrepreneurs*, San Francisco: Public Policy Institute of California.

Schön, Donald A. (1985), *The Reflective Practitioner*, New York: Harper Torchbooks.

Schrage, Michael (2000), *Serious Play*, Boston, MA: Havard Business School Press.

Schumpeter, Joseph A. ([1942] 1975), "Creative Destruction", in *Capitalism, Socialism and Democracy*, New York: Harper, pp. 82-5.

Sculley, John, and J. A. Byrne (1987), *Odyssey: Pepsi to Apple: A Journey of Adventure, Ideas and the Future*, New York: HarperCollins.

Slywotzky, Adrian, and Richard Wise (2003), *How to Grow When Markets Don't*, New York: Warner Business Books.

Sperry, Roger W. (1964), "The Great Cerebral Commissure", *Scientific American* 410 (January), pp. 42-52.

Tannen, Deborah (1990), *You Just Don't Understand*, New York: Ballantine Books.

(1998), *The Argument Culture*, New York: Random House.

Tatsuno, Sheridan M. (1990), *Greated in Japan*, New York: Morrow.

Toffler, Alvin (1970), *Future Shock*, New York: Bantam Books.

(1980), *The Third Wave*, New York: Bantam Books.

Toynbee, Arnold J. (1934-54), *A Study of History*, 10 vols., Oxford: Oxford University Press.

Trompennars, Fons (2008), *Riding the Whirlwind*, Oxford: Infinite Ideas Co.

Trompenaars, Fons, and Charles Hampden-Turner (1998), *Riding the Waves of Culture*, New York: McGraw-Hill.

(2001), *21 Leaders for the 21st Century*, Oxford: Capstone.

(2002), *Managing People Across Cultures*, Oxford: Capstone.

Wang, Wei (2006), *The China Executive: Marrying Chinese and Western Strengths*, Peterborough: 2W Publishing.

Watson, James D. (2001), *The Double Helix: A Personal Account of the Discovery of DNA*, New York: Touchstone.

Weber, Steve (2004), *The Success of Open Source*, Cambridge, MA: Harvard University Press.

White, Robert W. (1982), *The Abnormal Personality*, New York: Basic Books.

Whyte, William(1956), *The Organization Man*, New York: Simon & Schuster.

White, Robert(2000), *NonZero: The Logic of Human Destiny*, New York: Pantheon Books.

Yinke, Deng(2005), *Ancient Chinese Inventions*, Beijing: China Intercontinental Press.

Zimbardo, Philip(2007), *The Lucifer Effect: How Good People Turn Evil*, London: Rider.

附录

附录一

认为南洋理工大学本科课程(NTU)和 TIP 课程得分处于表格极端位置(左上角处)的受访者人数(X≤3∩Y≥8)11(问题)×68(受访者)=748

左上角	NTU	%	TIP	%
Q1	11	16.18 %	0	0.00 %
Q2	20	29.41 %	0	0.00 %
Q3	15	22.06 %	0	0.00 %
Q4	15	22.06 %	1	1.47 %
Q5	17	25.00 %	1	1.47 %
Q6	14	20.59 %	0	0.00 %
Q7	10	14.71 %	2	2.94 %
Q8	12	17.65 %	0	0.00 %
Q9	16	23.53 %	0	0.00 %
Q10	19	27.94 %	0	0.00 %
Q11	22	32.35 %	1	1.47 %
Total	**171**	**22.86 %**	**5**	**0.67 %**

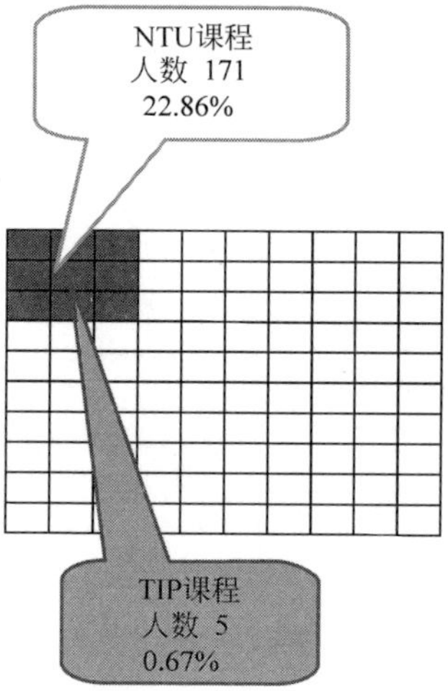

认为南洋理工大学本科课程和TIP课程得分处于表格极端位置(右下角处)的受访者人数(X≤8∩Y≥3)11(问题)×68(受访者)=748

右下角	NTU	%	TIP	%
Q1	0	0.00%	3	4.41%
Q2	0	0.00%	4	5.88%
Q3	1	1.47%	2	2.94%
Q4	0	0.00%	3	4.41%
Q5	1	1.47%	7	10.29%
Q6	0	0.00%	3	4.41%
Q7	2	2.94%	3	4.41%
Q8	1	1.47%	2	2.94%
Q9	0	0.00%	3	4.41%
Q10	1	1.47%	4	5.88%
Q11	1	1.47%	9	13.24%
Total	**7**	**0.94%**	**43**	**5.75%**

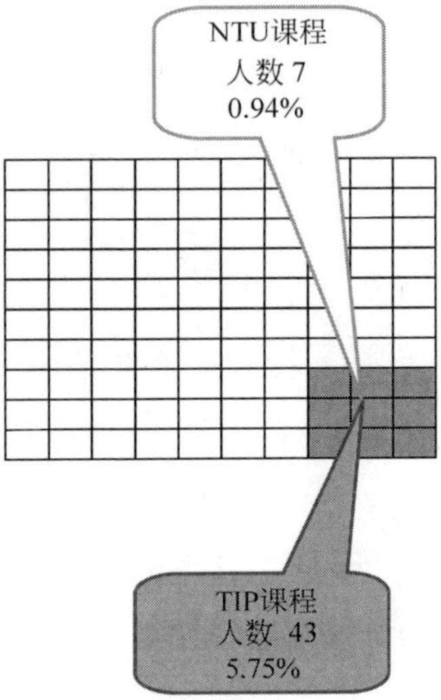

我们认为存在教育不均衡的问题。例如,学生能够记忆呈现给他们的智力编码,却不能理解自身的体验。他们有诸多体验却无法对其进行科学的整理和规划。因此,我们想要测试南洋理工大学本科课程重心过高(见上页左上角深色方格)的问题,以及TIP课程完整性、均衡性不足(见本页右下角深色方格)的问题。南洋理工大学本科课程发展的不均衡程度比TIP课程严重,近四分之一的受访者给出的反馈处于重心过高区域。

附录二

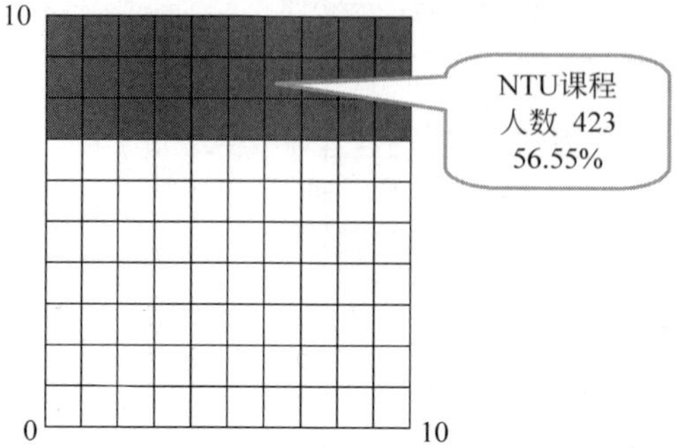

给南洋理工大学本科课程(NTU)评分为 8—10 分的受访者人数(纵轴 Y=8、9 或 10)11(问题)×68(受访者)=748

NTU	8	9	10	Total	%
Q1	17	10	2	29	42.65%
Q2	23	15	2	40	58.82%
Q3	10	14	5	29	42.65%
Q4	14	17	5	36	52.94%
Q5	19	18	6	43	63.24%
Q6	16	14	5	35	51.47%
Q7	21	13	6	40	58.82%
Q8	17	14	2	33	48.53%
Q9	27	13	2	42	61.76%
Q10	20	18	10	48	70.59%
Q11	18	26	4	48	70.59%
Total	**202**	**172**	**49**	**423**	**56.55%**

显然,南洋理工大学的本科课程确实很优秀。56.55%的受访者对学校教育的价值观给出了 8—10 分(满分为 10 分)的评价。但是南洋理工大学的问题在于它忽视了线性评估价值。学生们从教师那里学到了知识,却忘记了自己主动思考;他们严肃有余却活泼不足;他们互相竞争却不能相互支持或帮助;他们取得了成就,但这成就并非是他们自己定义

的。这其中是否缺失了什么？

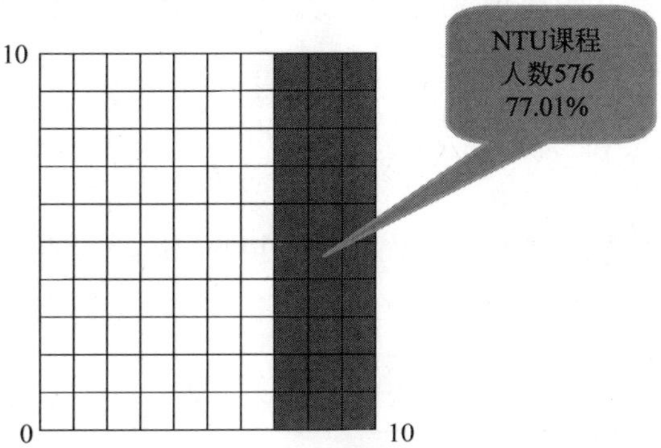

给 TIP 课程打出 8—10 分的受访者人数（X 轴＝8、9 或 10）11(问题)×68(受访者)＝748

TIP	8	9	10	Total	%
Q1	20	26	2	48	70.59%
Q2	34	18	2	54	79.41%
Q3	21	22	7	50	73.53%
Q4	24	22	6	52	76.47%
Q5	20	29	6	55	80.88%
Q6	27	18	5	50	73.53%
Q7	19	28	2	49	72.06%
Q8	29	22	2	53	77.94%
Q9	24	26	3	53	77.94%
Q10	21	28	9	58	85.29%
Q11	29	22	3	54	79.41%
Total	**268**	**261**	**47**	**576**	**77.01%**

以上结果表明，南洋理工大学本科课程最薄弱的地方正是 TIP 课程最强大的地方。学生们尽情享受着紧张且难忘的经历。他们主动思考，发现了游戏对于创新的意义。他们互相支持和帮助，营造了家庭般的氛围。尽管他们要学习大量“硬科学”，但他们发现自己应对变化时更有力量也更加自信。此外，TIP 课程的得分也超过了南洋理工大学本科课程

的得分——77.01%，也就是超过四分之三的受访者给该课程打出了 8—10 分。TIP 课程在纵向维度上与南洋理工大学本科课程也十分接近，有时甚至会超越后者。

附录三

认为南洋理工大学本科课程(NTU)和 TIP 课程得分应该处于网格右上角和谐区域的受访者人数(X≥8∩Y≥8)　11(问题)×68(受访者)=748

右上角	NTU	%	TIP	%
Q1	3	4.41 %	30	44.12 %
Q2	2	2.94 %	22	32.35 %
Q3	2	2.94 %	30	44.12 %
Q4	0	0.00 %	34	50.00 %
Q5	5	7.35 %	32	47.06 %
Q6	6	8.82 %	33	48.53 %
Q7	8	11.76 %	24	35.29 %
Q8	3	4.41 %	27	39.71 %
Q9	6	8.82 %	29	42.65 %
Q10	5	7.35 %	30	44.12 %
Q11	3	4.41 %	23	33.82 %
Total	**43**	**5.75 %**	**314**	**41.98 %**

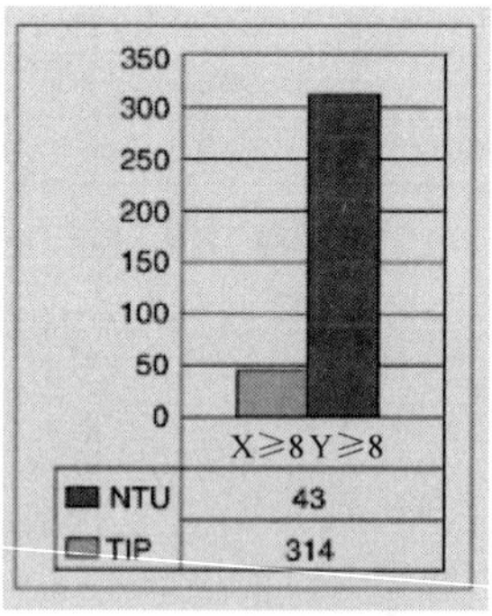

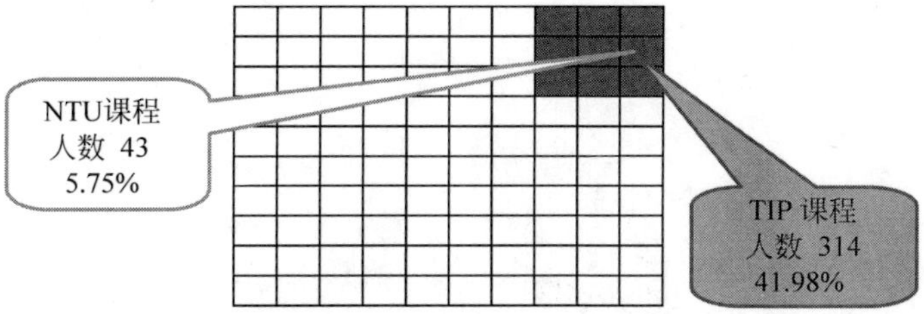

TIP 课程的教学目的就是希望学生学会通过重组原本相互对立的价值观的方式进行创新。课程要求学生不要只追求横向或纵向的思维发展，而要两者同时进行；不要单纯选择游戏性或严肃性，而要让前者服务于后者；不要仅以权威设定的标准为标准，而要学会自己为优秀定义；不仅要有公平竞争，还要学会在竞争中合作。正因如此，41.98%的受访者对 TIP 课程的评价进入了网格右上方的协调区域。在这个网格中，TIP 课程体现出了明显的优势，因为受访者在两个维度上的评分都在 8 分或 8 分以上。只有 5.75%的受访者认为南洋理工大学本科课程可以达到这一程度。当然，这也许是因为本科课程的教学目的并不在此。教育者是否应该重新思考高校的使命呢？

附录四

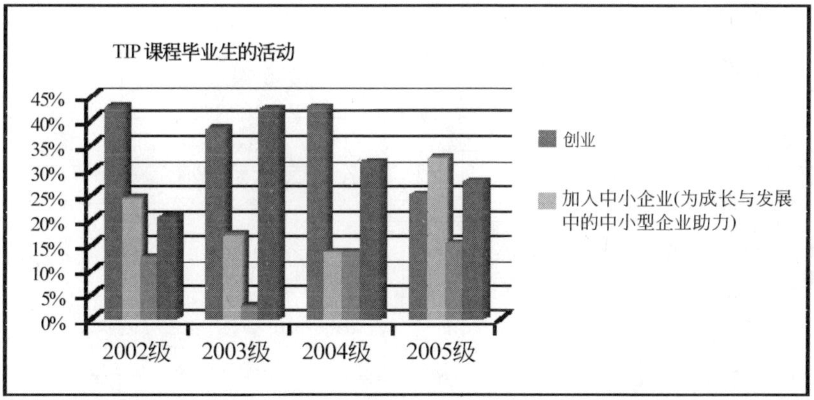

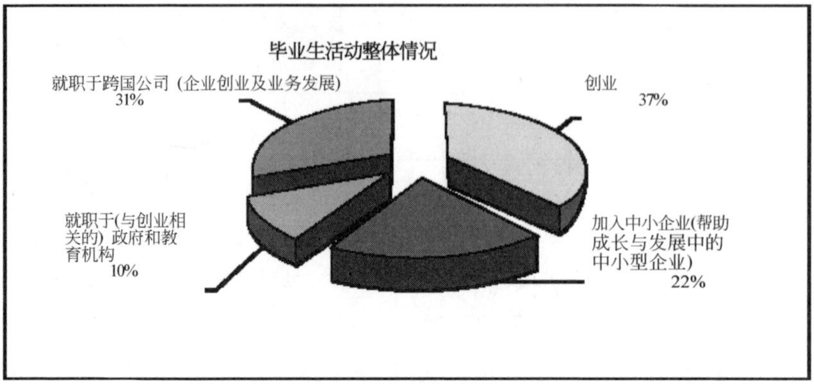

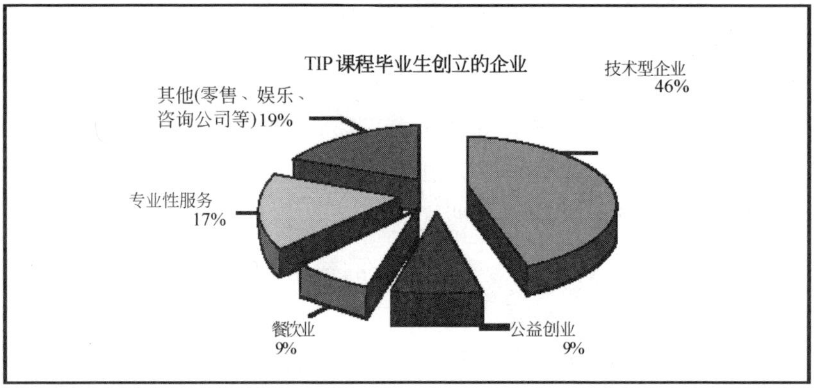

附录五

TIP 课程毕业生创业

序号	姓名	TIP	公司名称	行业
1	Chia Yeow Kheng Roderick	1	Spiral Communications Pte Ltd	设计与印刷
2	Chia Hsiang Yang/Kenneth Yap	1	Tiong Bahru Porridge	餐饮（公司已转卖）
3	Elite Wee	1	Mindsharpener (S)Pte Ltd	教育
4	Kong Fern Chiang	1	Fresh@Work Printing Service	服务
5	Kong Fern Chiang	1	4Media Pte Ltd	设计印刷

续表

序号	姓名	TIP	公司名称	行业
6	Lee Kah Howe	1	ST Consultancy Pte Ltd	信息技术
7	Lee Kah Mun Vincent	1	Inflexion Corporation Pte Ltd	生物技术
8	Somasundaram Krishna	1	Aujix Microsystems Singapore	商务咨询
9	Tan-Chen Geng Xin Gena	1	GX Enterprise	娱乐业
10	Teo Siew Hin Ruby	1	Stalford Holdings Pte Ltd	教育
11	Ong Chin Kai	1	SMS2All Pte Ltd	移动技术
12	Wong Sin Hin Frederick	1	Moodoo Design	产品设计
13	Ng Sze Siong Daniel	1	FulArc Pte Ltd	市场营销
14	Darren Loi	1	AcuLearn Pte Ltd	信息技术
15	Peng Chun Hsien	1	Avocada Pte Ltd	信息技术
16	Chiam Siang Roung Kenneth	2	AMCIS HomeStay	服务
17	Goh Yi Peng Jann Ho Hwee Shi Jan	2	AppleStiz	餐饮
18	Tan Soon Meng	2	Explore Marine Pte Ltd	教育
19	Tang Shiuh Huei	2	S H Tang & Associates	会计
20	Vincent Ang/Sim Chin Soong	2	Swisston Pte Ltd	信息技术，设计
21	Wee Kien Meng	2	MagicianS Network (Singapore)	娱乐
22	Yeo Choon Hin Melvin and Saw Lin Kiat	2	Trust Motto Pte Ltd, Organic Food Biz	餐饮
23	Yeo Choon Hin Melvin and Saw Lin Kiat	2	HealthyLife Pte Ltd	餐饮
24	Low Kwek Ping, Kezene	2	Happe Holdings Pte Ltd	娱乐
25	Jann Goh	2	Geowalker Pte Ltd	信息技术
26	Ken Poh, May Soon, Justin Loc	3	PD Scientific Pte Ltd	信息技术，零售
27	Manfred Seow Khim Kiong	3	GistLabs	生物技术
28	Meliza Bte Mohd Salim	3	Romance d'Amour	零售
29	Willson Tang	3	Mind's Eye Media	设计与服务
30	Derrick Sim	3	NanoFrontier Pte Ltd	纳米技术
31	Derrick Sim	3	PD Design Studio Pte Ltd	设计与动画
32	Ngaim Tee W'oh	3	Nvovio and Renewe	零售
33	Ngaim Tee W'oh	3	Renewe	产品设计

续表

序号	姓名	TIP	公司名称	行业
34	Chye Choon Hoong, Adrian and Arif Nugroho		MediaFreaks	传媒与动画
35	Chye Choon Hoong, Adrian and Arif Nugroho	3	Learning Horizon	教育
36	Lu Yong An, Andy	2	NLone Pte Ltd	服务
37	Beh Wah Yan	4	Creston Pte Ltd	信息技术
38	Harry Foo	4	EVO Entertainment	娱乐
39	Ezen HO	4	Grand Sun	美容美体
40	Vincent Lim	4	Buddy Pte Ltd	零售
41	Mohd Adil	4	Softphone Evangelist	网络电话技术
42	Nelson Ong	4	CT Graphic	设计与印刷
43	Tommy Ong	4		生物技术
44	Tan Kar We	4	Lam Chuan Pte Ltd	零售与建造
45	Ng Kok Siang	5	UFO Laboratory Glass Services	服务
46	Mahesh	5	Human Touch	商务咨询

附录 6

南洋理工大学本科课程(NTU)与 TIP 课程的整体效应对比。

	均值		R 方	P 值
	NTU	TIP		
问题 1	33.26	57.38	0.342397	P<0.01
问题 2	33.66	53.52	0.253615	P<0.01
问题 3	28.60	56.37	0.362361	P<0.01
问题 4	31.54	59.78	0.345391	P<0.01
问题 5	34.80	49.45	0.247668	P<0.01
问题 6	33.60	57.62	0.251277	P<0.01
问题 7	41.78	56.06	0.072604	P<0.01
问题 8	34.24	52.91	0.245644	P<0.01
问题 9	33.94	53.63	0.266653	P<0.01
问题 10	35.51	55.59	0.220322	P<0.01
问题 11	34.34	56.86	0.137630	P<0.01
整体效应	**375.27**	**609.17**	**0.411390**	**P<0.01**

在此我们对因变量进行回归分析，目的是要发现不同课程选择的整体效应（把横坐标和纵坐标的值相乘）。自变量 x 是一个虚拟的变量，当受访者回答的所指对象是 TIP 课程时其值为 1，当所指为南洋理工大学本科课程时其值为 0。

通过回归分析我们发现，南洋理工大学本科课程的平均得分为 375.2941，而 TIP 课程的相应得分要较其高出 241.2941 分。这意味着与南洋理工大学本科课程相比，TIP 课程的整体效应高了 64 个百分点。

R 方值为 0.411390 意味着，这 41% 的差异是不同的课程选择的结果。T 检验数值为 9.677546，在 P 值小于 0.01 的水平下非常显著。

附录 7

南洋理工大学本科课程（NTU）与 TIP 课程对纵轴（传统目标）的影响对比

	均值		R 方	P 值
	NTU	**TIP**		
问题 1a	7.06	7.02	0.002017	P>0.05
问题 2a	7.24	6.74	0.017636	P>0.05
问题 3a	6.85	7.19	0.006742	P>0.05
问题 4a	7.54	7.50	0.000151	P>0.05
问题 5a	7.76	6.81	0.038278	P<0.05
问题 6a	7.82	7.07	0.001477	P>0.05
问题 7a	7.22	7.06	0.011647	P>0.05
问题 8a	7.29	6.88	0.004204	P>0.05
问题 9a	7.07	6.84	0.000207	P>0.05
问题 10a	7.00	6.94	0.047226	P<0.01
问题 11a	7.75	6.26	0.113135	P<0.01
整体效应	**80.60**	**76.31**	**0.024594**	**P>0.05**

附录 8

南洋理工大学本科课程（NTU）与 TIP 课程对横轴（非传统目标）的影响对比

	均值		R 方	P 值
	NTU	TIP		
问题 1b	4.78	7.97	0.499134	P<0.01
问题 2b	4.66	7.94	0.470816	P<0.01
问题 3b	4.22	7.84	0.438878	P<0.01
问题 4b	4.24	7.97	0.522575	P<0.01
问题 5b	4.69	8.35	0.500844	P<0.01
问题 6b	4.53	8.15	0.47165	P<0.01
问题 7b	4.65	7.94	0.180605	P<0.01
问题 8b	5.75	7.69	0418081	P<0.01
问题 9b	4.85	7.84	0.463779	P<0.01
问题 10b	4.76	8.01	0.501014	P<0.01
问题 11b	4.57	7.90	0.461108	P<0.01
整体效应	**51.70**	**87.60**	**0.612989**	**P<0.01**

两难问题与融合索引

12. 需求创新 vs. 供应创新(亚德里安·斯莱沃斯基) 54
(产品要看准顾客的需求点)
13. 已制定的策略 vs. 紧急策略(亨利·明兹伯格) 54
(根据出现的问题及时制定策略)
14. 发现逻辑 vs. 重建逻辑(亚伯拉罕·卡普兰) 53
(先发现,然后编码重建,最后再传给他人)
15. 破坏性创新 vs. 持续性创新(克莱顿·克里斯廷森) 37
(用更简单的模式替代你努力坚持的持续性创新)
16. 异议 vs. 忠诚(苏格拉底和伊曼努尔·康德) 52
(民主制度下提出异议也许是一种无畏的忠诚)
17. 发散性思维 vs. 聚合性思维(J. W. 格策尔斯和 P. W. 杰克逊) 53
(运用发散性思维增加选择,然后再用聚合的办法找到创新性组合)
18. 多样性 vs. 包容性 23
(包容多样化人群)
19. 怀疑 vs. 确定(科学方法)64
(先系统性质疑,再通过检验认证)
20. 先期发展者 vs. 后期发展者 16
(后期发展者更可能找到捷径赶超先期发展者)
21. 有限游戏 vs. 无限游戏(詹姆斯·P. 卡斯) 54
(有限游戏和学习相融合,从而生成无限游戏)
22. 命运和机遇 vs. 认真的准备(路易·巴斯德) 52
(机遇偏爱有准备的人)
23. 自然科学 vs. 软技能 15
(运用软技能调动科学知识并使其商业化)
24. 高科技 vs. 创新 20
(科技前沿使得创新性组合有了无限可能)
25. 绝望 vs. 决心(斯科特·菲茨杰拉德) 52
(要能够看到,“即使有些东西是无望的,但仍要下决心使其发生改观”)

（建立从过去到未来的连续性）

40. 游戏 75

41. 权力 vs. 灵魂（马丁・路德・金）53

（灵魂的力量是美国黑人追求解放时发出的坚定而和平的呐喊）

42. 单纯追求知识 vs. 追求知识的实际应用 81

（使纯粹的知识具有实用性）

43. 现实主义 vs. 理想主义 45

（找到自己的理想，然后努力实现它）

44. 报告 vs. 亲密关系 79

（先建立亲密融洽的关系，然后如实报告残酷的事实）

45. 首次尝试就取得成功 vs. 出现错误并改正 10

（在模拟游戏中迅速纠正错误，你将在最短的时间内找到正确答案）

46. 自私 vs. 无私行为（鲁思・本尼迪克特）53

（优秀的文化能够保证无私的人得到回报，他们不会因为自己的无私而遭受损失）

47. 严肃性 vs. 游戏性 75

（在游戏的过程中练习，你会为迎接真正的挑战做好准备）

48. 冲击 vs. 认知（阿瑟・凯斯特勒）53

（冲击来自于创新组合，认知则建立在对原有零部件了解的基础之上）

49. 陌生 vs. 熟悉（威廉・J. J. 戈登）53

（创新就是让熟悉的事物变得陌生，陌生的事物变得熟悉）

50. 供应创新 54

51. 适者生存 vs. 不同物种的共同进化 53

（适者生存，“适者”指的是最能够适应环境的人）

52. 隐性知识 vs. 显性知识（野中郁次郎和竹内弘高）54

（使隐性知识变为显性知识，采用螺旋式上升的学习模式）

53. 纵向思维 53

译后记

创业伴随着人的一生，创业的触角遍及生活的每一个角落。追寻古今中外成功创业者的足迹，我们不难发现，卓越的创业素质是奠定其人生辉煌的基石。“创业遗传代码”的提出者杰弗里·蒂蒙斯曾说：“在过去的30年里，美国已经培养出了自1776年建国以来最具革命性的一代人。新一代的企业家彻底改变了美国和世界的经济和社会结构，并为未来的几代人设定了‘创业遗传代码’。它将比其他任何一种推动力量更能决定美国和全世界人民的生活、工作和学习方式，并将继续成为下一世纪或几世纪的领导力量。”

创业教育被联合国教科文组织称为教育的“第三本护照”，被赋予了与学术教育、职业教育同等重要的地位。创业教育是使受教育者能够在社会经济、文化、政治领域内进行行为创新、开辟或拓展新的发展空间，并为他人和社会提供机遇的探索性教育活动。根据《创业教育在中国：试点与实践》研究报告我们可以看出，“创业教育是一种新的教育观念，在高等学校中开展创业教育是知识经济时代培养学生创新精神和创造能力的需要，是社会和经济结构调整时期人才需求变化的需要”。

然而，由于受到社会文化传统的影响，当前我国70%以上的高校学生毕业时的首选仍然是就业和继续深造。清华大学创业中心的一项调查报告显示，我国大学生创业比例不到毕业生总数的1%。事实充分说明传统的“象牙塔”式的教育已经不能适应当今时代的需要了。教育同经济、科技、社会实践越来越紧密的结合正在成为推动科技进步和经济、社会发展的重要力量。而通过教育培养创新型国家建设所需的创新型人才已经成为全社会的普遍共识。在知识经济时代，标志一个国家国际竞争力的将是其创造力，而确定一个国家整体创造力大小的是其创新人才的数量、质量与结构。因此，高等教育必须转变办学理念，确立创业型人才培养的教育理念，把培养学生的创业技能和创业精神作为高等教育的基本目标，将被动的就业观转变为主动的创业观，培养的学生既要有从业的本领，也要有创业的意识与能力。我们深知，接受了创业教育培养的毕业生的主动性和创新精神都会得到提高，这对他们成功就业并在就业岗位上获得健康发展奠定了基础；同时，经过创业精神的洗礼，我们已经在毕业生的心中种下了创业的火种，在他们就业几年之后，一旦遇到合适的创业机会，这颗创业的火种就会燃烧起来，以使一部分毕业生"经由就业走向创业"。而和其他国家相比，我国的创业教育与培训的发展还远不能满足社会的需求，与此相一致的是高校的创业教育也没能满足大学生强烈的创业意愿及其对创业技能培养的需求。为此，我们迫切需要高校提供更多更好的创业教育与培训，探索和研究创业教育与其他学科的交叉与融合。

在创业教育中，创新精神的培养是极为重要的一环。创新不仅对经济强国和想要赶超强国的国家至关重要，而且在运用不同国家和文化多样性创造财富时起到了联结作用。相对普通类大学课程，创业教育中的TIP课程最强大、最独特的能力，就是可以将不同教学法融合到一起，使学员的创新和创业精神得到激发。截止到2008年1月，TIP课程的学员中已有154名学生创办了46家公司并维系下来，这是一个显著的成果。即使只有10%的公司最终能够发展起来，也足以体现该课程的意义和价值了。

创业教育的先行者——新加坡南洋理工大学科技创业中心对创业教育的愿景更让我们明白：培养创新人才和科技创业者，最需要的莫过于爱和奉献精神。就像这些创新者专注于他们的梦想一样，那些帮助他们的人也需要全身心地帮助这些未来的创新人才。创业所面临的"瓶颈"并不是缺少有雄心壮志的人，而是缺少愿意倾听、批评、鼓励以及培养创新人才的人。有什么样的文化土壤，就会培养出什么样的人才。只有崇尚创新的文化才能孕育出真正的创新者和创业者。

这是一部读起来比较易懂，但翻译起来很辛苦的书。杨绛先生曾说，翻译是一项苦差，翻译者就像是同时为“原著”和“读者”这两位主人服务的“仆人”。翻译本书的过程对我们来说就是这样一次难忘的学习经历。本书涉及的知识范围宽泛，包括人文、历史、科技等诸多专业内容，其中难免有我们所不熟知的，若有翻译不当之处，欢迎读者指正，以期共同提高。

图书在版编目(CIP)数据

创新与创业教育:基于新加坡教育实验的分析/(英)查尔斯·汉普登-特纳著;武晓哲,吴瑕译.—北京:商务印书馆,2017
(创新创业教育译丛)
ISBN 978-7-100-14964-8

Ⅰ.①创… Ⅱ.①查… ②武… ③吴… Ⅲ.①创造教育-教学研究-高等学校 Ⅳ.①G40-012

中国版本图书馆CIP数据核字(2017)第180186号

权利保留,侵权必究。

创新创业教育译丛
杨晓慧　王占仁　主编
创新与创业教育
——基于新加坡教育实验的分析
〔英〕查尔斯·汉普登-特纳　著
武晓哲　吴瑕　译
王占仁　汪溢　校

商务印书馆出版
(北京王府井大街36号　邮政编码100710)
商务印书馆发行
北京冠中印刷厂印刷
ISBN 978-7-100-14964-8

2017年10月第1版　　开本787×960　1/16
2017年10月北京第1次印刷　　印张14½
定价:36.00元